Gonglu Gongcheng Shiyan Jiance Renyuan Kaoshi Yongshu

公路工程试验检测人员考试用书

# Sui Dao

# 隧 道

（第二版）

交通运输部工程质量监督局
交通运输部职业资格中心 组织编写
陈建勋 主编

人民交通出版社

## 内 容 提 要

本书为交通运输部工程质量监督局和交通运输部职业资格中心组织编写并审定的《公路工程试验检测人员考试用书》之一，主要依据试验检测人员考试大纲有关“隧道”部分规定的内容和范围进行编写。

全书共分十章，包括总论、超前支护与预加固围岩施工质量检查、开挖质量检测、初期支护施工质量检测、防排水材料及施工质量检测、施工监控量测、混凝土衬砌质量检测、超前地质预报、通风检测、照明检测等。

该书主要作为公路工程试验检测人员考试用书，也可供相关专业技术人员和高等院校桥隧专业师生参考使用。

**图书在版编目（CIP）数据**

公路工程试验检测人员考试用书．隧道/交通运输部工程质量监督局，交通运输部职业资格中心组织编写—2版．—北京：人民交通出版社，2012.3

ISBN 978-7-114-09682-2

Ⅰ．①公…　Ⅱ．①交…②交…　Ⅲ．①隧道工程—资格考试—教材　Ⅳ．①U45

中国版本图书馆CIP数据核字（2012）第039742号

书　　名：公路工程试验检测人员考试用书　隧道（第二版）
著 作 者：交通运输部工程质量监督局
　　　　　交通运输部职业资格中心
责任编辑：曲　乐　李　喆
出版发行：人民交通出版社
地　　址：（100011）北京市朝阳区安定门外外馆斜街3号
网　　址：http://www.ccpress.com.cn
销售电话：（010）59757973
总 经 销：人民交通出版社发行部
经　　销：各地新华书店
印　　刷：北京盈盛恒通印刷有限公司
开　　本：787×1092　1/16
印　　张：14.5
字　　数：335千
版　　次：2010年5月　第1版　2012年3月第2版
印　　次：2013年4月　第4次印刷　累计第9次印刷
书　　号：ISBN 978-7-114-09682-2
定　　价：36.00元
（有印刷、装订质量问题的图书由本社负责调换）

# 《公路水运工程试验检测人员考试用书(第二版)》

# 编审委员会

主 任 委 员:李彦武

副主任委员:王树芳　张晓冰　杨利华

委　　　员:何玉珊　朱光裕　李福普　和　松

韩文元　解先荣　陈建勋　徐满意

谭　华　章关永　李闯民　包左军

周福田　李洪斌　刘　鹏　关振军

王　蕊　王永红

# 序

工程试验检测贯穿于设计、施工、监理、验收、养护、维修等各个环节，已成为控制和评判工程质量的重要基础，对保证工程质量起着举足轻重的作用。工程试验检测对专业性、技术性、实际操作性要求高，而检测人员素质的高低直接影响到试验检测结果的准确性。特别是近年来，许多新技术、新材料在工程上的广泛应用，使得检测岗位更需要高素质的复合型人才。因此，为保证试验检测数据的公正、准确、可靠、有效，就必须有行之有效的制度来加强对试验检测从业人员的管理，不断提高试验检测从业人员水平。

交通运输部历来对工程试验检测工作十分重视。1998 年，颁布了《公路水运工程试验检测人员资质管理暂行办法》等一系列规章制度，强化对试验检测人员的管理。2003 年，印发了《关于公布已取消和改变管理方式的交通部行政审批项目后续监管措施的通知》，明确要求对公路水运工程试验检测人员实施从业标准管理。2005 年，颁布了《公路水运工程试验检测管理办法》，再次明确自 2007 年 11 月 31 日起，试验检测从业人员需通过业务考试方能上岗，随后我局印发了《公路水运工程试验检测人员考试办法》，全面开展公路水运工程试验检测人员业务考试。2009 年以来，我局会同部职业资格中心在全国范围内先后组织了四次公路水运工程试验检测人员过渡考试，共有约 32 万人参加考试。

试验检测从业人员的素质，决定着试验检测工作的质量和水平。组织实施试验检测从业人员的考试和继续教育，是提高试验检测人员业务能力和水平的有效途径。为此，我局会同部职业资格中心组织编写了《公路水运工程试验检测人员考试用书》。该套用书结合当前我国公路水运工程建设技术水平和国家、行业有关标准、规范的发展情况，紧扣 2012 年新版试验检测考试大纲要求，全面系统地介绍了公路水运工程试验检测基础理论和实用技术，可作为公路水运工程试验检测人员考试的复习指导用书，同时也适用于广大试验检测人员业务学习和继续教育，具有较强的实用性和可操作性，基本能满足公路水运工程试验检测工作的实际需要。

在该套用书的编写过程中，部职业资格中心精心组织，克服时间紧、任务重的困难，按时完成了编写任务；人民交通出版社为编写工作的完成提供了有力的保证；有关专家认真审查、严格把关，提出了很好的意见和建议。在此向他们表示衷心的感谢！

交通运输部工程质量监督局

2012年3月

# 出版说明

质量是工程的生命，试验检测是工程质量管理的重要手段。客观、准确、及时的试验检测数据，是工程实践的真实记录，是指导、控制和评定工程质量的科学依据。加强公路水运工程试验检测，充分发挥其在质量控制、评定中的重要作用，已成为公路水运工程质量管理的重要手段。

随着我国公路水运工程建设标准、规范体系的不断完善和试验检测技术的日益发展，对试验检测人员的职业能力和水平提出了更新、更高的要求。原交通部1998年以来陆续颁布了《公路水运工程试验检测人员资质管理暂行办法》、《公路水运工程试验检测管理办法》和《公路水运工程试验检测人员考试办法》等一系列规章制度，启动了公路水运工程试验检测人员从业资格管理。2007年，原交通部基本建设质量监督总站以省为单位组织了公路水运工程试验检测人员业务考试；2009年以来，交通运输部工程质量监督局会同交通运输部职业资格中心，在全国范围内先后组织了四次公路水运工程试验检测人员过渡考试。

为满足试验检测行业发展要求，并为试验检测人员考试提供复习参考，部质监局会同部职业资格中心组织编写了《公路水运工程试验检测人员考试用书》。本套考试用书内容丰富、系统、涵盖面广，每本用书内容相对独立、完整、自成体系，结合当前我国公路水运工程建设技术水平和国家、交通运输部有关标准、规范的发展情况，收录了当前公路水运工程试验检测的前沿理论和新技术。整套考试用书有理论，有基本操作讲解，有实例，全面系统地介绍了公路水运工程试验检测理论和实用技术。作为公路水运工程试验检测人员考试的复习指导用书，本套考试用书在编写时，紧密结合考试大纲要求，适用于广大试验检测人员全面系统地学习和掌握公路水运工程试验检测技术，具有较强的实用性和可操作性，基本能够满足公路水运工程试验检测工作的实际需要。

本套考试用书包括《公共基础》、《公路工程试验检测人员考试用书》、《水运工程试验检测人员考试用书》，共9册。

《公共基础》由解先荣主编，主要介绍公路水运工程试验检测发展概况、公路水运工程试验检测管理有关法律法规、试验检测基础知识等。

《公路工程试验检测人员考试用书》包括《材料》、《公路》、《桥梁》、《隧道》、《交通安全设施及机电工程》5册。《材料》由李福普、李闯民主编，内容包括土工试验、集料、水泥和水泥混凝土、沥青和沥青混合料、钢材以及土工合成材料等的试验检测。《公路》由和松主编，主要介绍公路工程质量检验评定和路基路面现场测试等。《桥梁》由何玉珊、章关永主编，主要介绍桥梁工程质量等级评定、桥梁工程结构常用仪器设备的性能和使用、桥梁静动力荷载试验等。《隧道》由陈建勋主编，主要介绍超前支护与围岩施工质量检查、开挖质量检测、施工监控量测、混凝土衬砌质量检测等内容。《交通安全设施及机电工程》由韩文元、包左军主编，主要介绍交通工程试验检测基础知识，交通管理设施、监控设施、通信设施、收费设施等的试验检测。

《水运工程试验检测人员考试用书》包括《材料》、《地基与基础》和《结构》3册。《材料》由谭华主编，主要从所用的工程部位、组批原则、取样方法、检验项目、试验设备、试验步骤、试验结果分析等环节详细阐述了水运工程常用材料的试验检测。《地基与基础》由徐满意、周福田主编，主要介绍土工基础知识、常用的土工试验方法、主要的原位测试方法、主要的地基处理方法和复合地基桩身质量检测等。《结构》由朱光裕主编，主要介绍混凝土结构力学及缺陷现场检测、结构与构件的静动力试验、桩的静荷载试验、基桩高应变动力检测、锚杆试验与检测技术等。

本套考试用书以国家和交通运输部颁发的有关法规及标准规范为依据，虽经全面审查和补充修改，但其中仍难免有不足之处，诚挚希望广大读者在学习使用过程中及时将发现的问题函告我们，以便进一步修改和补充。该套考试用书在编写过程中得到人民交通出版社和有关专家的大力支持，在此一并致谢。

**交通运输部工程质量监督局**

**交通运输部职业资格中心**

**2012年3月**

# 第二版前言

交通运输部基本建设质量监督总站和交通专业人员资格评价中心于2010年5月组织有关专家编写了《公路工程试验检测人员考试用书 隧道》(2010年5月第1版)。近两年来,该书有效地指导了参加考试的人员学习和掌握隧道工程试验检测技术的相关知识。根据《公路水运工程试验检测人员考试大纲》(2012年版)的要求,我们对原书中与现行规范不一致的有关内容进行了修订。

本书由陈建勋主编,马建秦、叶英、王永东、罗彦斌参编。具体分工是:马建秦编写第五、七章;陈建勋、叶英编写第八章;王永东编写第九、十章;其余由陈建勋、罗彦斌编写并统稿。

在本书编写过程中,吕康成教授、石大为高工提出了许多宝贵意见,在此深表谢意。另外,在编写过程中,参考和引用了大量有关文献资料,在此对原作者也顺致谢意。

由于时间仓促,加上作者水平有限,书中内容难免存在缺点和错误,敬请读者批评指正。来信请寄:陕西省西安市南二环路中段长安大学330信箱,陈建勋收,邮编:710064;电子信箱:chenjx1969@163.com。

主　编

2012年3月

# 前　言

交通运输部基本建设质量监督总站和交通专业人员资格评价中心于2010年4月编制出版了《公路水运工程试验检测人员过渡考试大纲》(2010年版)。大纲对各专业考试科目的划分和要求掌握的内容范围作出了明确规定和说明。为指导参加过渡考试的人员结合大纲学习与掌握相关知识,交通运输部基本建设质量监督总站和交通专业人员资格评价中心组织有关专家编写了《公路工程试验检测人员考试用书》,本考试用书同时也可作为从事试验检测管理与操作的工程技术人员及高等院校相关专业在实际工作和教学中的参考用书。

本考试用书是在原西安公路交通大学吕康成教授编写的《隧道工程试验检测技术》(2000年1月第1版)和长安大学陈建勋、马建秦主编的《隧道工程试验检测技术》(2005年1月第1版)基础上进行编写的。在编写过程中,我们秉承了"注意理论联系实际,强调实用性和可操作性,力求内容全面、系统"的原则。修订的内容主要有:

(1)修订了与现行规范不配套的有关内容,使本书内容与新规范保持一致。

(2)增加了近年来涌现出的隧道工程检测新技术、新方法,如隧道施工超前地质预报技术,并结合工程实践,增加了有关隧道施工监控量测方面的部分内容。

(3)增加了附录,内容包括激光断面仪检测隧道断面方法、地质雷达检测隧道支护(衬砌)质量方法、全站仪非接触隧道变形量测方法、地质雷达隧道超前地质预报探测方法。

本书由陈建勋主编,马建秦、叶英、王永东参编。具体分工是:马建秦编写第五、七章;陈建勋、叶英编写第八章;王永东编写第九、十章;其余由陈建勋编写并统稿。

在本书编写过程中,吕康成教授、石大为高工、连启宾高工提出了许多宝贵意见,在此深表谢意。另外,在编写过程中,参考和引用了大量有关文献资料,在此对原作者也顺致谢意。

由于时间仓促,加上作者水平有限,书中内容难免存在缺点和错误,敬请读者批评指正。

**主　编**

**2010年4月**

# 目 录

# 第一章 总　论

## 第一节　我国公路隧道发展概况

我国山地、丘陵和高原面积约占国土总面积的69%。过去在山区修筑公路，由于建设资金严重短缺，多以盘山绕行为主。公路隧道建设非常缓慢，20世纪50年代，我国仅有30多座总长约2.5km的公路隧道。在20世纪60～70年代，我国干线公路上曾修建了百米以上的公路隧道。例如，1964年修建的北京至山西原平公路（四级公路）有两座200m以上的隧道，这在当时已是非常大的工程。据统计，1979年我国公路隧道通车里程仅为52km/374座。20世纪80年代后，随着国民经济的迅速发展，公路交通建设规模日益扩大，技术达到新的水平，我国公路隧道发展速度加快。公路隧道建设不仅在山区和丘陵地区公路建设中，而且在东部江河桥隧跨越方案比选中，日益引起人们的重视，并得到很大发展。2000年年底，我国公路隧道通车里程已达628km/1 684座，比1979年增长了12倍。进入21世纪，随着我国经济迅速发展和科技水平的不断提高，公路建设对隧道的应用越来越引起人们的重视，并得到迅猛发展。截至2010年年底，已通车公路隧道达5 122.6km/7 384座，比1979年增长了近100倍。近五年来，公路隧道通车里程以平均每年700多公里的速度在迅速增长。

在隧道数量和建设规模得到迅猛发展的同时，我国山区公路隧道修建技术取得了长足的进步。20世纪80年代后，随着新奥法的推广，以钻爆法开挖为主的山区公路隧道修筑技术在我国日趋成熟。我国隧道建设者完全掌握了山岭双洞四车道隧道、双洞六车道隧道、双洞八车道隧道、连拱隧道、分岔隧道、大跨连拱隧道（双洞六车道、八车道隧道）、小净距隧道、大跨小净距隧道（双洞六车道、八车道隧道）以及隧道改扩建等修筑技术和大型地下立交建设技术等。由于我国地域广阔，自然气候、地质和环境条件的千差万别，使得公路隧道在建设过程中遇到了各种各样的技术问题，其中部分难题在世界范围内也极为罕见。除了广泛吸取瑞士、奥地利、挪威和日本等公路隧道技术先进国家的成功经验外，我国业内人员也展开了大量自主创新性的科技攻关，使我国在公路隧道建设技术方面取得了长足进步，形成了一系列具有我国自主知识产权的隧道建设技术，如高承压水环境、岩溶地区、黄土地区、高海拔、高寒、高烈度地区隧道建设技术，环保型洞口建设工法，长洞短打快速施工方法等。各种建设技术的日趋成熟，极大地提高了我国隧道的建设速度和建设质量。2007年1月20日，世界上最长的山岭高速公路隧道——秦岭终南山公路隧道建成通车，标志着我国山区公路隧道修建技术达到世界领先水平。

我国水下隧道的建设起步较晚，且在江海河底修建公路隧道的技术难度大，尚没有成熟的经验和技术。随着我国交通事业的蓬勃发展，为使路线直捷，不仅在穿越崇山峻岭时修建了众多山岭隧道，在一些跨海湾、海峡、大江大河处也已建成或正在规划不少的公路水下隧道或公路、铁路两用的水下隧道。截至目前，我国大陆建成和在建的水下公路隧道已达30多座，其中上海穿越黄浦江已建有8座水下隧道，广州、上海、南京、武汉、宁波、青岛、长沙等还在计划或正在修建更多的越江隧道工程。第一条海底隧道——厦门翔安海底隧道，于2005年8月动工，已于2010年4月建成通车。第二条海底隧道——青岛胶州湾海底隧道，全长6.17km，于2006年底动工，也已于2011年6月建成通车。在上海，沪崇苏通道中的崇明越江通道工程，长江隧道长8.89km，于2004年9月奠基启动，也已于2009年10月建成通车。这些工程的建设为我国水下隧道建设技术的提高提供了良好的契机。国家、行业和地方等各个层面都非常重视，投入了大量资金，并依托这些水下隧道工程，引进、消化国外先进技术，开展了大量的重点科学技术攻关，取得的科研成果极大地推动了我国水下隧道技术的发展，确保了工程的顺利建设。到目前为止，我国已经熟练或基本掌握了钻爆法、盾构法和沉管法水下隧道建造技术，在水下隧道建造技术方面取得了长足进步，集成创新出了具有我国自主知识产权的水下隧道建设技术，并达到了国际先进技术水平，为我国庞大的水下隧道建设计划储备了技术和人才资源，并具备了参与国际重大水下隧道工程项目竞争的实力。

目前，我国公路隧道养护技术正处于起步阶段，随着公路隧道建设的跨越式发展，提高公路隧道的运营养护管理水平刻不容缓。国内调查研究表明，相当比例的运营公路隧道存在渗漏水和衬砌裂缝等病害现象。这些病害直接威胁着隧道内行车安全、通行能力、维护周期和使用寿命。为了减少隧道病害对隧道和公路交通运营的影响，我国在公路隧道养护方面做了一些基础性研究工作，并取得了一定成果。但我国公路隧道养护在快速健康诊断，病害隧道结构的安全性、耐久性评价，病害处治，新材料、新设备、新工艺的研究与集成方面还有很多工作要做，对形成我国隧道病害处治设计和对策的标准化和统一化还有很长的路要走。

随着进一步加大基础设施建设政策的落实，我国中西部地区还将建设大量长度长、地质条件复杂、建设难度大的公路隧道，这也为公路隧道工程建设事业的发展带来了新的挑战和机遇。目前，我国公路隧道建设任务仍然十分繁重。同时，我国还有许多特长隧道正在规划和研究中，例如，贯穿我国沿海大走廊的渤海海峡隧道与琼州海峡隧道等。此外，修建连接台湾省与祖国大陆的台湾海峡隧道也在研讨之中。

从可持续发展战略出发，今后我国隧道工程技术发展的重点，一方面是隧道工程质量，包括工程质量的控制和检测技术；另一方面是隧道工程与生态环境的协调，如洞口环境的保护、围岩变形和地表沉降的控制、地下水资源的保护等。这些问题不但涉及施工新技术的开发，而且关系到设计理念的转变。

可以预见，未来我国公路隧道建设技术必将有一个更大的发展。

## 第二节 公路隧道的特点

1.断面大

一般来说，公路隧道与铁路隧道、水工隧洞、矿山地下巷道相比，断面较大，两车道公路隧道的断面面积可达$80m^2$。公路隧道围岩受扰动范围较大，其轮廓对围岩块体的不利切割增多，围岩内的拉伸区与塑性区加大，导致施工难度增大。若公路隧道位于土层或软弱岩体内，施工难度更大，通常需要采用特殊的施工方法来建造。

2. 形状扁平

在满足使用功能和施工安全的前提下，尽可能地降低工程造价是隧道设计的基本要求。由于公路隧道的建筑限界基本上是一个宽度大于高度的截角矩形断面，在设计开挖断面、衬砌结构时，总是在保证施工安全和结构长期稳定的条件下，尽量围绕建筑限界设计开挖断面和净空断面，因此公路隧道的断面常为形状扁平的马蹄形或直墙拱顶形。

断面形状扁平容易在拱顶围岩内出现拉伸区，而岩土之类的天然材料，其抗拉强度较低，因此施工中隧道顶部容易崩落，威胁人身安全。正是因为断面呈扁平状，在断面面积相同条件下，公路隧道较之铁路隧道、水工隧洞和矿山巷道施工难度要大。

3. 需要运营通风

机动车辆通过隧道时，要不断地向隧道内排放废气。一般来说，对于短隧道，由于受自然风和交通风影响，有害气体的浓度不会积聚太高，不会对驾乘人员的身体健康和行车安全构成威胁。但是对于较长及特长隧道就不同了，自然风和交通风对隧道内空气的置换作用相对较小，如不采取措施，隧道内有害气体的浓度就会逐渐升高。其中，汽油车排放的CO浓度达到一定量值时，会使人感到不适，甚至窒息；柴油车排出的烟尘将不断恶化行车环境，使隧道内能见度降低。因此，必须根据较长及特长隧道的具体条件，采用适当的通风方式，将新鲜空气随风流一起送入隧道，稀释有害气体，使其浓度降至安全指标以内。

4. 需要运营照明

高速行驶的车辆在白天接近并穿过隧道时，其行车环境要经历一个“亮—暗—亮”的变化过程，驾驶员的视觉在此过程中也要发生微妙的变化以适应环境。为了减小通过隧道时驾驶员的生理和心理压力，消除车辆进洞时的黑框或黑洞效应以及出洞时的眩光现象，从有利于安全行车的角度考虑，高等级公路上的隧道一般都根据具体情况，对隧道进行合理有效的照明。

5. 防水要求高

在高等级公路上，车辆行驶速度较快，如果隧道出现渗漏或路面溢水，则会造成路面湿滑，不利于安全行车，特别是在严寒地区，冬季隧道内的渗漏水或在隧道上部吊挂冰柱，或在路面形成冰湖，常常会诱发交通事故。此外，长期或大量的渗漏水，还会对隧道内的机电设备、动力及通信线路构成威胁。因此，我国《公路隧道设计规范》(JTG D70—2004)要求，汽车专用公路隧道应达到拱部、墙部及设备箱洞室处均不渗水。

根据公路隧道目前的发展情况来看，对防水工程的要求有愈来愈高的趋势。

## 第三节 公路隧道的常见质量问题

随着目前我国公路隧道工程数量的增加和建设速度的加快，由于设计、施工等方面的原因，部分已建和在建的公路隧道都出现了不同程度的质量问题，有些甚至出现了严重的质量问题。其中，最常见的有以下几个方面。

1. 隧道渗漏

与其他地下工程一样，公路隧道在施工期间和建成后，一直受地下水的影响，特别是建成后的隧道，更是处于地下水的包围之中。当水压较大、防水工程质量欠佳时，地下水便会通过一定的通道渗入或流入隧道内部，对行车安全以及衬砌结构的稳定构成威胁。例如，辽宁八盘岭隧道、吉林密江隧道都是在建成后不久,其内部便出现大量渗漏,在春、夏、秋三季隧道内变成了"水帘洞",在冬季隧道内则变成了"冰湖"。由于反复冻融,造成衬砌结构开裂,为了不使结构遭受进一步破坏,防止隧道的大量渗漏,两隧道均不得不提前大修,在原衬砌内部套拱。虽然这一措施暂时使问题得以解决,但由于隧道断面减小,限界受侵,影响了行车。据统计,目前国内公路隧道完全无渗漏者寥寥无几,绝大部分隧道都存在着不同程度的渗漏问题,渗漏部位遍及隧道全周。因此,在设计科学的防排水结构和加强防排水施工质量管理方面,我国公路隧道界还有很长的路要走。

2.衬砌开裂

作用在隧道衬砌结构上的压力与隧道围岩的性质、地应力的大小以及施工方法等因素有关。由于受技术和资金条件的限制,一些因素在设计前是很难准确确定的,所以在隧道衬砌结构设计中常带有一定的盲目性,结果导致结构强度不够或与围岩压力不协调,造成衬砌结构开裂、破坏。然而,工程上出现的衬砌开裂更多的则是由于施工管理不当造成的,或是因为衬砌厚度不足,或是因为混凝土强度不够。例如,宁夏某隧道由于种种原因,隧道衬砌做完后,衬砌混凝土出现了大量的裂缝,在1 500m范围内有5段裂缝发育区,其中一条连续纵向裂缝长达33m,裂缝的最大宽度达20mm,最大水平错距达40mm。这些裂缝对结构的稳定及建成后隧道的安全运营构成了潜在的威胁。又如陕西境内某黄土隧道,由于土压力大,施工中衬砌混凝土存在质量问题,隧道尚未通车,衬砌便先由局部开裂发展为结构失稳,最终导致大范围的塌方。在我国其他地区也有类似情况发生。由此可见,加强施工管理、提高隧道衬砌混凝土质量已迫在眉睫。

3.限界受侵

建筑限界是保证车辆安全通过隧道的必要断面。在公路隧道施工过程中,有时会遇到松软地层。当地压较大时,围岩的变形量将很大,如果施工方法不当或支护形式欠妥、支护不及时,容易导致塌方。为了保证施工安全和避免塌方,容易形成仓促衬砌,而忽视断面界限,使建筑限界受侵。另一种施工中的常见现象是衬砌混凝土在浇筑过程中,模板强度、刚度不足,出现走模,从而导致限界受侵。

4.衬砌结构同围岩结合不密实

支护结构同围岩的紧密接触是地下结构区别于地面结构的主要特征。所谓"新奥法"的出发点,正是支护结构同围岩的共同变形。不幸的是,在施工中由于岩石隧道光面爆破效果不良,有的承包人图经济省事,通过钢筋网在作为初期支护的喷射混凝土层背后设置石块或其他异物,以取代混凝土充填空间,造成了围岩与初期支护之间不密实,甚至存在大的空区(洞)。在二次衬砌施工过程中,由于泵送混凝土压力不足、流动性不好、重力作用、抽拔泵送管过早过快等原因,拱顶混凝土往往难以饱满,造成模筑混凝土厚度不足,甚至形成较大空区(洞),由此常常诱发拱顶上鼓,衬砌内缘压裂、掉块的现象。

5.通风、照明不良

在部分运营隧道中有害气体浓度超限,洞内照明昏暗,从而影响驾乘人员健康,威胁行车安全。造成隧道通风与照明不良的原因有以下三个方面:设计欠妥、器材质量存在问题和运营管理不当。鉴于设计方面的问题,应从加强理论与试验研究着手,不断总结经验,提高设计水平。对于器材,应在安装前对其性能指标加以检测,对不符合要求者不予采用。目前,造成隧道通风与照明不良的主要原因是隧道管理部门资金不足、管理不善、风机与灯具开启强度不足。为了不降低隧道的使用标准并确保安全运营，应定期对隧道的有关通风、照明指标进行抽检。

## 第四节 公路隧道检测技术的内容

公路隧道的建造是百年大计，而保证工程质量是业主的基本要求。检测技术作为质量管理的重要手段，越来越为人们所重视。公路隧道检测技术涉及面广、内容多。除了运营环境的检测内容与方法对各类隧道都通用外，由于施工方法不同，山岭隧道、水下沉埋隧道和软土盾构隧道在检测内容与方法上差别很大。考虑到目前我国修建的公路隧道绝大多数均为山岭隧道(包括暗挖法施工的黄土隧道)，本书着重介绍山岭隧道的检测技术。

根据隧道修建过程，公路隧道检测的主要内容包括：材料质量检测、超前支护及预加固围岩施工质量检测、开挖质量检测、衬砌支护施工质量检测、防排水质量检测、施工监控量测、混凝土衬砌质量检测、通风检测、照明检测等。也可按材料检测、施工检测、环境检测等内容分类。

1. 材料检测

只有用合格的原材料，才能修建出合格的工程。在隧道工程的常用原材料中，衬砌材料属土建工程的通用材料，其检测方法可参阅有关文献；支护材料和防排水材料具有隧道和地下工程特色。支护材料包括锚杆、喷射混凝土和钢构件等。锚杆杆体材质、锚固方式、杆体结构和托板形式等种类繁多、特性各异，分别适用于不同的工程条件；喷射混凝土有干喷、潮喷、湿喷之分，为了获取较好的力学特性和工程特性，往往在喷射混凝土混合料外，还添加各种外加剂。可见，锚喷材料的检测内容繁多。限于篇幅，本书只介绍锚喷的施工质量，材料的品质最终由锚喷的强度等指标反映。防排水材料对隧道工程特别重要，有些甚至是隧道与地下工程专用的材料。隧道防排水材料包括：注浆材料、高分子合成卷材、排水管和防水混凝土等。需要指出的是，合成高分子防水卷材在我国发展很快。目前，我国修建的公路隧道、地铁和部分铁路隧道都采用不同性能、规格的合成高分子卷材作防水夹层，均取得了良好的效果。为了适应这种发展需要，将较详细地介绍其检测试验方法。

2. 施工检测

施工检测的内容十分丰富，可概括为两个方面，即施工质量检测和施工监控量测。

(1)施工质量检测

公路隧道工程上出现的种种质量问题绝大部分都是由于在施工过程中埋下了质量隐患，如渗漏水、衬砌开裂和限界受侵等。因此，必须对施工过程进行质量检测。主要内容包括：超前支护及预加固、开挖、初期支护、防排水和衬砌混凝土质量检测。

在浅埋、严重偏压、岩溶、流泥地段、砂土层、砂卵(砾)石层、自稳性差的软弱破碎地层、断层破碎带以及大面积淋水或涌水地段进行施工时，由于隧道在开挖后自稳时间小于完成支护所需时间，或由于初期支护的强度不能满足围岩稳定的要求等原因，而产生坍塌、冒顶等工程事故，影响了施工安全，延误了工期，费工费料，危害极大。为避免上述情况，必须在隧道开挖前或开挖中采用辅助施工方法以增强隧道围岩稳定。显而易见，做好辅助施工措施的质量检查工作是至关重要的。

爆破成形好坏对后续工序的质量影响极大，目前检测爆破成形质量技术发展很快。隧道断面仪被广泛应用于及时检测爆破成形质量，该仪器可以迅速测取爆破后隧道断面轮廓，并将其与设计开挖断面比较，从而得知隧道的超欠挖情况。应用隧道断面仪还可监测锚喷隧道围岩的变形情况。

支护质量主要是指锚杆安装质量、喷射混凝土质量和钢构件质量。对于锚杆，施工质量检测的内容有锚杆的间排距、锚杆的长度、锚杆的方向、注浆式锚杆的注满度、锚杆的抗拔力等。对于喷射混凝土，施工中应主要检测其强度、厚度和平整度。对于钢构件，则要检测构件的规格与节间连接、架间距、构件与围岩的接触情况以及与锚杆的连接。此外，对支护背后的回填密实度也要进行探测。

防排水系统的施工方法目前尚在研究与发展之中，对施工质量的检测也还处于探索阶段。本书将对工程上常用的一些检测或检查方法作简单介绍。

衬砌混凝土质量检测包括衬砌的几何尺寸、衬砌混凝土强度、混凝土的完整性、混凝土裂缝、衬砌背后的回填密度和衬砌内部钢架、钢筋分布等的检测。其中，外观尺寸容易用直尺量测，混凝土强度及其完整性则需用无损探测技术完成，混凝土裂缝可用塞尺、裂缝观测仪等简单方法检测，衬砌背后的回填密实度可采用地质雷达法和钻孔法检测。

(2)施工监控量测

施工监控量测是新奥法施工的一项重要内容，它既是施工安全的保障措施，又是优化结构受力、降低材料消耗的重要手段。量测的基本内容有隧道围岩变形、支护受力和衬砌受力。隧道净空收敛可采用收敛计和全站仪量测。隧道拱部沉降可采用精密水准仪和全站仪量测。围岩内部的位移，目前常用机械式多点位移计量测。锚杆轴力可用测力锚杆量测。喷射混凝土、钢构件和衬砌受力可用各种压力盒、混凝土应变计、表面应变计等量测。将量测结果人工或自动输入计算机，计算机便可根据反算力学模型，推求围岩中的应力场和位移场，据此推断围岩的稳定状态，调整支护或衬砌设计参数。如此反复，使支护与衬砌设计参数与围岩条件相协调，不断优化施工方案。

目前，随着我国交通建设事业的发展，隧道工程面临的地质条件越来越复杂，地质灾害发生的频率越来越大，灾害造成的损失也越来越大。因此，做好施工过程中超前地质预报，避免灾害的发生，是保证施工安全的重要环节和重要技术手段，也是隧道施工的必要工序。

3. 环境检测

环境检测可分为施工环境检测和运营环境检测。施工环境检测的主要任务是检测施工过程中隧道内的粉尘和有害气体。这里的有害气体主要是指 $CH_4$，我国西南地区修建隧道时经常遇到。若 $CH_4$ 达到一定浓度，且施工中防治措施不当，则可能引发 $CH_4$ 爆炸，造成人身伤亡或经济损失。

运营环境检测包括通风、照明和噪声等。其中，通风检测相对比较复杂，检测内容较多，主要有 CO 浓度、烟尘浓度和风速等，受来往车辆的影响，不易获得准确的数据。照明检测技术较为先进，现有专供照明检测的车载照度仪、亮度仪。这些仪器只要随车从隧道通过一趟，便可使隧道内各区段的照明情况一清二楚。噪声的检测也比较简单，用噪声计可直接数显隧道内噪声。

# 第二章

# 超前支护与预加固围岩施工质量检查

## 第一节 概 述

隧道在浅埋地段、自稳性差的软弱破碎地层、严重偏压、岩溶流泥地段、砂土层、砂卵(砾)石层、断层破碎带以及大面积淋水或涌水地段施工时,由于开挖后围岩的自稳时间小于完成支护所需的时间,往往会发生开挖面围岩失稳,或由于初期支护的强度不能满足围岩稳定的要求以及由于大面积淋水、涌水而导致洞体围岩丧失稳定而产生坍塌、冒顶等,这不仅使围岩条件更加恶化,给施工带来极大的困难,而且影响施工安全,延误工期,费工费料,影响工程质量和隧道使用年限。为了避免上述情况的发生,应在隧道开挖前或开挖中采用辅助施工措施,以增强隧道围岩稳定。常用的辅助工程措施包括地层稳定方法和涌水处理方法。地层稳定方法主要有超前锚杆、超前小导管、管棚、超前围岩预注浆、地表砂浆锚杆与注浆加固、掌子面正面喷射混凝土、临时仰拱、水平旋喷桩、冻结法、墙式遮挡法等。涌水处理方法主要有超前预注浆堵水法、开挖后补注浆堵水法、超前钻孔排水法、坑道排水法、井点降水法和深井降水法等。各种辅助工程措施及其适用条件见表 2-1。

**各种辅助工程措施及其适用条件** 表 2-1

| 辅助工程措施 | | 适用条件 |
|---|---|---|
| 地层稳定措施 | 管棚法 | Ⅴ级和Ⅵ级围岩,无自稳能力,或浅埋隧道及其地面有荷载 |
| | 超前导管法 | Ⅴ级围岩,自稳能力低 |
| | 超前钻孔注浆法 | Ⅴ级和Ⅵ级软弱围岩地段、断层破碎带地段、水下隧道或富水围岩地段、塌方或涌水事故处理地段以及其他不良地质地段和特殊岩土地段 |
| | 超前锚杆法 | Ⅳ～Ⅴ级围岩,开挖数小时内可能剥落或局部坍塌 |
| | 拱脚导管锚固法 | Ⅴ级围岩,自稳能力低 |
| | 地表锚杆与注浆加固法 | Ⅴ级围岩浅埋地段和埋深小于或等于 50m 的隧道 |
| | 水平旋喷桩 | Ⅴ级和Ⅵ级软弱围岩(如淤泥、流沙等),土层含水率大,地下水位高(隧道位于地下水位以下),浅埋,隧道上方是交通繁忙的街道,还有纵横交错的管线,周围又紧邻高层建筑 |
| | 冻结法 | 含水率大于 10%的含水、松散、不稳定地层 |
| | 掌子面正面喷射混凝土 | 掌子面围岩破碎、渗淋水严重的临时措施 |
| | 临时仰拱 | 围岩与支护变形异常的临时措施 |
| | 墙式遮挡法 | 浅埋隧道,且隧道上方地面两侧(或一侧)有建筑物 |

续上表

| 辅助工程措施 | | 适用条件 |
|---|---|---|
| 涌水处理措施 | 注浆堵水法 | 地下水丰富且排水时挟带泥沙引起开挖面失稳，或排水后对其他用水影响较大的地段 |
| | 超前钻孔排水法 | 开挖面前方有高压地下水或有充分补给源的涌水，且适量排放地下水不会影响围岩稳定及隧道周围环境条件 |
| | 坑道排水法 | 同上 |
| | 井点降水法 | 均质砂土、亚黏土地段以及浅埋地段 |

隧道施工所采用的辅助施工措施，应根据隧道所处的地质和水文地质条件、隧道长度、埋置深度、施工机械装备、工期和经济等方面考虑决定。

## 一、地表砂浆锚杆或地表注浆加固

地表砂浆锚杆和地表注浆是对地层预加固的一种方法，适用于浅埋、洞口地段和某些偏压地段。为使预加固有较好的效果，锚固砂浆在达到设计强度的70%以上时，才能进行下方隧道的开挖。

## 二、超前锚杆或超前小导管支护

超前锚杆或超前小钢管支护是一种超前预支护方法，一般适用于浅埋松散破碎的地层。首先用凿岩机或钻孔台车沿隧道外轮廓线向外钻孔，然后安设锚杆或用钻机将小钢管顶入。超前锚杆根据围岩情况，可采用双层或三层。一般超前锚杆或超前小钢管设置后，即可进行开挖，但应保证前后两组支护在纵向有不小于100cm的水平投影搭接长度。超前锚杆支护若采用一般砂浆作胶结物时，爆破后很可能影响其强度。为此，宜采用早强砂浆作为锚杆与孔壁间的胶结物，以尽早发挥超前支护的作用。

当围岩自稳时间在12～24h时，必须采用先支护后开挖的措施。通常采用超前锚杆支护，若洞室跨度较大，可采用超前小导管支护。

## 三、管棚钢架超前支护

管棚钢架超前预支护适用于极破碎的地层、塌方体、岩堆等地段。在这些地段内辅以灌浆效果更好。当遇有流塑状岩体或岩溶、严重流泥地段，采用与围岩预注浆相结合的方法，也是一种行之有效的方法。

管棚钢管沿隧道开挖轮廓线纵向设置，其长度为10～45m，应视地质情况选用。为保证开挖后管棚钢管仍有足够的超前长度，纵向两组管棚搭接长度应大于3.0m。管棚钻孔环向间距应视管棚用途而定，如果考虑防塌与防水，一般为30～50cm。

管棚钢架超前支护施工流程为：制作管棚钢架→测设中线及水平基点→检查已开挖断面尺寸及形状→安设管棚钢架→钻管棚钢管孔眼→打设管棚钢管→开挖断面→喷射混凝土→安设初期支护钢架→锚喷。

施工时可用钻孔钻机将管棚钢管顶入钻孔中，当地层松软时，也可直接将钢管打入地层。

## 四、超前小导管预注浆

超前小导管(周壁)预注浆是沿隧道开挖轮廓线向外将管壁带孔的小导管打入地层内(有时也可在开挖面上将小导管打入地层),并以一定的压力向管内压注浆液。它既能将坑道周围岩体预先加固及堵住围岩裂隙水,又能起到超前预支护的作用。这种方法施工简单,注浆时间短。但由于其注浆每段为3～5m,注浆压力低(0.5MPa),浆液扩散范围小(0.4～0.5m),因而仅适用于较小断面隧道注浆加固。有时还需辅以钢架支撑,以稳定围岩,适用于自稳时间很短(12h以内)的砂层、砂卵(砾)石层、断层破碎带、软弱围岩浅埋地段或处理塌方等地段。

## 五、超前围岩深孔预注浆

在处理极其松散、破碎、软弱地层,或在大量涌水的软弱地段以及断层破碎带的隧道,通常采用超前围岩深孔预注浆加固地层和封堵水源,使围岩强度和自稳能力得到提高。注浆孔可在地表面或开挖面正面分层布置,在纵向呈伞形辐射状。要求注浆孔孔底间距按各个注浆孔的扩散半径相互重叠的原则确定。可以采用周边注浆,也可采用全断面注浆。注浆方式可采用前进式、后退式或全孔式。注浆顺序宜为先内圈孔,后外圈孔;先无水孔,后有水孔;从拱顶顺序向下进行。采用这种方法时,注浆段较长(15～30m),注浆压力较高(1.5～4MPa),浆液扩散范围大(1～2m),但需要大型注浆设备,注浆周期长,多用于断面较大和不允许有过大沉陷的各类地下工程中。

# 第二节 注浆材料性能试验

## 一、注浆材料分类及其主要性能

注浆是指将注浆材料按一定配合比制成的浆液压入围岩或衬砌与围岩之间的空隙中,经凝结、硬化后起到防水和加固作用的一种施工方法。由于生产的发展和工程的需要,近年来出现了不少比较理想的注浆材料,可供不同地质条件选用。

1.对注浆材料的要求

一种理想的注浆材料,应满足以下要求:

(1)浆液黏度低,渗透力强,流动性好,能进入细小裂隙和粉、细砂层。浆液可达到预想范围,确保注浆效果。

(2)可调节并准确控制浆液的凝固时间,以避免浆液流失,达到定时注浆的目的。

(3)浆液凝固时体积不收缩,能牢固黏结砂石,浆液结合率高,强度大。

(4)浆液稳定性好,长期存放不变质,便于保存运输,货源充足,价格低廉。

(5)浆液无毒、无臭,不污染环境,对人体无害,非易燃、易爆之物。

注浆材料的具体分类见表2-2。

**注浆材料分类** 表2-2

| | | |
|---|---|---|
| 注浆材料 | 水泥浆 | 单液水泥浆 |
| | | 水泥-水玻璃双液浆 |
| | 化学浆 | 水玻璃类 |
| | | 脲醛树脂类 |
| | | 铬木素类 |
| | | 丙烯酰胺类 |
| | | 聚氨酯类 |
| | | 其他 |

注浆材料通常划归两大类，即水泥浆和化学浆。按浆液的分散体系划分，以颗粒直径为0.1μm为界，大者为悬浊液，如水泥浆；小者为溶液，如化学浆。

2. 注浆材料的主要性能

(1)黏度

黏度是表示浆液流动时，因分子间互相作用而产生的阻碍运动的内摩擦力。其单位为帕斯卡秒(Pa·s)，工程上常用厘泊(cP)来计量，$1cP=10^{-3}Pa \cdot s$。现场常以简易黏度计测定，以"秒"作单位。一般地，黏度是指浆液配成时的初始黏度。黏度大小影响浆液扩散半径、注浆压力、流量等参数的确定。

浆液在固化过程中，黏度变化有两种类型，如图2-1所示。

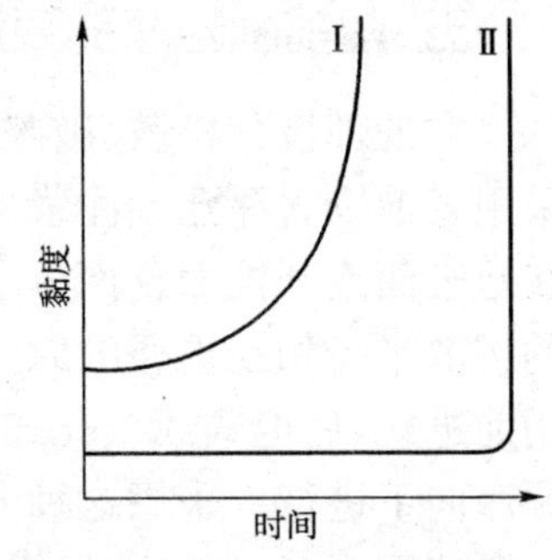

图2-1　浆液黏度变化曲线

曲线Ⅰ是一般浆液材料，如单液水泥浆、环氧树脂类、铬木素等，黏度逐渐增加，最后固化。随着黏度增长，浆液扩散由易到难。

曲线Ⅱ表示如丙烯酰胺类浆液，凝胶前虽聚合反应开始，但黏度不变。到凝胶发生，黏度突变，顷刻形成固体，有利于注浆。

(2)渗透能力

渗透能力即渗透性，指浆液注入岩层的难易程度。对于悬浊液，渗透能力取决于颗粒大小；对于溶液，渗透能力则取决于黏度。

根据试验，砂性土孔隙直径($D$)必须大于浆液颗粒直径($d$)的3倍以上浆液才能注入，即

$$K=\frac{D}{d}\geqslant 3 \tag{2-1}$$

式中：$K$——注入系数。

据此，国内标准水泥粒径为0.085mm，只能注入到0.255mm的孔隙或粗砂中。凡水泥不能渗入的中、细、粉砂土地层，只能用化学浆液。

(3)凝胶时间

凝胶时间是指参加反应的全部成分从混合时起，直到凝胶发生，浆液不再流动为止的一段时间。其测定方法是：凝胶时间长的，用维卡仪；一般浆液，通常采用手持玻璃棒搅拌浆液，以手感觉不再流动或拉不出丝为止，从而测定凝胶时间。

(4)渗透系数

渗透系数是指浆液固化后结石体透水性的高低，或表示结石体抗渗性的强弱。

(5)抗压强度

注浆材料自身抗压强度的大小决定了材料的使用范围，大者可用以加固地层，小者则仅能堵水。在松散砂层中，浆液与介质凝结之结合体强度，对于在流沙层中修建隧道或凿井是至关重要的。

表2-3是几种注浆材料的主要性能指标。

## 二、化学浆液黏度测定

1. 原理

本试验方法的工作原理、试样制备、结果表示等部分参照《合成胶乳黏度测定法》(SH/T

1152—1995)的规定。

注浆材料的主要性能指标　　表 2-3

| 性能 / 浆液名称 | 黏度 (Pa·s) | 可能注入的最小粒径(mm) | 凝胶时间 | 渗透系数 (cm/s) | 结石体抗压强度 (MPa) |
| --- | --- | --- | --- | --- | --- |
| 纯水泥浆 | 15～140 | 1.1 | 12～24h | $10^{-3}$～$10^{-1}$ | 5.0～25.0 |
| 水泥加添加剂 | | | 6～15h | | |
| 水泥-水玻璃 | | | 十几秒～十几分钟 | $10^{-3}$～$10^{-2}$ | 5.0～20.0 |
| 水玻璃类 | (3～4)×$10^{-3}$ | 0.1 | 瞬间～几十分钟 | $10^{-2}$ | <3.0 |
| 铬木素类 | (3～4)×$10^{-3}$ | 0.03 | 十几秒～几十分钟 | $10^{-5}$～$10^{-3}$ | 0.4～2.0 |
| 脲醛树脂类 | (5～6)×$10^{-3}$ | 0.06 | 十几秒～十几分钟 | $10^{-3}$ | 2.0～8.0 |
| 丙烯酰胺类 | 1.2×$10^{-3}$ | 0.01 | 十几秒～十几分钟 | $10^{-6}$～$10^{-5}$ | 0.4～0.6 |
| 聚氨酯类 | 几十～几百厘泊 | 0.03 | 十几秒～十几分钟 | $10^{-6}$～$10^{-4}$ | 6.0～10.0 |

2. 仪器

(1)NDJ－79 型旋转式黏度计

选择转速为 750r/min,第二单元 2 号转子(因子为 10)。

(2)恒温水

温控精度为 25℃±1℃。

3. 测定步骤

将试样注入测试器,直到它的高度达到锥形面下部边缘。将转筒浸入液体直到完全浸没为止,将测试器放在仪器支柱架上,并将转筒挂于仪器转轴钩上。

启动电动机,转筒从开始晃动直到完全对准中心为止。将测试器在托架上前后左右移动,以加快对准中心。指针稳定后方可读数。

## 三、水泥细度检验

中华人民共和国国家标准《通用硅酸盐水泥》(GB 175—2007)按混合材料的品种和掺量不同将通用硅酸盐水泥分为硅酸盐水泥、普通硅酸盐水泥、矿渣硅酸盐水泥、火山灰质硅酸盐水泥、粉煤灰硅酸盐水泥和复合硅酸盐水泥六个品种。水泥细度属选择性指标,其检验方法是硅酸盐水泥和普通硅酸盐采用比表面积评定,要求达到 300$m^2$/kg;其他水泥则仍采用筛余表示,要求 80μm 方孔筛筛余不大于 10%或 45μm 方孔筛筛余不大于 30%。

《水泥细度检验方法　筛析法》(GB/T 1345—2005)规定了水泥细度的检验方法,概要介绍如下。

1. 方法原理

采用 45μm 方孔筛和 80μm 方孔筛对水泥试样进行筛析试验,用筛上筛余物的质量百分数表示水泥样品的细度。

2. 仪器

(1)试验筛

试验筛由圆形筛框和筛网组成,筛网符合 GB/T 6005 R20/380μm,GB/T 6005 R20/345μm

的要求，分负压筛、水筛和手工筛三种。负压筛应附有透明筛盖，筛盖与筛上口应有良好的密封性。

筛网应紧绷在筛框上，筛网和筛框接触处，应用防水胶密封，防止水泥嵌入。

(2)负压筛析仪

负压筛析仪由筛座、负压筛、负压源及收尘器组成，其中筛座由转速为 30r/min±2r/min 的喷气嘴、负压表、控制板、微电机及壳体构成。

筛析仪负压可调范围为 4 000～6 000Pa。

负压源和收尘器，由功率大于或等于 600W 的工业吸尘器和小型旋风收尘筒组成，或用其他具有相当功能的设备。

(3)水筛和喷头

水筛和喷头的结构尺寸应符合《水泥标准筛和筛析仪》(JC/T 728—2005)规定，但其中水筛架上筛座内径为 $140^{+0}_{-3}$mm。

(4)天平

最小分度值不大于 0.01g。

3.样品要求

水泥样品应充分拌匀，通过 0.9mm 方孔筛，记录筛余物情况，防止过筛时混进其他水泥。

4.操作程序

(1)负压筛析法

①筛析试验前，应把负压筛放在筛座上，盖上筛盖，接通电源，检查控制系统，调节负压至 4 000～6 000Pa 范围内。

②称取试样精确至 0.01g，置于洁净的负压筛中，放在筛座上，盖上筛盖，接通电源，开动筛析仪连续筛析 2min。在此期间如有试样附着在筛盖上，可轻轻地敲击筛盖使试样落下。筛毕，用天平称量全部筛余物。

(2)水筛法

①筛析试验前，应检查水中有无泥、砂，调整好水压及水筛架的位置，使其能正常运转，并控制喷头底面和筛网之间距离为 35～75mm。

②称取试样精确至 0.01g，置于洁净的水筛中，立即用淡水冲洗至大部分细粉通过后，放在水筛架上，用水压为 0.05MPa±0.02MPa 的喷头连续冲洗 3min。筛毕，用少量水把筛余物冲至蒸发皿中，等水泥颗粒全部沉淀后，小心倒出清水，烘干并用天平称量全部筛余物。

(3)手工筛析法

①称取水泥试样精确至 0.01g，倒入手工筛内。

②用一只手持筛往复摇动，另一只手轻轻拍打，往复摇动和拍打过程应保持近于水平。拍打速度每分钟约 120 次，每 40 次向同一方向转动 60°，使试样均匀分布在筛网上，直至每分钟通过的试样量不超过 0.003g 为止。称量全部筛余物。

5.结果计算及处理

(1)计算

水泥试样筛余百分数按下式计算：

$$F=\frac{R_t}{W}\times 100 \tag{2-2}$$

式中：$F$——水泥试样的筛余百分数，%；

$R_t$——水泥筛余物的质量，g；

$W$——水泥试样的质量，g。

结果精确至0.1%。

(2)筛余结果的修正

试验筛的筛网会在试验中磨损，因此筛析结果应进行修正。修正的方法是将式(2-2)的结果乘以该试验筛标定后得到的有效修正系数，即为最终结果。

(3)试验结果

负压筛析法、水筛法和手工筛析法测定的结果不一致时，以负压筛析法为准。

## 第三节　施工质量检查

采用辅助施工措施对隧道不良地质地段的围岩进行加固，以确保隧道结构的稳定性和安全。一方面要确定安全、经济、合理的施工措施，另一方面要确保施工质量，从而达到加固的效果。由于隧道施工固有的特点——水文地质情况复杂多变、施工场地狭小、环境差等，给施工带来很大难度，特别是对于不良地质地段，由于辅助施工方法的技术要求高、难度大，对施工质量提出了更高的要求。因此，做好辅助施工措施的施工质量检查工作是至关重要的。

### 一、超前锚杆

1.基本要求

(1)锚杆材质、规格等应符合设计和规范要求。

(2)超前锚杆与隧道轴线外插角宜为5°～10°。长度应大于循环进尺，宜为3～5m。

(3)超前锚杆与钢架支撑配合使用时，应从钢架腹部穿过，尾端与钢架焊接。

(4)锚杆插入孔内的长度不得短于设计长度的95%。

(5)锚杆搭接长度应不小于1m。

2.实测项目

实测项目检查方法和频率见表2-4。

**超前锚杆实测项目**　　表2-4

| 项次 | 检查项目 | 规定值或允许偏差 | 检查方法和频率 |
|---|---|---|---|
| 1 | 长度(m) | 不小于设计值 | 尺量：检查锚杆数的10% |
| 2 | 孔位(mm) | ±50 | 尺量：检查锚杆数的10% |
| 3 | 钻孔深度(mm) | ±50 | 尺量：检查锚杆数的10% |
| 4 | 孔径(mm) | 符合设计要求 | 尺量：检查锚杆数的10% |

3.外观鉴定

锚杆沿开挖轮廓线周边均匀布置，尾端与钢架焊接牢固，锚杆入孔长度符合要求。

## 二、超前小导管

1.基本要求

(1)钢管的型号、规格、质量等应符合设计和规范要求。

(2)超前钢管与钢架支撑配合使用时,应从钢架腹部穿过,尾端与钢架焊接。

(3)钢管插入孔内的长度不得短于设计长度的95%。

2.实测项目

超前钢管实测项目见表2-5。

超前钢管实测项目 表2-5

| 项次 | 检查项目 | 规定值或允许偏差 | 检查方法和频率 |
|---|---|---|---|
| 1 | 长度(m) | 不小于设计值 | 尺量:检查10% |
| 2 | 孔位(mm) | ±50 | 尺量:检查10% |
| 3 | 钻孔深度(mm) | ±50 | 尺量:检查10% |
| 4 | 孔径(mm) | 符合设计要求 | 尺量:检查10% |

3.外观鉴定

钢管沿开挖轮廓线周边均匀布置,尾端与钢架焊接牢固,入孔长度符合要求。

## 三、注浆效果检查

注浆结束后,应及时对注浆效果进行检查。检查方法通常有以下三种。

1.分析法

分析注浆记录,查看每个孔的注浆压力、注浆量是否达到设计要求以及注浆过程中漏浆、跑浆是否严重,从而以浆液注入量估算浆液扩散半径,分析是否与设计相符。

2.检查孔法

用地质钻机按设计孔位和角度钻检查孔,提取岩芯进行鉴定。同时,测定检查孔的吸水量(漏水量),单孔时应小于1L/(min·m),全段应小于20L/(min·m)。

3.物探无损检测法

用地质雷达、声波探测仪等物探仪器对注浆前后岩体声速、波速、振幅及衰减系数等进行无损探测,以判断注浆效果。

注浆效果如未达到设计要求,应补充钻孔再注浆。

# 第三章

# 开挖质量检测

开挖是控制隧道施工工期和造价的关键工序。超挖过多，不仅会因出渣量和衬砌量增多而提高工程造价，而且会因局部超挖而产生应力集中问题，影响围岩稳定性；而欠挖则直接影响到衬砌厚度，对工程质量和安全产生隐患，处理起来费时、费力、费物。因此，必须保证开挖质量，为围岩的稳定和安全支护创造良好条件。

隧道开挖质量的评定包含两项内容：一是检测开挖断面的规整度；二是超欠挖控制。对于规整度，一般采用目测的方法进行评定；对于超欠挖，则需通过对大量实测开挖断面数据的计算分析，作出正确的评价。其实质就是要准确地测出隧道开挖的实际轮廓线，并将其与设计轮廓线纳入同一坐标体系中比较，从而十分清楚地从数量上获悉超挖或欠挖的大小和部位，及时指导下一步的施工。

## 第一节 开挖方法

隧道开挖方法的选择应根据围岩级别、隧道长度、断面结构、支护衬砌设计、工期要求、机械设备的配置及装运等综合确定。用钻爆法开挖时，主要施工方法有全断面法、台阶法、环形开挖留核心土法、中隔壁法、双侧壁导坑法及中导洞法等，见表 3-1。

**隧道主要开挖方法及开挖、支护顺序图**　　表 3-1

| 开挖方法 | 横断面示意 | 纵断面示意 | 施工顺序说明 |
|---|---|---|---|
| 全断面法 | 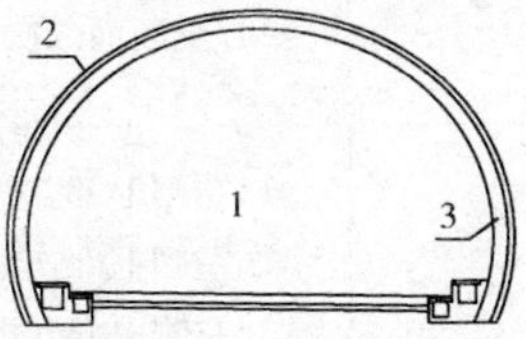 2<br>1<br>3 | 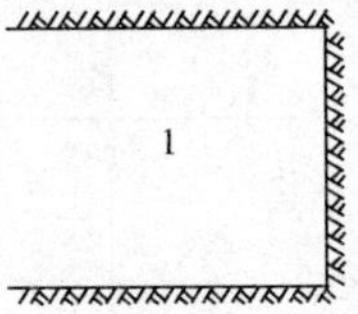 1 | 1. 全断面开挖；<br>2. 初期支护；<br>3. 全断面二次衬砌 |
| 台阶法 | 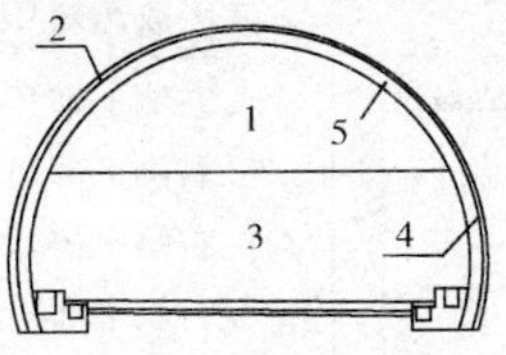 2<br>1　5<br>3　4 | 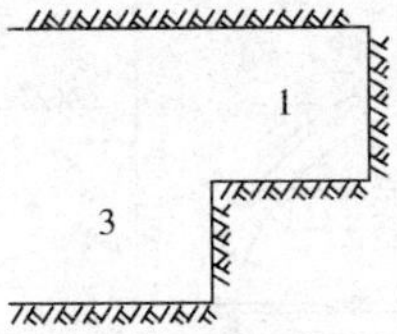 1<br>3 | 1. 上台阶开挖；<br>2. 上台阶初期支护；<br>3. 下台阶开挖；<br>4. 下台阶初期支护；<br>5. 全断面二次衬砌 |
| 环形开挖留核心土法 | 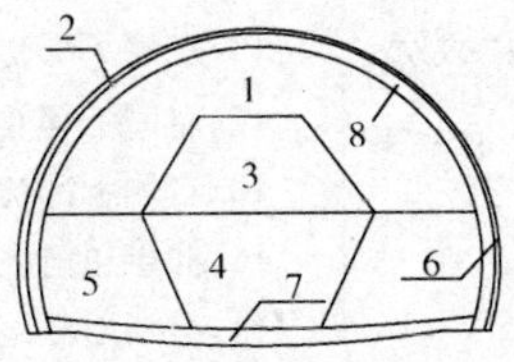 2<br>1　8<br>3<br>4　6<br>5　7 | 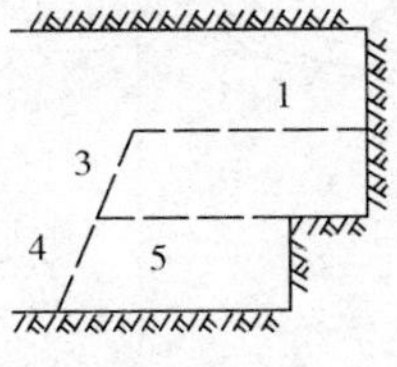 1<br>3<br>4　5 | 1. 上弧形导坑开挖；<br>2. 拱部初期支护；<br>3. 预留核心土开挖；<br>4. 下台阶中部开挖；<br>5. 下台阶侧壁部开挖；<br>6. 下台阶初期支护<br>7. 仰拱超前浇筑；<br>8. 全断面二次衬砌 |

续上表

| 开挖方法 | 横断面示意 | 纵断面示意 | 施工顺序说明 |
|---|---|---|---|
| 双侧壁导坑法 | 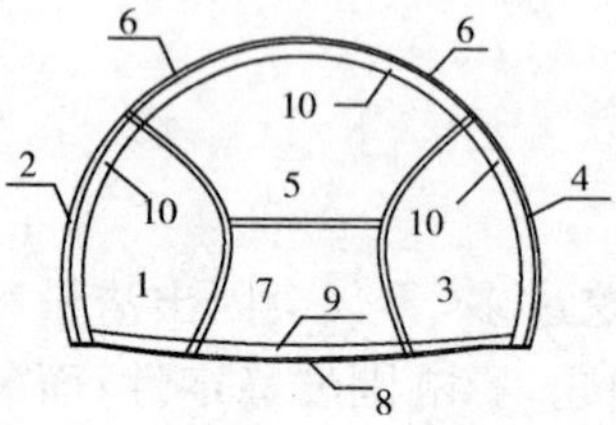  | 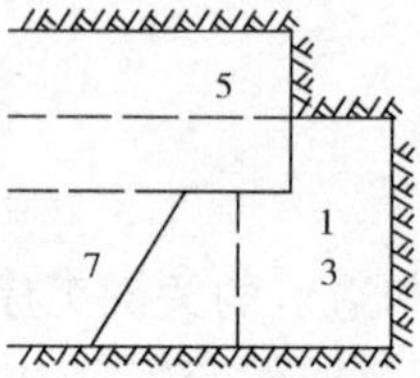  | 1. 左(右)导坑开挖;<br>2. 左(右)导坑初期支护;<br>3. 右(左)导坑开挖;<br>4. 右(左)导坑初期支护;<br>5. 上台阶开挖;<br>6. 上台阶初期支护、导坑隔壁拆除;<br>7. 下台阶开挖;<br>8. 仰拱初期支护;<br>9. 仰拱超前浇筑;<br>10. 全断面二次衬砌 |
| 中隔壁法(CD法) | 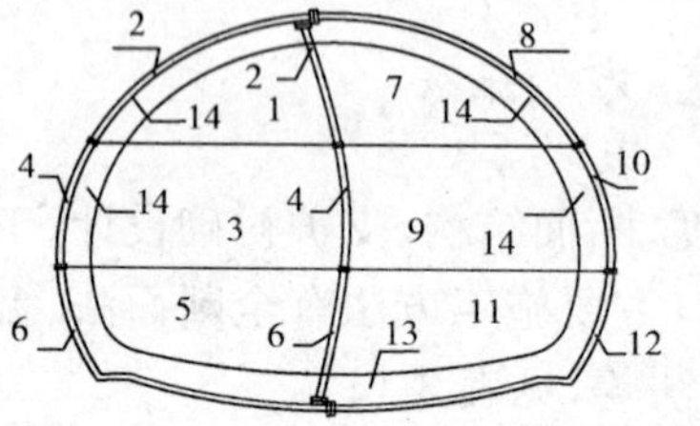  | 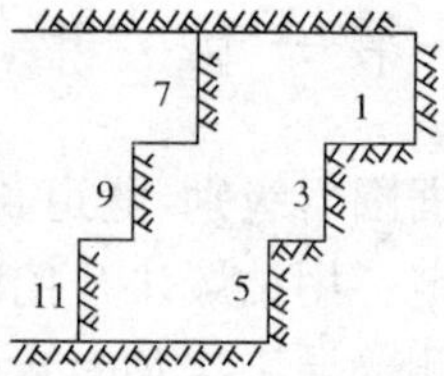  | 1. 先行导坑上部开挖;<br>2. 先行导坑上部初期支护;<br>3. 先行导坑中部开挖;<br>4. 先行导坑中部初期支护;<br>5. 先行导坑下部开挖;<br>6. 先行导坑下部初期支护;<br>7. 后行导坑上部开挖;<br>8. 后行导坑上部初期支护;<br>9. 后行导坑中部开挖;<br>10. 后行导坑中部初期支护;<br>11. 后行导坑下部开挖;<br>12. 后行导坑下部初期支护;<br>13. 仰拱超前浇筑;<br>14. 全断面二次衬砌 |
| 交叉中隔壁法(CRD法) | 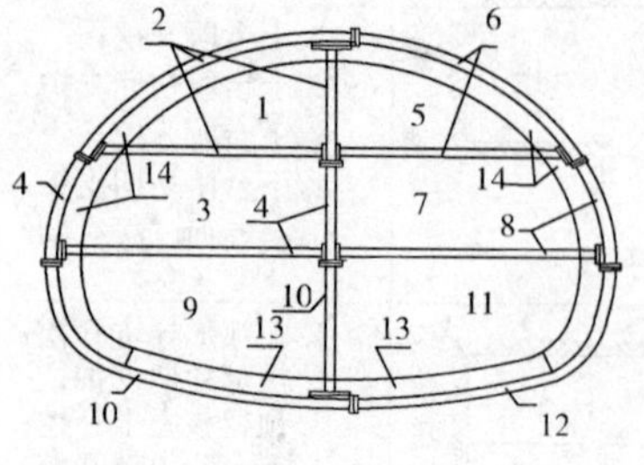  | 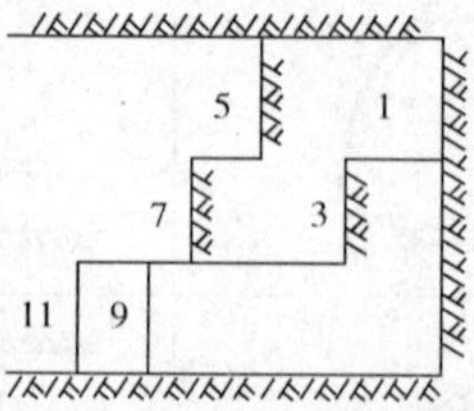  | 1. 左侧上部开挖;<br>2. 左侧上部初期支护;<br>3. 左侧中部开挖;<br>4. 左侧中部初期支护;<br>5. 右侧上部开挖;<br>6. 右侧上部初期支护;<br>7. 右侧中部开挖;<br>8. 右侧中部初期支护;<br>9. 左侧下部开挖;<br>10. 左侧下部初期支护;<br>11. 右侧下部开挖;<br>12. 右侧下部初期支护;<br>13. 仰拱超前浇筑;<br>14. 全断面二次衬砌 |

(1)全断面法可用于Ⅰ～Ⅲ级围岩的中小跨度隧道。Ⅳ级围岩中跨度隧道和Ⅲ级围岩大跨度隧道在采用了有效的加固措施后,也可采用全断面法开挖。

(2)台阶法可用于Ⅲ～Ⅳ级围岩的中小跨度隧道。Ⅴ级围岩的中小跨度隧道在采用了有效的预加固措施后,也可采用台阶法开挖。

(3)环形开挖留核心土法可用于Ⅳ～Ⅴ级围岩或一般土质的中小跨度隧道。

(4)中隔壁法(CD法)或交叉中隔壁法(CRD法)适用于围岩较差、跨度大、浅埋、地表沉降需要严格控制的情况。

(5)双侧壁导坑法适用于浅埋大跨及地表下沉量要求严格而围岩条件很差的情况。

## 第二节 开挖质量标准

### 一、基本要求

(1)开挖断面尺寸要符合设计要求。

(2)应严格控制欠挖。拱脚、墙脚以上1m范围内严禁欠挖。当石质坚硬完整且岩石抗压强度大于30MPa,并确认不影响衬砌结构稳定和强度时,允许岩石个别凸出部分(每$1m^2$内不大于$0.1m^2$)侵入断面,但其隆起量不得大于50mm。

(3)应尽量减少超挖。不同围岩地质条件下的允许超挖值规定见表3-2。

(4)隧道开挖轮廓应按设计要求预留变形量,预留变形量大小宜根据监控量测信息进行调整。

(5)超挖部分必须回填密实。

隧道允许超挖值(单位:mm) 表3-2

| 项目 | | 规定值或允许偏差 | 检查方法和频率 |
|---|---|---|---|
| 拱部 | 破碎岩、土(Ⅴ、Ⅵ级围岩) | 平均100,最大150 | 水准仪或断面仪:每20m一个断面 |
| | 中硬岩、软岩(Ⅱ、Ⅲ、Ⅳ级围岩) | 平均150,最大250 | |
| | 硬岩(Ⅰ级围岩) | 平均100,最大200 | |
| 边墙 | 每侧 | +100,-0 | 尺量:每20m检查1处 |
| | 全宽 | +200,-0 | |
| 仰拱、隧底 | | 平均100,最大250 | 水准仪:每20m检查3处 |

注:1. 超欠挖的测量以爆破设计开挖线为准。

2. 硬岩是指岩石抗压极限强度$R_b>60MPa$,中硬岩$R_b=30\sim60MPa$,软岩$R_b<30MPa$。

3. $平均线性超挖值=\frac{超挖面积}{爆破设计开挖断面周长(不包括隧底)}$。

4. 最大线性超挖值是指最大超挖处至设计开挖轮廓切线的垂直距离。

5. 表列数值不包括测量贯通误差、施工误差。

6. 炮孔深度大于3m时,允许超挖值可根据实际情况另行确定。

### 二、爆破效果要求

隧道开挖方法包括钻爆法和机掘法等,但是目前工程上应用最广的是钻爆法。对于用钻爆法开挖隧道,其爆破效果应符合下列规定:

(1)开挖轮廓圆顺,开挖面平整。

(2)周边炮眼痕迹保存率可按式(3-1)计算,炮眼痕迹保存率应满足表3-3的规定。

$$周边炮眼痕迹保存率=\frac{残留有痕迹的炮眼数}{周边眼总数}\times 100\% \tag{3-1}$$

**炮眼痕迹保存率标准** 表3-3

| 围岩条件 | 硬 岩 | 中硬岩 | 软 岩 |
| --- | --- | --- | --- |
| 炮眼痕迹保存率(%) | ≥80 | ≥70 | ≥50 |

注:1.周边炮眼痕迹要在开挖轮廓面上均匀分布。
2.式(3-1)中周边眼不包括底板的周边眼。
3.当炮眼痕迹保存率大于孔长70%时,按可见眼痕炮眼计算。
4.松散软岩很难保留炮眼痕迹,故软岩周边主要应以满足平整圆顺即可认为合格。

(3)两茬炮衔接时,出现的台阶形误差不得大于150mm。对于炮眼深度大于3m的情况,可根据实际情况另行确定。

(4)爆破后效果应达到下列要求:

①软弱围岩隧道爆破后,围岩稳定,无大的剥落或坍塌;爆破后围岩的扰动深度小于1m;距掌子面一倍洞径处的洞内拱顶质点垂直向振动速度应小于50mm/s;炮眼利用率达100%;石渣块度满足装渣要求。

②中硬岩隧道爆破后,围岩稳定,基本无剥落现象;爆破后围岩的扰动深度小于0.8m;距掌子面一倍洞径处的洞内拱顶质点垂直向振动速度应小于80mm/s;炮眼利用率达95%以上;石渣块度满足装渣要求;要求渣堆集中,最大抛距20m。

③硬岩隧道爆破后,围岩稳定,无剥落现象;爆破后围岩的扰动深度小于0.5m;距掌子面一倍洞径处的洞内拱顶质点垂直向振动速度应小于120mm/s;炮眼利用率达90%以上;石渣块度满足装渣要求;要求渣堆集中,最大抛距20m,采用深眼爆破的隧道,最大抛距30m。

炮眼利用率以月平均炮眼利用率计,按式(3-2)计算。

$$炮眼利用率=\frac{月掘进总进尺}{月放炮次数\times 设计炮眼深度}\times 100\% \tag{3-2}$$

## 第三节 激光断面仪法检测开挖断面

施工中应根据现场条件采用切实可行的超欠挖量测定方法,也可参照表3-4选取。断面仪法精度高、速度快、效率高,应首先选用。

**超欠挖量测定方法** 表3-4

| 测定方法及采用的测定仪 | | 测定方法概要 |
| --- | --- | --- |
| 直接量测开挖面断面积的方法 | 以内模为参照物直接测量法 | 以内模为参照物,用钢尺直接测量超欠挖 |
| | 使用激光束的方法 | 利用激光射线在开挖面上定出基点,并由该点实测开挖断面 |
| | 使用投影机的方法 | 利用投影机将基点或隧道基本形状投影在开挖面上,然后据此实测开挖断面 |

续上表

| 测定方法及采用的测定仪 | | 测定方法概要 |
|---|---|---|
| 非接触观测法 | 极坐标法（断面仪法） | 以某物理方向（如水平方向）为起算方向，按一定间距（角度或距离）依次测定仪器旋转中心与实际开挖轮廓线交点之间的矢径（距离）及该矢径与水平方向的夹角，将这些矢径端点依次相连即可获得实际开挖的轮廓线 |

## 一、测量原理

激光断面仪法的测量原理为极坐标法。如图 3-1 所示，以某物理方向（如水平方向）为起算方向，按一定间距（角度或距离）依次测定仪器旋转中心与实际开挖轮廓线交点之间的矢径（距离）及该矢径与水平方向的夹角，将这些矢径端点依次相连即可获得实际开挖的轮廓线。通过洞内的施工控制导线可以获得断面仪的定点定向数据，在计算软件的帮助下，自动完成实际开挖轮廓线与设计开挖轮廓线的空间三维匹配，最后形成如图 3-2 所示的输出图形，并可输出各测点与相应设计开挖轮廓线之间的超欠挖值（距离、面积）。如果沿隧道轴向按一定间隔测量数个断面，还可得出实际开挖方量、超挖方量、欠挖方量。用断面仪测量实际开挖面轮廓线的优点在于不需要合作目标（反射棱镜），而且其量测精度满足现代施工测量的要求。

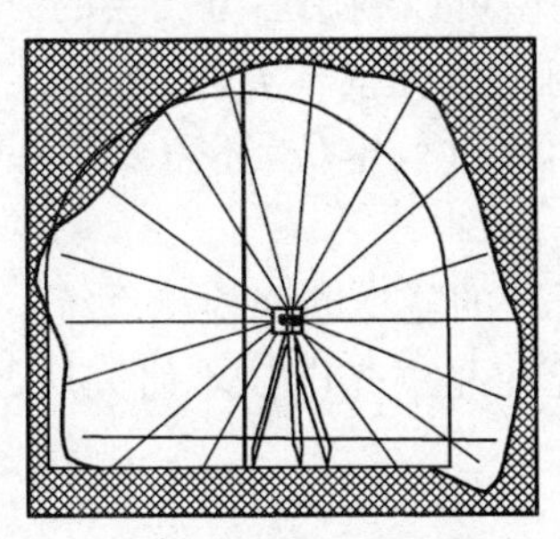

图 3-1　断面仪测量原理

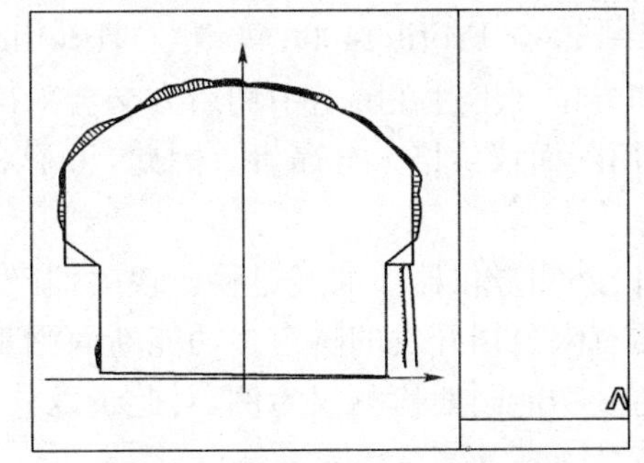

图 3-2　断面仪输出的图形成果

用断面仪进行测量，断面仪可以放置于隧道中任何适合测量的位置（任意位置），扫描断面的过程（测量记录）可以自动完成。所测的每点均由断面仪发出的一束十分醒目的单色可见红色激光指示，而且可以由人工随时加以干预。如果测量一个直径 10m 的断面轮廓线，每隔 25cm 测一个点，则需测量 126 个点，需时约为 5min。如果在断面仪自动扫描断面的测量过程中，发现轮廓线上的某特征点漏测了，还可以随时用断面仪配置的手持式控制器发出一个停止命令（按一个键），然后用控制键操纵断面仪测距头返回欲测的特征点，完成该点的测量后继续扫描下去。除此以外，在自动测量过程中，测点的间距还可以根据断面轮廓线的实际凸凹形状，随时动态地加以修正。如果事先在控制器中输入了设计断面形状、隧道轴线、平面、纵面设计参数（可以在室内输入）以及断面仪实测时的定向参数（实测时输入），则在完成某一开挖断面的实际测量后，可以立即在控制器的屏幕上显示如图 3-3 所示的图形。在控制器上操纵断面仪测距头旋转，指向激光所指示的断面轮廓线上的某点，就对应于控制器上图形显示的光标点，并可实时显示该点的超欠挖数值。

如果想获取最后的硬拷贝输出成果，则将断面仪控制器中的数据传输到普通的PC机中，运行断面仪配套的后处理软件，则可从打印机、绘图机上自动获得如图3-2所示的成果。

在此值得一提的是，目前在隧道施工中，激光断面仪不仅可应用于开挖断面质量的控制，还可应用于初期支护（喷射混凝土）、二次衬砌断面轮廓和厚度的检测。

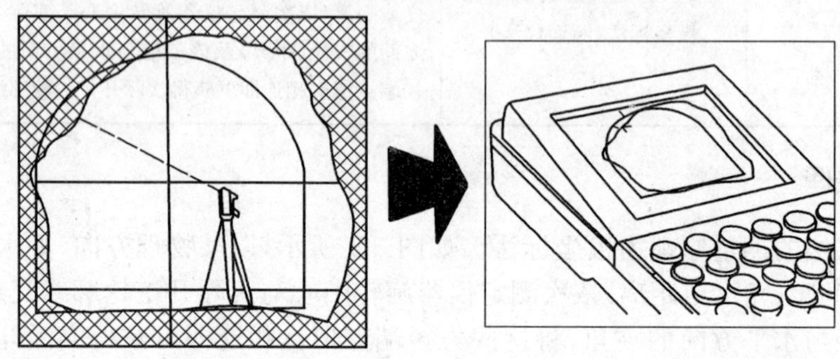

图3-3 现场显示超欠挖值

## 二、测量仪器

激光断面仪是把现代激光测距和计算机技术相结合开发出来的硬、软件一体化的隧道断面测量仪器。我国自20世纪90年代初，引进瑞士Amberg公司生产的断面仪（有Profiler2000、Profiler3000、Profiler4000等型号），Profile4000型可以利用后方交会的方法来确定断面仪的坐标和方位。不过在隧道中用后方交会来确定测站坐标很不方便，有时甚至是不现实的。另外，专用断面仪价格十分昂贵。因此，为了对断面仪进行定位，还需要用一台全站仪进行测量。

为此，国内外测量仪器厂商经过科研攻关，开发出了新的隧道断面检测系统。下面以成都经纬科技仪器有限公司开发的隧道多功能断面测量系统和北京光电技术研究所开发的BJSD系列激光隧道多功能断面检测仪为例，对此予以介绍。

1.隧道多功能断面测量系统

成都经纬科技仪器有限公司以无目标（棱镜）测距的全站仪为硬件，配以自行开发的隧道多功能测量系统软件，组成隧道多功能断面测量系统。它有四种不同的工作模式，用户可根据不同的需求，选择采用。

（1）掌上断面测量分析系统

①系统组成。掌上断面测量分析系统是集现场数据采集、现场分析、施工控制等功能于一体的一体化系统。它由各类无合作目标型全站仪（徕卡、索佳、拓普康、宾得……）、掌上电脑、断面测量分析软件、数据电缆等部分组成。

②系统特点。硬件平台Pocket PC轻巧灵便，电池工作时间超长；全新可视友好界面，操作简便，易于学习掌握；良好的兼容性，适用于各品牌无棱镜测距型全站仪；现场数据采集，现场分析，现场成图、报表，现场标注，内外业一体化；直观的图形显示，实时断面上任意点的超欠挖计算，所见即所得，隧道断面施工质量一目了然；数据图形可直接导入到AutoCAD中，成果输出灵活可变。

（2）TCR400/TCR700型断面仪断面测量分析系统

①系统组成。由各类徕卡(Leica)TCR400系列、TCR700系列的具有不用棱镜即可测距的全站仪、断面测量后处理软件(PC机上运行)、PC机等部分组成。

②操作模式。将TCR型全站仪置于观测断面上任意位置;打开红色指向激光;按用户自己需要手动望远镜(竖盘)指向欲测的断面上各点依次测量;将记录的各断面点的数据下载到PC机里的断面测量后处理软件。

③系统特点。指向何处即测何处;操作简单、明了;系统组成简捷(全站仪、PC机),一机多用,价格低廉,可选性大;断面测量后处理软件功能强大,界面友好,可与CAD接口。

(3)TCRM型断面仪多功能断面测量分析系统

①系统组成。由徕卡各型TCRM1100系列全站仪、机载隧道多功能测量软件(在TCRM型全站仪上运行)、断面测量后处理软件(在PC机上运行)、PC机等部分组成。

②操作模式。将TCRM型全站仪置于隧道中任意位置;全自动扫描测量断面,自动记录;全自动搜寻掌子面上的炮孔位置,由红色激光标定;将自动记录的数据下载到PC机的断面软件中;处理分析数据,给出图表。

③系统特点。可将线路的平面定线参数、纵面定线参数输入全站仪;可在任意已知位置设置仪器;全站仪自动旋转到断面方向上;按规定式任意步长在选定范围内自动扫描断面形状;扫描过程中可任意加点或增大、减少步长;整个测量过程由一束明亮红色激光指向;自动将测量数据排序记录在仪器的PC卡上;可在凹凸不平的掌子面上按需要自动搜寻测设炮孔位置,并由红色激光标定;断面测量后处理软件功能强大,界面友好,可与CAD接口;软件生成的断面图形、超欠挖表格可以编辑。

(4)TCRA型断面仪多功能断面测量分析系统

①系统组成。由徕卡各型TCRA型1100系列全站仪、机载隧道多功能测量软件(在TCRM型全站仪上运行)、断面测量后处理软件(在PC机上运行)、围岩收敛后处理软件(在PC机上运行)、PC机等部分组成。

②操作模式。将TCRA型断面仪置于隧道中任意位置;全自动扫描测量断面,自动记录;全自动搜寻掌子面上的炮孔位置,由红色激光标定;在距所测断面的适当位置,自动搜寻、瞄准、测量、记录围岩收敛监测点数据;将自动记录的数据下载到PC机的断面软件中;处理分析数据,给出图表。

③系统特点。可将线路的平面定线参数、纵面定线参数输入全站仪;可在任意已知位置设置仪器;全站仪自动旋转到断面方向上;按规定式任意步长在选定范围内自动扫描断面形状;扫描进程中可任意加点或增大、减小步长;整个测量过程由一束明亮红色激光指向;自动将测量数据排序记录在仪器的PC卡上;可在凹凸不平的掌子面上按需要自动搜寻测设炮孔位置,并由红色激光标定;在距所监测断面的适当位置架设仪器,实施围岩收敛监测;不用对中、不测仪器高、自动搜寻、瞄准、测量、记录围岩收敛监测点,监测数据质量可以控制;断面测量及围岩收敛后处理软件,功能强大,界面强友好,可与CAD接口;软件生成的断面图形、超欠挖表格可以编辑。

2. BJSD型系列激光隧道多功能断面检测仪

北京光电技术研究所通过对硬件的研制和软件的开发,生产出了专用于隧道断面检测的仪器——激光隧道断面检测仪。在此基础上,又将其功能扩展到可用于指示炮眼位置,进行围岩收敛量测等。目前，有 BJSD-2B 型、BJSD-2C 型、BJSD-3 型等型号。下面对其主要技术指标及功能等予以介绍。

(1)仪器组成及特点

BJSD-2B 型、BJSD-2C 型断面仪由检测主机、测量控制器、三脚架、软件、外接电源等部分组成。

BJSD-3 型断面仪由检测主机、检测控制记录器(掌上电脑)、三脚架、软件、外接电源盒等部分组成。

仪器特点：

①测量数据自动记录，存储空间大。

②无须交流供电，使用充电电池供电，携带方便。

③软件功能强大，操作简便，全中文界面，支持多种操作系统。

④BJSD-3 型断面仪可现场显现被测断面图形。

(2)主要技术指标

①检测距离：0.3～65m，0.3～100m 两种。

②检测距离精度：0～33m 内，优于±1mm。

③角度精度：优于 0.01°。

④检测 1 个断面的时间：BJSD-2B 型需 2～3min，BJSD-2C 型需 1～2min。

⑤储存断面的数量：BJSD-2B 型、BJSD -2C 型可存储 100 个断面，BJSD-3 型可存储 500 个断面。

⑥自动、定点检测时，方位角范围：60°～300°或 30°～330°。

⑦手动测量时，方位角转动范围：0°～340°。

⑧定位测量方式：具有垂直向下激光自动对中、测量高程功能。

(3)主要功能

BJSD-2B 型、BJSD -2C 型可用于测量当前断面、测量土石方量、挡土墙护坡验收。BJSD-3 型除具备上述所有功能外，还可用于测量前方断面、指示炮眼位置、围岩收敛量测。

(4)测量方式

本仪器需全站仪配合，其测量方式有以下几种：

①手动检测方法。由操作者控制移动检测指示光斑随意进行测量和记录。

②定点检测法。可设置起止角度及测量点数等参数，仪器将按照所定参数自动测量并记录。

③自动量测法。仪器依照内部设定的间隔，自动检测并记录数据。

# 第四章

# 初期支护施工质量检测

初期支护是指隧道开挖后，用于控制围岩变形及防止坍塌所及时施作的支护。其类型有锚杆支护、喷射混凝土支护、喷射混凝土与钢筋网联合支护、喷射混凝土与锚杆及钢筋网联合支护、喷钢纤维混凝土支护、喷钢纤维混凝土锚杆联合支护，以及上述几种类型加设钢架而成的联合支护。初期支护的类型及参数应根据围岩的性质及状态、地下水情况、隧道净空尺寸及其埋深等条件确定。

锚杆是用机械方法或黏结方法将一定长度的杆体(通常多用钢筋)锚固在围岩预先钻好的锚杆孔内，由于锚杆具有“悬吊作用”、“组合梁作用”和“加固拱作用”等而使围岩得到加固。喷射混凝土是用压缩空气将掺有速凝剂的混凝土拌和料通过混凝土喷射机高速喷射到岩面上形成混凝土层。喷射混凝土的施工工艺有三种：干喷(图 4-1)、湿喷(图 4-2)和潮喷。潮喷工艺与干喷工艺相近，在干喷的拌和料中适量加水即为潮喷。喷层凝固后具有“支撑作用”、“填补作用”、“黏结作用”和“封闭作用”，从而使围岩得到加固，围岩自身的强度得到保护。由于实际工程上常将锚杆与喷射混凝土结合使用，所以统称锚喷支护。由于锚喷支护具有主动加固围岩、充分利用围岩自承能力、可及时灵活施工和比较经济等特点，目前在隧道初期支护中广泛应用。钢架应用于自稳时间短、初期变形大或对地表下沉量有严格限制的地层中。钢架是依靠“被动支撑”来维持围岩稳定的，在软弱围岩条件下，钢架对维持围岩稳定是必不可少的。本章主要介绍初期支护施工质量的检测方法。

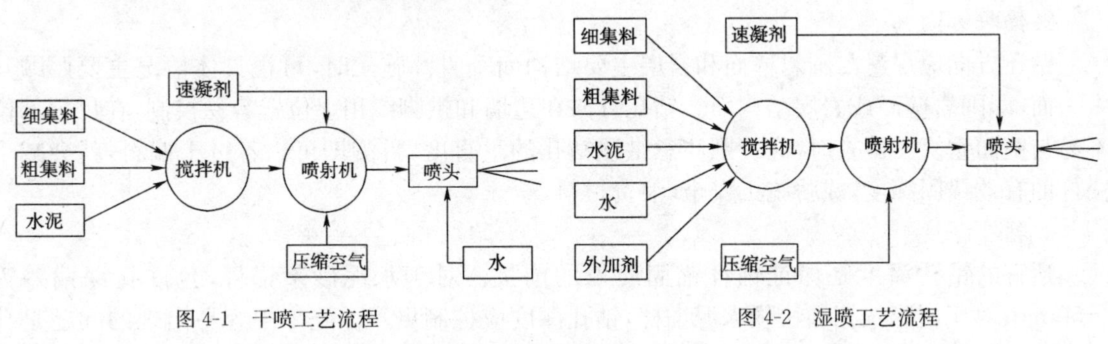


图 4-1　干喷工艺流程　　图 4-2　湿喷工艺流程

## 第一节　锚杆加工质量与安装尺寸检查

### 一、锚杆加工质量检查

锚杆的种类很多，但每一种锚杆在使用安装前，都必须对其材质、规格和加工质量进行检查，以免不合格的锚杆用于隧道支护。

1. 锚杆材料

(1)抗拉强度

锚杆在工作时主要承受拉力,所以检查材质时首先应检测其抗拉强度。方法是从原材料中或成品锚杆上截取试样,在拉力试验机上拉伸,测试材料的力学特性,确定其是否满足工程要求。

(2)延展性与弹性

有些隧道的围岩变形量较大,这就要求锚杆材质具有一定的延展性,过脆可能导致锚杆中途断裂失效,必要时应对材料的延展性进行试验。另外,对管缝式锚杆,要求原材料具有一定的弹性,使锚杆安装后管壁和孔壁紧密接触。检查时,可采用现场弯折或锤击,观察其塑性变形情况。

2. 杆体规格

锚杆杆体的直径必须与设计相符,可用卡尺或直尺测量。此外,还应注意观察杆径是否均匀、一致,若发现锚杆直径明显忽粗忽细,则应弃之不用。

3. 加工质量

除砂浆锚杆仅需从线材上截取钢筋段外,其他种类的锚杆都需要进行一定的加工。例如,树脂锚杆和快硬水泥锚杆锚固段需要热煅与焊接,另一端需要车丝。检查时,首先应测量各部分的尺寸,其次检查焊接件的焊接质量。对于车丝部分,应检查丝纹质量,观察是否有偏心现象。

## 二、安装尺寸检查

1. 锚杆位置

钻孔前应根据设计要求定出孔位,作出标记。施工时可根据围岩壁面的具体情况,允许孔位偏差±150mm。检查时,应特别注意对锚杆间距与排距的尺量。间距、排距是锚杆设计与施工的重要参数之一。

2. 锚杆方向

钻孔方向应尽量与围岩壁面和岩层主要结构面垂直。施工时,可视具体情况主要照顾其中一面,即围岩壁面或岩层结构面。钻孔方向在边墙和拱脚线稍上位置容易控制,在拱顶部位不易与壁面垂直。检查时,应特别注意拱顶钻孔的垂直度,目测即可。若过于偏斜,就会减小锚杆的有效锚固深度,威胁施工安全,浪费材料。

3. 钻孔深度

适宜的钻孔深度是保证锚杆锚固质量的前提。对于水泥砂浆锚杆,允许孔深偏差为±50mm;对于树脂锚杆和快硬水泥锚杆,钻孔深度应控制更严。施工中容易出现的问题是孔深不够,从而影响各种锚杆的安装质量,尤其是对于树脂锚杆和快硬水泥锚杆的影响较为严重;而深度不足会造成托板悬空,锚杆难以发挥作用。钻孔深度可用带有刻度的塑料管或木棍等插孔量测。

4. 孔径与孔形

目前,为了降低能耗、提高钻进速度,钻孔直径有逐渐缩小的趋势。但对于砂浆锚杆来说,孔径过小会减小锚杆杆体包裹砂浆层的厚度,影响锚杆的锚固力及其耐久性。所以,检查时,对砂浆锚杆应用尺量钻孔直径。孔径大于杆体直径15mm时，则认为孔径符合要求。为了便于锚杆安装，钻孔还应圆而直。

## 第二节　锚杆抗拔力测试

锚杆抗拔力是指锚杆能够承受的最大拉力。它是锚杆材料、加工和施工安装质量的综合反映，是锚杆质量检测的一项基本内容。

### 一、拉拔设备

锚杆拉拔试验的常用设备为中空千斤顶、手动油压泵、油压表、千分表。

### 二、测试方法

(1)根据试验目的，在隧道围岩指定部位钻锚杆孔。孔深在正常深度的基础上稍作调整，以便锚杆外露长度大些，保证千斤顶的安装；或采用正常孔深，将待测锚杆加长，从而为千斤顶安装提供空间。

(2)按照正常的安装工艺安装待测锚杆。用砂浆将锚杆口部抹平，以便支放承压垫板。

(3)根据锚杆的种类和试验目的确定拉拔时间。

(4)在锚杆尾部加上垫板，套上中空千斤顶，将锚杆外端与千斤顶内缸固定在一起，并装设位移量测设备与仪器(图4-3)。

(5)通过手动油压泵加压，从油压表读取油压，根据活塞面积换算锚杆承受的抗拔力。视需要从千分表读取锚杆尾部的位移，绘制锚杆拉力—位移曲线，以供分析研究。

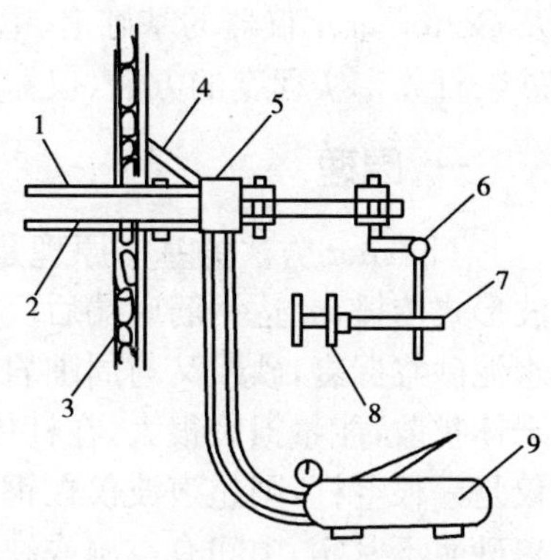


图4-3　锚杆抗拔力测试

1-锚杆；2-充填砂浆；3-喷射混凝土；4-反力板；5-油压千斤顶；6-千分表；7-固定梁；8-支座；9-油压泵

### 三、注意事项

(1)安装拉拔设备时，应使千斤顶与锚杆同心，避免偏心受拉。

(2)加载应匀速，一般以每分钟10kN的速率增加。

(3)如无特殊需要，可不做破坏性试验，拉拔到设计拉力即停止加载。需要指出的是，用中空千斤顶进行锚杆拉拔试验，一般都要求做破坏性试验，测取锚杆的最大承载力，一方面检验锚杆施工质量，另一方面为调整设计参数提供依据。

(4)千斤顶应固定牢靠，并有必要的安全保护措施。应特别注意的是，试验时操作人员要避开锚杆的轴线延长线方向，在锚杆的侧向并远离锚杆尾部的位置上加压读数。测位移时，停止加压。

### 四、试验要求

(1)按锚杆数的1%且不少于3根做抗拔力测试。

(2)同组锚杆抗拔力的平均值应大于或等于设计值。

(3)单根锚杆的抗拔力不得低于设计值的90%。

## 第三节 砂浆锚杆砂浆注满度检测

由于认识、习惯和经济等方面的原因，我国公路隧道支护中用量最多的锚杆为砂浆锚杆。施工中若钻孔呈水平或向下，则锚杆孔的砂浆注满度容易保证；若钻孔上仰，特别是垂直向上，则锚杆孔较难用砂浆注满。因此，对于砂浆锚杆，施工检测中应重点注意砂浆注满度或密实度。砂浆锚杆的砂浆灌注质量，目前多以锚杆的抗拔力来检验。但在一般情况下，许多抗拔力合格的锚杆，其灌注质量并不好。因为从理论上讲，只要锚固的水泥砂浆长度大于杆体钢筋直径的 40 倍，则直至拉拔到钢筋颈缩，锚杆也不会丧失锚固力。因此，人们希望有一种能直接检测砂浆饱满程度的方法和仪器。1978 年，瑞典的 H. F. Thurner 提出用测超声波能量损耗来判定砂浆灌注质量的原理，研制了 Boltometer Version 锚杆质量检测仪，并于 1980 年推出。但此类仪器的检测结果仍与锚杆抗拔力相联系。我国铁道部门从 1978 年起，在 Thurner 原理及 Boltometer 仪器的基础上，寻找了新途径，并针对我国的施工实际，研究出一套可测出锚杆砂浆百分密实程度的方法、仪器和配套设备。

### 一、原理

Thurner 方法的基本原理是：在锚杆杆体外端发射一个超声波脉冲，它沿杆体钢筋以管道波形式传播，到达钢筋底端后反射，在杆体外端可接收此反射波。如果钢筋外密实、饱满地由水泥砂浆握裹，砂浆又与周围岩体黏结，则超声波在传播过程中，不断从钢筋通过水泥砂浆向岩体扩散，能量损失很大，在杆体外端测得的反射波振幅很小，甚至测不到；如果无砂浆握裹，仅是一根空杆，则超声波仅在钢筋中传播，能量损失不大，接收到的反射波振幅则较大；如果握裹砂浆不密实，中间有空洞或缺失，则得到的反射波振幅的大小介于前两者之间。因此，可以根据反射波振幅大小判定水泥砂浆的饱满程度。

我国铁道部科学研究院经过大量模型试验和现场试验认识到，由于 Boltometer 采用压电式发射探头，发射能量不够，故不可能以砂浆的密实、饱满程度为参数来检测，而仅能与锚杆抗拔力相联系；Boltometer 激发与接收探头的耦合办法要求杆体外端需进行机加工并具有一定的平整度和光洁度，且仅适用于杆径大于 20mm 的锚杆。针对这些问题，改用机械撞击激发方式，研制了激发器，大大增大了激振能量，并降低了使用频率，从而可能检测长达 8m 的锚杆。该研究院还研制了耦合装置，用水作耦合剂，大大降低了对杆体外端平整度和光洁度的要求（只需锯平即可），并适用于常用杆体直径的砂浆锚杆。

### 二、检测仪器

M-7 锚杆检测仪是铁道部科学研究院和地矿部水文地质、工程地质方法技术研究队联合研制的。该仪器为数字显示，由示波器监测波形，通过游标由操作员设置时，仪器显示锚杆长度、振幅值和砂浆密实度级别。为提高测值精度，每一锚杆读数 5～10 次，取振幅值的平均值。仪器可自动对这些读数作累加并取平均。

### 三、测量方法

首先，在施工现场按设计参数，对不同类型的围岩各设 3～4 组标准锚杆，每组 1～2 根。

例如，有水泥砂浆密实度为90%、80%、70%三组锚杆，可定密实度大于90%者为a级，80%～90%者为b级，70%～80%者为c级，小于70%者为d级（可根据设计由业主规定，最多可定4个级别）。然后，在这些标准锚杆上测定反射波振幅值（若每组有一根以上锚杆则取平均值），这些值即作为检测其他锚杆的标准。这些标准值在进行其他锚杆的检测前储入仪器，在检测其他锚杆时可由测量仪器自动显示被测锚杆的长度与砂浆密实度的级别。

## 第四节 喷射混凝土质量检测

### 一、质量检验指标

喷射混凝土是指将水泥、砂、碎石、外加剂和水按一定的配合比和水灰比拌和而成的混合物，以压缩空气为动力快速喷至岩体表面而形成的人造石材。喷射混凝土的质量检验指标主要有喷射混凝土的强度和喷射混凝土的厚度。此外，还应采取措施减少喷射混凝土粉尘、回弹率。

喷射混凝土强度包括抗压强度、抗拉强度、抗剪强度、疲劳强度、黏结强度等。因此，喷射混凝土强度应是这些强度指标的综合结果。又因为这些强度之间存着一定的内在联系，从而有可能在具体试验中只检测喷射混凝土的某一种强度，并由此推知混凝土的其他强度。其中，喷射混凝土抗压强度是表示其物理力学性能及耐久性的一个综合指标，所以工程实际往往把它作为检测喷射混凝土质量的重要指标。

喷射混凝土厚度是指混凝土喷层表面至隧道围岩接触界面间的距离。达到前述喷射混凝土支护的作用原理和效果的关键是，要确保混凝土支护的施工质量。在施工中保证喷射混凝土厚度是确保喷射混凝土质量的前提。所以，喷射混凝土厚度也是喷射混凝土质量检验的一个重要指标。

喷射混凝土施工过程中，部分混凝土由隧道岩壁跌落到底板的现象称为喷射混凝土的回弹。回弹下来的混凝土数量与混凝土总数量之比，就是喷射混凝土的回弹率。喷射混凝土施工过程中，回弹率也是检验喷射混凝土施工质量的一项检测指标。

喷射混凝土支护工程质量必须做到内坚外美。外观上无漏喷、离鼓、裂缝、钢筋网（或金属网）外露现象，做到混凝土表面平整密实，断面轮廓符合要求；从内部看，喷射混凝土抗压强度和厚度必须达到设计要求。

### 二、影响喷射混凝土质量的因素

1.影响喷射混凝土强度的因素

为保证喷射混凝土质量，必须严把混凝土原材料质量关及施工作业质量关。

（1）原材料

喷射混凝土原材料主要包括水泥、砂、碎石、速凝剂等。提供能满足质量要求的原材料是保证喷射混凝土强度的前提。

水泥是喷射混凝土的最重要的原材料，必须严把住水泥进库检查关及使用前检验关。对水泥强度、安定性、凝结时间进行抽样检查，对合格者准予使用，对不合格者不准其进场或用于施工。

为保证喷射混凝土强度，减少粉尘和混凝土硬化后的收缩，减少材料搅拌时水泥的飞扬损失，砂的细度模数、含水率、含泥量及碎石颗粒级配、最大颗径等质量指标必须符合《公路隧道施工技术细则》(JTG/T F60—2009)中的有关规定。

喷射混凝土用水必须是无杂质的洁净水，污水、pH值小于4的酸性水均不许使用。

为加快喷射混凝土的凝结、硬化，提高其早期强度，减少喷射混凝土施工时因回弹和重力而引起的混凝土脱落，增大一次喷射混凝土厚度和缩短分层喷射的间隔时间，一般在喷射混凝土中加入速凝剂。速凝剂对于不同品种的水泥，其作用效果也不相同。因此，在使用前应做速凝剂与水泥的相容性试验及水泥净浆凝结效果试验。所采用的速凝剂应保证初凝时间不大于5min，终凝时间不大于10min。

(2)施工作业

在保证原材料合格的前提下，应按设计的配合比，准确称量并进行搅拌。

喷射混凝土的强度还与喷射混凝土支护施工作业质量密切相关。因此，喷射混凝土前，必须冲洗岩面；喷射中，要控制好水灰比和喷射距离；喷射后，注意洒水养护。

虽然可以通过施工过程中质量控制来保证喷射混凝土的强度，但是由于喷射混凝土在拌和料、外加速凝剂的称量、拌匀、水灰比的配比、喷射作业及洒水养护上都存在着很大的随机性，其强度的差异也较大。因此，对喷射混凝土的强度进行现场检测是十分必要的。

2.影响喷射混凝土厚度的因素

实际工程中，如果喷射混凝土的厚度达不到设计要求，会引起喷层开裂和剥落，甚至影响工程的安全使用。从喷射混凝土施工技术和施工管理方面分析，影响喷射混凝土厚度的因素主要有：

(1)爆破效果

如果光爆效果差，隧道断面成形不好，导致超挖处混凝土喷层过厚，而欠挖处喷层又过薄。

(2)回弹率

由于向隧道拱部喷射混凝土时回弹量大，施工操作困难，导致拱部混凝土喷层达不到设计厚度。

(3)施工管理

如果施工管理不严，没有采取诸如拉线覆喷、埋设标准桩等严格控制喷层厚度的措施，容易造成厚度不足。

(4)喷射参数

喷射混凝土的风压、水压、喷头与喷面的距离、喷射角度、喷射料的粒径等，不仅影响喷射混凝土的强度，而且还影响对喷层厚度的控制。

此外，缺乏方便、可靠的喷层厚度检测手段和方法，难以对喷层厚度进行有效的质量监督和控制，也是喷射混凝土厚度质量失控的一个重要原因。

因此，喷射混凝土厚度的检测是控制喷射混凝土施工质量的重要环节。在《公路工程质量检验评定标准》(JTG F80/1—2004)中，喷层厚度检测被列为质量等级评定的基本项目，也是保证工程质量的主要检验项目。

## 三、质量检测方法

1.抗压强度试验

(1)检查试件的制作方法

①喷大板切割法

在施工的同时，将混凝土喷射在450mm×350mm×120mm（可制成6块）或450mm×200mm×120mm（可制成3块）的模型内。在混凝土达到一定强度后，加工成100mm×100mm×100mm的立方体试块，在标准条件下养护至28d，进行试验（精确到0.1MPa）。

②凿方切割法

在具有一定强度的支护上，用凿岩机打密排钻孔，取出长约350mm、宽约150mm的混凝土块，加工成100mm×100mm×100mm的立方体试块，在标准条件下养护至28d，进行试验（精确到0.1MPa）。

用标准试验方法测得极限抗压强度，并乘以0.95的系数。

(2)检查试件的制取组数

试件3件为1组。两车道每10延米，至少在拱部和边墙各取一组试件。其他工程，每喷射50～100$m^3$混合料或小于50$m^3$混合料的独立工程，不得少于1组。材料或配合比变更时，应重新制取试件。

(3)喷射混凝土抗压强度的合格标准

①试件组数大于或等于10时，试件抗压强度平均值不低于设计值，且任一组试件抗压强度不低于0.85倍的设计值。

②试件组数小于10时，试件抗压强度平均值不低于1.05倍的设计值，且任一组试件抗压强度不低于0.9倍的设计值。

检查不合格时，应查明原因并采取措施，可用加厚喷层或增设锚杆的办法予以补强。

2.喷射混凝土厚度的检测

(1)检查方法和数量

①喷层厚度可用凿孔法或地质雷达法等方法检查。凿孔检查时，宜在混凝土喷后8h以内，用短钎将孔凿出，发现厚度不够时可及时补喷。如混凝土与围岩黏结紧密，颜色相近而不易分辨时，可用酚酞试液涂沫孔壁，碱性混凝土即呈现红色。

②检查断面数量。每10延米检查一个断面，每个断面从拱顶中线起每隔3m凿孔检查一个点。

(2)合格标准

①每个断面上，全部检查孔处喷层厚度应有60%以上不小于设计厚度。最小厚度不应小于设计厚度的50%，且不小于50mm。检查孔处的平均厚度 不得小于设计厚度。

②当发现喷射混凝土表面有裂缝、脱落、露筋、渗漏水等情况时，应予修补、凿除重喷或进行整治。

3.喷射混凝土与围岩黏结强度试验

(1)试验方法

①成型试验法

在模型内放置面积为100mm×100mm×50mm且表面粗糙度近似于实际情况的岩块，用喷射混凝土掩埋。在混凝土达到一定强度后，加工成100mm×100mm×100mm的立方体试块，在标准条件下养护至28d，用劈裂法进行试验。

②直接拉拔法

在围岩表面预先设置带有丝扣和加力板的拉杆，用喷射混凝土将加力板埋入，喷层厚度约100mm，试件面积约300mm×300mm(周围多余的部分应予清除)。经28d养护，进行拉拔试验。

(2)强度合格标准

喷射混凝土与岩石的黏结强度：Ⅰ、Ⅱ级围岩不应低于0.8MPa，Ⅲ级围岩不应低于0.5MPa。

4.喷射混凝土粉尘、回弹检查

(1)作为施工工艺，这两项工作应经常进行，用工艺标准来促进质量的提高。

(2)《锚杆喷射混凝土支护技术规范》(GB 50086—2001)规定，回弹率应予以控制，拱部不应大于25%，边墙不应大于15%。应尽量采用经过验证的新技术，减少回弹率。回弹物不得重新用作喷射混凝土材料。回弹率的测定方法是：按标准操作喷射0.5～1.0$m^3$的混凝土，在长度3.0m的侧壁或拱部喷10cm厚的喷层，用铺在地面上的彩条塑料布或钢板收集回弹物，称重后换算为体积，其与全部喷出混凝土体积的比值即为回弹率。

(3)减少粉尘和回弹的措施如下：

①严格控制喷射机工作风压。

②合理选择喷射混凝土配合比，适当减小最大集料的粒径，使砂石料具有一定的含水率，呈现潮湿状。

③掌握好喷头处的用水量，提高喷射作业操作熟练程度和技术水平。

④采用湿喷工艺，添加外加剂。

⑤采用双水环喷头。

⑥应保持喷射机密封板的平整，不漏风，并调节好密封板的压力，保证松紧适宜。

⑦应加强喷射的照明、通风。

5.其他试验

当有特殊要求时，应对喷射混凝土的抗拉强度、弹性模量等项目进行试验。

## 第五节 钢架施工质量检测

### 一、钢架的形式

目前我国公路隧道施工中常用的钢架有格栅钢架和型钢钢架。其中，型钢钢架根据钢材种类的不同又分为工字型钢架、U型钢钢架和H型钢钢架。

1.格栅钢架

格栅钢架是目前工程上用量最大的钢架。它是由钢筋焊接加工而成的桁架式支架，在断面上有矩形和三角形之分。主筋弯曲成与隧道开挖断面相同的形状与尺寸，次筋(构造筋)作波形弯折焊接在主筋上。主筋材料采用HRB335或HRB400级钢筋，直径一般不小于22mm，次筋根据具体情况选用。为了便于施工，每副格栅钢架都分成若干节，一般为3～5节。节间加工法兰，选用螺栓固定连接之后焊接。格栅钢架的特点是初期可作为普通钢架支撑及时支护围岩，后期可与喷射混凝土形成钢筋混凝土，钢材利用得比较充分。

2.型钢钢架

用于加工钢架的型钢有H型钢、工字型钢和U型钢，它们都是在施工现场或工厂用专门的弯曲机冷弯成形的。型钢的规格由隧道工程地质条件的几何特征决定。每副型钢钢架也分成3～5节加工、安装。其中，H型钢钢架和工字型钢架节间加工法兰，用螺栓加接定位，之后焊接；U型钢钢架则由于U型钢钢的特殊凹槽，需加工专用的卡具，将上下两U型钢钢节嵌套在一起，形成整副钢架。型钢钢架的基本特点是强度高、安装方便、对初期施工安全有利。需要指出的是，U型钢钢架还具有特殊的工程特性。由于钢架节间是上下嵌套，而不是法兰对接，所以当围岩变形较大，对支撑施工的荷载过大时，U型钢钢架可产生一定的收缩变形，使钢架上的压力减小，从而保证钢架不被压坏，并以更大的支护能力来维护围护围岩的稳定。U型钢钢架的可缩性特点在许多软岩隧道的支护中发挥了重要作用。

## 二、施工质量检测

钢架一般都用在围岩条件较差的区段，因其质量欠佳导致围岩片帮冒顶、坍塌失稳的案例屡见不鲜。因此，必须重视钢架的加工与安装质量检测，防患于未然，确保施工安全。

1. 加工质量检测

(1)加工尺寸

钢架加工尺寸应符合设计要求。隧道的开挖断面是一定的，钢架的尺寸应与之相配套。如果其尺寸与设计尺寸稍有出入，就可能给施工带来不便。同时，还将影响安装质量，降低使用效果。

(2)强度和刚度

钢架必须具备足够的强度和刚度。如果地质条件复杂，钢架用量较大，应对钢架的强度和刚度进行抽检，将一定数量的钢架样品放到试验台上进行加载试验，建立荷载与变形的关系，分析计算钢架的强度与刚度。

(3)焊接

钢架加工时广泛应用焊接，焊接质量是加工质量的重要组成部分，对于格栅钢架焊接尤其重要。检测时，要注意是否有假焊，焊缝长度、深度是否符合要求。

2. 安装质量检测

(1)安装尺寸

对于不同级别的围岩，设计中钢架有具体的安装间距，施工中容易将此间距拉大。检测时，应用钢卷尺测量，其误差不应超过设计尺寸50mm。

(2)倾斜度

钢架在平面上应垂直于隧道中线，在纵断面上其倾斜度不得大于2°。在平面上检测可用直角尺，在纵断面上检测可用坡度规。值得注意的是，如果隧道某区段路面坡度接近3%，而此区段的钢架上部向下坡方向倾斜，且倾斜度在2°～3°，则此区段钢架倾斜度合格，因为这样的倾斜更有利于钢架承受荷载。

(3)保护层厚度

钢架与围岩之间的混凝土保护层厚度不应小于40mm，临空一侧的混凝土保护层厚度不应小于20mm。

(4)连接与固定

钢架之间必须用纵向钢筋连接，架脚必须放在牢固的基础上。钢架应尽量靠近围岩，当钢架与围岩的间隙过大时应设垫块。目前，钢架一般都作为衬砌骨架。所以，施工过程中尤其要检查钢架与锚杆的连接，保证焊接密度与焊接质量，最终使锚杆、钢架和衬砌形成整体承载结构。顺便指出，一些隧道在施工中出现冒顶与片帮，正是由于忽视了钢架与锚杆的连接，使围岩与钢架毫无联系造成的。

## 第六节 地质雷达法探测初期支护背部空洞

支护（衬砌）背部与围岩之间存在空洞时，会导致围岩松弛，使支护结构产生弯曲应力，从而损伤支护结构的功能，降低其承载能力，极大地影响隧道的安全使用。这一点在最近一些已建成的隧道发生的事故中得到了证明。因此，目前对隧道支护（衬砌）背部空洞的探测引起了人们更多的关注。由于支护（衬砌）的内部和背后状态是隐蔽的，从表面看不出来，为此人们开发出许多具有实用价值的检测方法，其中最常用的方法是地质雷达法。该方法已广泛应用于检测支护（衬砌）厚度、背部的回填密实度、内部钢架、钢筋等分布。

### 一、地质雷达法的原理

地质雷达法是一种用于确定地下介质分布的光谱（1MHz～1GHz）电磁技术。地质雷达利用一个天线发射高频宽频带电磁波，另一个天线接收来自地下介质界面的反射波。电磁波在介质中传播时，其路径、电磁场强度与波形将随所通过介质的电性质及几何形态而变化。因此，可根据接收到波的旅行时间（也称双程走时）、幅度与波形资料推断介质的结构。其原理见图 4-4。

实测时将雷达的发射和接收天线密贴于喷层表面，雷达波通过天线进入混凝土衬砌中，遇到钢筋、钢拱架、材质有差别的混凝土、混凝土中间的不连续面、混凝土与空气分界面、混凝土与岩石分界面、岩石中的裂面等产生反射，接收天线接收到反射波，测出反射波的入射、反射双向走时，就可计算出反射波走过的路程长度，从而求出天线距反射面的距离 $D$，即有下式：

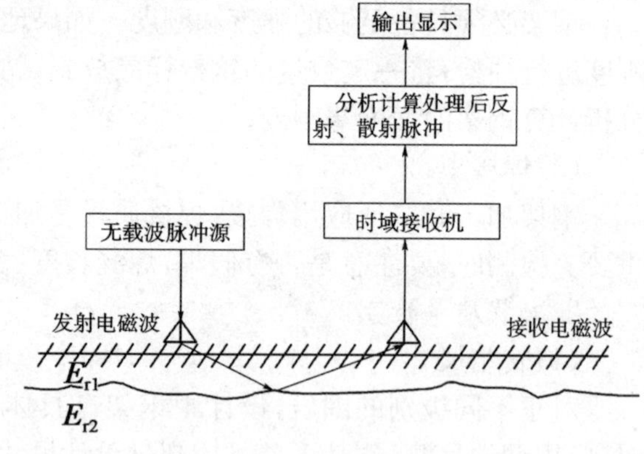


图 4-4 雷达探测原理示意图

$$D = v \cdot \Delta t/2 \tag{4-1}$$

式中：$D$——天线到反射面的距离，km；

$\Delta t$——雷达波从发射至接收到反射波的走时，用 ns（纳秒，$1ns = 10^{-9}s$）计；

$v$——雷达波的行走速度，km/s。

可以用几何光学的概念来看待直线传播雷达波的透射和反射，即有下式：

$$v = c_0/\varepsilon^{1/2} \tag{4-2}$$

式中：$c_0$——雷达波在空气中的传播速度，30cm/ns；

$\varepsilon$——介电常数，由波所通过的物质决定，即物体中的雷达波速由其介电常数决定，如空气的 $\varepsilon=1$，水的 $\varepsilon=81$，混凝土的 $\varepsilon=4～10$。

实际上，雷达波之所以会在物体界面产生反射，是因为界面两侧物质介电常数不同。

雷达天线可沿所测测线连续滑动，所测的每个测点的时间曲线可以汇成时间剖面图像。从一个测点的反射波时间曲线上去判别哪一个波反映什么是困难的，但多个测点资料汇成的时间剖面，各测点接收到的同一反射面的反射波汇成一定图像，就能直观地反映出各种不同的反射面。例如，一个与测量平面近于平行的反射面，如衬砌的外缘面，在时间剖面上就是与时间0基线近于平行的线；衬砌与岩体交界面的起伏（反映了衬砌厚薄变化）表现为有起伏的图像；钢拱架的反射图像可能是一双曲线，在彩色或黑色灰度的图上也可能呈现一个个圆点；突入衬砌中的小块岩石、衬砌背后的空洞、两层衬砌间的空隙则多呈双曲线图像。根据这些图像即可辨别不同的物体。时间剖面图像是探地雷达成果的基本图件，其横坐标为测点位置，纵坐标为雷达波反射走时，可以用黑白波形图像（波形图变面积黑白显示）、黑白灰度显示、彩色色块显示等形式。可以用专用分析软件对所测图像进行分析。

## 二、地质雷达探测系统组成

地质雷达探测系统由地质雷达主机、天线、笔记本电脑、数据采集软件、数据分析处理软件等组成。

地质雷达主机技术指标应符合以下要求：系统增益不低于150dB；信噪比不低于60dB；模/数转换不低于16位；信号叠加次数可选择；采样间隔一般不大于0.5ns；实时滤波功能可选择；具有点测与连续测量功能；具有手动或自动位置标记功能；具有现场数据处理功能。

地质雷达天线可采用不同频率的天线组合，技术指标应符合以下要求：具有屏蔽功能；最大探测深度大于2m；垂直分辨率应高于2cm。

低频天线探测距离长、精度低，高频天线探测精度高、距离短。地质雷达配有的天线频率有50MHz、100MHz、500MHz、800MHz、1GHz、1.2GHz等。在隧道支护（衬砌）质量检测中宜采用500MHz天线，在隧道超前地质预报时宜采用100MHz天线。

## 三、现场检测

1. 测线布置

（1）隧道施工过程中质量检测以纵向布线为主，横向布线为辅。纵向布线的位置应在隧道拱顶、左右拱腰、左右边墙和隧底各布1条；横向布线可按检测内容和要求布设线距，一般情况线距为8～12m。采用点测时，每断面不小于6个点。若检测中发现不合格地段，应加密测线或测点。

（2）隧道竣工验收时，质量检测应纵向布线，必要时可横向布线。纵向布线的位置应在隧道拱顶、左右拱腰和左右边墙各布1条；横向布线线距为8～12m。采用点测时，每断面不少于5个点。需确定回填空洞规模和范围时，应加密测线或测点。

（3）三车道隧道应在隧道拱顶部位增加两条测线。

（4）测线每5～10m应有一里程标记。

2. 介质参数标定

（1）检测前应对衬砌混凝土的介电常数或电磁波速做现场标定，且每座隧道应不少于1处，每处实测不少于3次，取平均值，即为该隧道的介电常数或电磁波速。当隧道长度大于3km、衬砌材料或含水率变化较大时，应适当增加标定点数。

(2)标定方法:在已知厚度部位或材料与隧道相同的其他预制件上测量;在洞口或洞内避车洞处使用双天线直达波法测量;钻孔实测。

(3)求取参数时应具备以下条件:标定目标体的厚度一般不小于 15cm,且厚度已知;标定记录中界面反射信号应清晰、准确。

(4)标定结果应按下式计算:

$$\varepsilon_r=\left(\frac{0.3t}{2d}\right)^2 \tag{4-3}$$

$$v=\frac{2d}{t}\times10^9 \tag{4-4}$$

式中:$\varepsilon_r$——相对介电常数;

$v$——电磁波速,m/s;

$t$——双程旅行时间,ns;

$d$——标定目标体厚度或距离,m。

3. 测量时窗

测量时窗由下式确定:

$$\Delta T=\frac{2d\sqrt{\varepsilon_r}}{0.3}a \tag{4-5}$$

式中:$\Delta T$——时窗长度,ns;

$a$——时窗调整系数,一般取 1.5～2.0;

其他参数意义同前。

4. 扫描样点数

扫描样点数由下式确定:

$$S=2\Delta TfK\times10^{-3} \tag{4-6}$$

式中:$S$——扫描样点数;

$\Delta T$——时窗长度,ns;

$f$——天线中心频率,MHz;

$K$——系数,一般取 6～10。

5. 纵向布线

纵向布线应采用连续测量方式,扫描速度不得小于 40 道(线)/s。特殊地段或条件不允许时,可采用点测方式,测量点距不宜大于 20cm。

6. 检测工作注意事项

(1)测量前应检查主机、天线以及运行设备,使之均处于正常状态。

(2)测量时应确保天线与衬砌表面密贴(空气耦合天线除外)。

(3)检测天线应移动平衡、速度均匀,移动速度宜为 3～5km/h。

(4)记录应包括记录测线号、方向、标记间隔以及天线类型等。

(5)当需要段测量时,相邻测量段接头重复长度不应小于 1m。

(6)应随时记录可能对测量产生电磁影响的物体(如渗水、电缆、铁架等)及其位置。

(7)应准确标记测量位置。

## 四、数据处理与解释

(1)原始数据处理前应回放检验，数据记录应完整，信号清晰，里程标记准确。不合格的原始数据不得进行处理与解释。

(2)数据处理与解释软件应使用正式认证的软件或经鉴定合格的软件。

(3)数据处理与解释流程如图 4-5 所示。

(4)数据处理应符合以下要求：

①确保位置标记准确、无误。

②确保信号不失真，有利于提高信噪比。

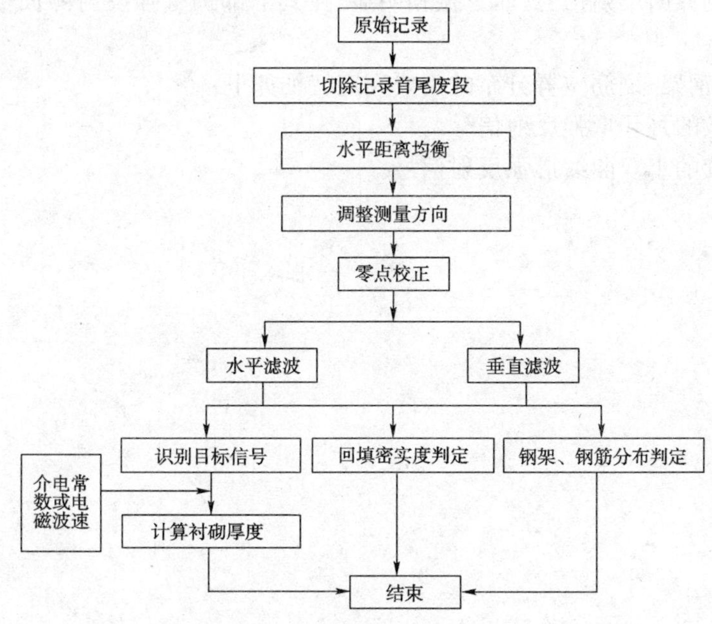


图 4-5　数据处理与解释流程

(5)解释工作应符合以下要求：

①解释应在掌握测区内物性参数和衬砌结构的基础上，按由已知到未知和定性指导定量的原则进行。

②根据现场记录，分析可能存在的干扰体位置与雷达记录中异常的关系，准确区分有效异常与干扰异常。

③应准确读取双程旅行时间的数据。

④解释结果和成果图件应符合衬砌质量检测要求。

(6)衬砌界面应根据反射信号的强弱、频率变化及延伸情况确定。

(7)衬砌厚度应由下式确定：

$$d=\frac{0.3t}{2\sqrt{\varepsilon_r}} \tag{4-7}$$

或

$$d=\frac{1}{2}vt10^{-9} \tag{4-8}$$

式中：$d$——衬砌厚度，m；

$\varepsilon_r$——相对介电常数；

$t$——双程旅行时间，ns；

$v$——电磁波速，n/s。

(8)衬砌背后回填密实度的主要判定特征如下：

①密实。信号幅度较弱，甚至没有界面反射信号。

②不密实。衬砌界面的强反射信号同相轴呈绕射弧形，且不连续、较分散。

③空洞。衬砌界面反射信号强，三振相明显，在其下部仍有强反射界面信号，两组信号时程差较大。

(9)衬砌内部钢架、钢筋位置分布的主要判定特征如下：

①钢架。分散的月牙形强反射信号。

②钢筋。连续的小双曲线形强反射信号。

# 第五章

# 防排水材料及施工质量检测

## 第一节　概　述

### 一、隧道防排水的必要性

渗漏水是隧道的常见病害之一。隧道渗漏水的长期作用，将极大地降低隧道内各种设施的使用寿命和功能，恶化隧道的运营条件，主要表现为：

(1)隧道渗漏水的长期作用，可能造成隧道侵蚀破坏。

(2)路面积水，行车环境恶化，降低轮胎与路面的附着力。

(3)寒冷地区，尤其是严寒地区，反复冻融循环，在衬砌内部造成衬砌混凝土冻胀开裂；在衬砌与围岩之间造成冻胀，引起拱墙变形、破坏；拱墙上悬挂冰柱、冰溜侵入净空；在路面形成冰坡、冰锥，使行车滑溜，甚至无法通过。

可见，良好的隧道防水与排水，是保证隧道耐久性和行车安全的重要条件。另外，通过隧道防排水，保护地下水资源和环境也是重要的。

20世纪60年代以前修建的隧道大都未作防水处理，渗漏水问题突出。近年来，一些新建的公路隧道也存在较严重的渗漏水。当前，公路隧道渗漏水的问题已被列为公路工程九大通病之一。如何解决好隧道在运营期间的涌突水、淋水、滴渗水问题，已经成为隧道设计与施工中的一个关键技术环节。

### 二、隧道防排水的基本原则及要求

隧道防排水应遵循“防、排、截、堵结合，因地制宜，综合治理”的原则，保证隧道结构物和营运设施的正常使用和行车安全。隧道防排水设计应对地下水妥善处理，洞内外应形成一个完整畅通的防排水系统。

高速公路、一级公路和二级公路隧道防排水应满足下列要求：

(1)拱部、边墙、路面、设备箱洞不渗水。

(2)有冻害地段隧道衬砌背后不积水，排水沟不冻结。

(3)洞内排水系统不淤积、不堵塞，确保排水通畅。

(4)车行横通道、人行横通道等服务通道拱部不滴水，边墙不淌水。

三级、四级公路隧道应做到：

(1)拱部、边墙不滴水，路面不积水，设备箱洞不渗水。

(2)有冻害地段隧道衬砌背后不积水，排水沟不冻结。

当采取防排水工程措施时，应注意保护自然环境。当隧道内渗漏水引起地表水减少，影响居民生产、生活用水时，应对围岩采取堵水措施，减少地下水的渗漏。

## 三、隧道防排水结构主要类型

目前，隧道防排水技术根据"是以排为主、还是以堵为主"的指导思想区分，主要有三种类型：

(1)水密型防水。从围岩、结构和附加防水层入手，体现以防为主的防水，又称全包式防水。

(2)泄水型或引流自排型防水。从疏水、泄水入手，体现以排为主的防水，又称半包式防水。

(3)防排结合的控制型防排水。

水密型防水结构适用于对保护地下水环境、限制地层沉降要求高的工程，可以为隧道结构的耐久性和安全运营提供良好的环境条件。但是要实现水密型防水目标，造价较高，并且在很多条件下技术上是不可行的。

泄水型或引流自排型防水结构适用于对保护地下水环境、限制地层沉降没有严格要求的工程，结合其他必要的辅助措施和设备，也可以为隧道结构的耐久性以及安全运营提供满足要求的环境条件。这种方式的直接造价相对较低，但运营维护成本相对较高。

控制型防排水，是近年来为降低全包式防水结构的成本，且满足地下水环境保护、限制地层沉降而出现的一种新型的隧道防水措施。在半包式防水的基础上，可以根据对水位和地层变形的监测数据，及时自动或半自动地调整排水量，从而达到既降低一次性造价，又维持地下水平衡的目的。

此外，隧道防排水也可针对不同的衬砌类型而采取相应的技术措施。

*1. 复合式衬砌防排水结构*

复合式衬砌是目前我国隧道工程中采用最多的一种结构形式。在此类结构形式中，最常用的是引流自排型防水结构。此外，也有许多穿越江、河、湖、海或城市公路隧道采用全包式防水的成功实例。

(1)防水

在初期支护上铺设的防水材料分为刷式、喷涂式和粘贴式三种。刷式防水层是将新型防水材料刷在初期支护上，形成隔水层。喷涂防水层是采用喷涂方法，在初期支护基面上形成一层防水层，以达到防水的目的。但是防水层外应设砂浆保护层，以防二次衬砌混凝土灌注时损伤喷涂层。目前使用最多的是粘贴式防水板，其优点为价格较为便宜，安装质量可以检验，合理安装可保证不透水。

(2)排水

隧道内水的来源一般有两种：一种是由围岩中渗出的地下水，另一种是在隧道使用过程中产生的污水。其中：

①隧道内路面污水由路缘侧排水沟排出。

②山体内渗水通过衬砌后面纵向汇水管汇集，再通过横向导水管流入路面下中央主排水管排出洞外。

③路面下路基山体渗水直接通过渗水层汇入中央主排水管排出洞外。

*2. 单层式衬砌防排水结构*

(1)防水

当前，国际最高水平是喷锚支护可达 68MPa 的抗压强度，几乎没有渗水，厚度一次成型，没有施工缝，不需设沉降缝，已经达到了很高的防水和结构效果。我国目前仅在低等级公路隧道中使用单层式结构。铁路隧道单层式衬砌防水结构处于试验阶段。另外，对于地下水水位控制要求高、围岩采用注浆堵水且围岩稳定性好的隧道工程，采用单层式衬砌防水结构一般可以降低工程造价。

(2)排水

衬砌背后积聚的地下水如果导流不好，就会对支护形成较大水压力，一般要在设计中设置导流设施，使其顺利流至衬砌后面的纵向汇水管，特别是在涌水量较大的地段，设置导流设施更为必要。

一般采取顺壁而下的弹簧或波纹管盲沟的办法进行引流。最近市面上出现了一种强速型软式透水管。工程实践表明，软式透水管不仅可以进行隧道排水，而且还可以排放瓦斯，效果良好。

3.连拱隧道中隔墙排水结构

连拱隧道中隔墙排水结构主要与中隔墙的结构有关，常见有以下两种形式。

(1)中隔墙为单一结构

隧道中隔墙防排水可以看作由中央排水管、竖向排水管、墙顶防水板几部分组成。

中央排水管顺隧道轴向铺设，在中隔墙上设置竖向排水管与中央排水管进行连接，方接入隧道侧沟，与侧沟形成完整的排水系统。在中隔墙顶面上还应铺设防水板，位于中央排水管下方与拱墙防水板进行焊接成为整体，同时应注意在纵向排水管穿透防水板的地方要加强密封措施，防止地表水由间隙流入隧道内部。同时，通过混凝土的自身密实来达到防排水效果，对中隔墙顶部注化学浆液，并预埋纵向透水管，将水引至隧道洞口再排水，避免水渗入隧道内部。

(2)中隔墙为复合结构

隧道中隔墙处的防排水与复合式衬砌相同。可以将中隔墙分两次浇筑，在先施作的中隔墙与其后作为二次衬砌的墙部之间安设防排水设施，与整个隧道的防排水设施连成一体。

4.明洞防排水结构

(1)防水

明洞的防水层一般是在明洞衬砌外模拆除后，在衬砌外侧覆盖防水卷材。传统做法是采用石油沥青油毡，如采用甲种、乙种、丙种防水层，根据地区气温不同分别选用油－60、油－30、油－10 的石油沥青。同时，在明洞衬砌填土中，采用黏土隔水层，以防地表水下渗。

随着高分子防水卷材的广泛使用，为确保洞身复合式衬砌防水层与明洞防水层的良好结合，对于长度较小的明洞，其防水层形式一般采用与暗挖法施工部分一致的高分子防水卷材防水层。

部分明洞结构采用喷涂或涂刷防水涂料形成防水层。

洞门的排水设施应与洞门工程配合施工，同步完成。洞门的排水沟砌筑在填土上时，填土必须夯实。明洞防水层施工应符合下列规定：防水层施工前应用水泥砂浆将衬砌外表涂抹平顺；防水卷材应与拱背粘贴紧密，接头搭接长度不小于 100mm，铺设应自下而上进行，上下层接缝宜错开，不得有通缝；回填拱背的黏土隔水层应与边坡、仰坡搭接良好，封闭严密；靠山侧边墙顶或边墙墙后，应设置纵向和竖向盲管(沟)，将水引至边墙泄水孔排出。

(2)排水

明洞排水一般采用纵向、横向排水盲沟与地表排水沟、截水沟组合，保证排水畅通。同时，填土坡面应与原始坡面衔接平顺、密实,保证排水畅通。

目前,从设计角度看,公路隧道的防水、防冻做法已比较完善;而从施工角度看,由于工程条件千变万化,加上主观原因或客观原因,经常使设计思想难以到位。因此,做好隧道的防水、防冻工作,关键是要提高施工质量,加强工间质量检查与检测。遇到不良地质条件时,采用适当措施,使排水系统畅通无阻,防水系统不渗不漏。

## 第二节 高分子防水卷材性能检测

### 一、高分子防水卷材的种类及性能要求

从20世纪60年代开始,弹性或弹塑性的合成高分子防水卷材在发达国家得到了广泛开发与应用。高分子防水卷材与传统的石油沥青油毡相比,具有使用寿命长、技术性能好、冷施工、质量轻和污染性低等优点,在隧道防水工程中得到广泛应用。我国自20世纪80年代起相继研制出了三元乙丙橡胶防水卷材(EPDM)和氯丁橡胶薄膜、聚氯乙烯(PVC)和氯化聚乙烯(CPE)、聚乙烯(PE)、聚乙烯—醋酸乙烯(EVA)和聚乙烯—醋酸乙烯—沥青共聚物(ECB)防水卷材、高密度聚乙烯(HDPE)和低密度聚乙烯(LDPE)等。大型建筑工程、地下工程及隧道等重点工程,注重选用三元乙丙防水卷材、聚氯乙烯防水卷材、自黏防水卷材等高档防水材料。目前,PVC应用较少,隧道防水采用的高分子防水卷材主要是ECB、EVA和LDPE等。

常见隧道用高分子防水卷材性能要求如表5-1所示。

隧道用高分子防水卷材性能要求 表5-1

| 项　目 | 技术性能 | | | | | | |
|---|---|---|---|---|---|---|---|
| | EVA | ECB | LDPE | PVC-II | PE | EPDM | SBS |
| 拉伸强度(MPa)≥ | 15 | 10 | 16 | 12.0 | 10 | 7.5 | 2.0 |
| 断裂伸长率(%)≥ | 500 | 450 | 500 | 250 | 400 | 250 | 150 |
| 不透水性24h(MPa)≥ | 0.2 | 0.2 | 0.2 | 0.2 | 0.2 | 0.3 | 0.3 |
| 低温弯折性(℃)≤ | −35 | −35 | −35 | −25 | −35 | −40 | −30 |
| 热处理尺寸变化率(%)≤ | 2.0 | 2.5 | 2.0 | 2.0 | 2.0 | 2.0 | 2.0 |

高分子防水卷材的检测按相应规范执行。下面以《氯化聚乙烯防水卷材》(GB 12953—2003)为例,予以说明。

### 二、取样方法

合成高分子防水卷材均应成批提交验收。对于出厂合格的产品,同一生产厂、同一品种、规格的产品5 000m为一批进行验收,不足5 000m也作为一批。从每批产品的1~3卷中取样,在距端部300mm处截取约3m,用于厚度允许偏差、最小单个值检验和截取各项物理力学性能试验所需的样片。

试样截取前,在温度23℃±2℃、相对湿度45%~55%的标准环境下进行状态调整,时间不少于16h。裁取试件的部位、种类、数量及用作试验的项目,应符合表5-2和图5-1的要求。试样应牢固地粘贴标签,并用样品袋封装,注明标签及样品袋。

物理力学性能试验所需的试样尺寸及数量　　表 5-2

| 试验项目 | 符号 | 尺寸(纵向×横向)(mm) | 数量 |
|---|---|---|---|
| 拉伸强度 | A | 200×200 | 3 |
| 热处理尺寸变化率 | B | 100×100 | 3 |
| 低温弯折性 | C | 50×100/100×50 | 1/1 |
| 抗渗透性 | D | ϕ100 | 3 |
| 抗穿孔性 | E | 150×150 | 3 |
| 剪切状态下的黏合性 | F | 300×400 | 2 |
| 热老化处理 | G | 300×200 | 3 |
| 人工候化处理 | H | 300×200 | 3 |
| 水溶液处理 | I | 300×200 | 9 |

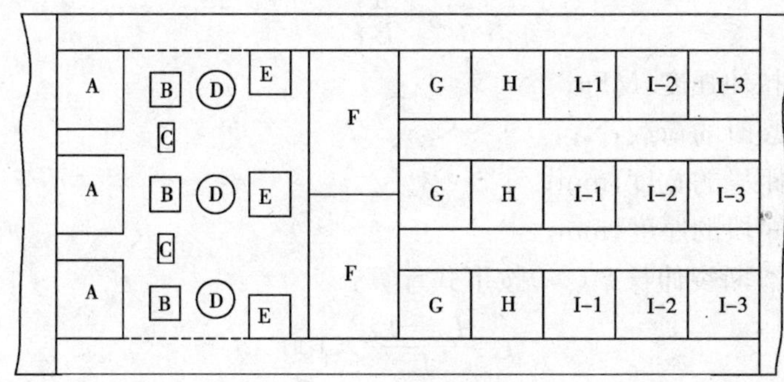


图 5-1　试样截取布置

## 三、试验方法

1. 外观质量检查

外观质量检查包括:气泡、疤痕、裂纹、黏结和孔洞。

2. 长度、宽度、厚度、平直度和平整度量测

(1)合成高分子防水卷材的长度和宽度用卷尺测量。

(2)厚度用压力为(2±0.2)$\times10^{-2}$MPa、压头直径为 10mm 的测厚仪(分度为 0.01mm)量测。厚度测量点(至少 10 个点)均布在卷材的横向上。

(3)平直度和平整度的量测:在平整基面上展开 10m,用分度值为 1mm 的直尺量测。

3. 拉伸性能试验

(1)试验设备

①裁片机。由加载装置、裁刀及其装卸装置组成。裁刀所裁样品形状如图 5-2 所示。

②拉力试验机。量程范围为 0~1 000N,分度

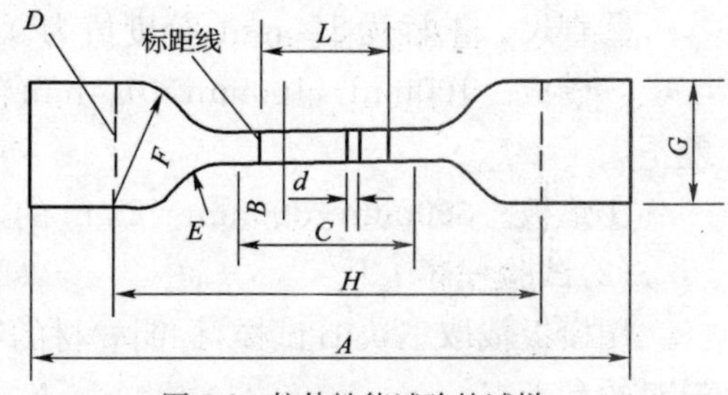


图 5-2　拉伸性能试验的试样

*A*-总长,最小值 115mm;*B*-标距段的宽度,6.0mm;*C*-标距段的长度,32mm±2mm;*D*-夹持线;*E*-小半径,14mm±1mm;*F*-大半径,25mm±1mm;*G*-端部宽度,25mm±1mm;*H*-夹具间的初始距离,80mm±5mm;*L*-标距线间的距离,25mm±1mm;*d*-标距段的厚度

值为 2N，示值精度为±1%；夹持器的移动速度应为 80～500mm/min。

(2)试验程序

拉伸性能试验在标准环境下进行。在对裁取的三块 A 样片上，用裁片机对每块样片沿卷材纵向和横向分别裁取如图 5-2 所示形状的试样各两块，并按如图 5-2 所示标注标距线和夹持线。在标距区内，用测厚仪测量标距中间和两端三点的厚度，取其算术平均值作为试样厚度 $d$，精确到 0.1mm。测量两标距线间初始长度 $L_0$。

将试验机的拉伸速度调到 250mm/min±50mm/min，再将试样置于夹持器的中心，对准夹持线夹紧。开动机器拉伸试样，读取试样断裂时的荷载 $P$，同时量取试样断裂瞬间标距线间的长度 $L_1$。若试样断裂在标距外，则该试样作废，另取试样重做。

(3)试验结果计算

①拉伸强度。试样的拉伸强度按下式计算(精确到 0.1MPa)：

$$\sigma=\frac{P}{Bd} \tag{5-1}$$

式中：$\sigma$——试样的拉伸强度，MPa；

$P$——试样断裂时的荷载，N；

$B$——试样标距段的宽度，mm；

$d$——试样标距段的厚度，mm。

②断裂伸长率。断裂伸长率(%)按下式计算：

$$\varepsilon=\frac{L_1-L_0}{L_0}\times 100 \tag{5-2}$$

式中：$\varepsilon$——试样的断裂伸长率，%；

$L_0$——试样标距线间初始有效长度，mm；

$L_1$——试样断裂瞬间标距线间的长度，mm。

分别计算并报告五块试样纵向和横向的算术平均值，精确到 1%。

4. 热处理尺寸变化率试验

(1)试验器具

①鼓风恒温箱。自动控温范围为 50～240℃，误差为±2℃。

②直尺。量程为 150mm，分度值为 0.5mm。

③模板。100mm×100mm×0.4mm 的正方形金属板，边长误差不大于±0.5mm，直角误差不大于±1°。

④垫板。300mm×300mm×2mm 的硬纸板三块，表面应光滑平整。

(2)试验程序

用模板裁取三块 B 试样，标明卷材的纵横方向，并标明每边的中点，作为试样处理前后测量时的参考点。

在标准环境下，用直尺测量试样纵向或横向上两参考点间的初始长度 $S_0$。将试样平放在撒有少量滑石粉的垫板上，再将垫板水平地置于鼓风恒温箱中，三块垫板不得叠放。在 80℃±2℃的温度下恒温 6h，取出垫板置于标准环境中调节 24h，再测量纵向或横向上两参考点间的长度 $S_1$。

(3)结果计算

纵向和横向的尺寸变化率按下式分别计算：

$$L_h=\frac{|S_1-S_0|}{S_0}\times 100 \tag{5-3}$$

式中：$L_h$——试样的热处理尺寸变化率，%；

$S_0$——试样同方向上两参考点间的初始长度，mm；

$S_1$——试样处理后同方向上两参考点间的长度，mm。

分别计算三块试样纵向和横向尺寸变化率的平均值，试验结果以其中较大的数值表示，精确到0.1%。

5.低温弯折性试验

(1)试验器具

①低温箱。可在−40～0℃自动控温，误差为±2℃。

②弯折仪。主要由金属材料制成的上下平板、转轴和调距螺丝组成，平板间距可任意调节。其形状与尺寸如图5-3所示。

③放大镜。放大倍数为6倍。

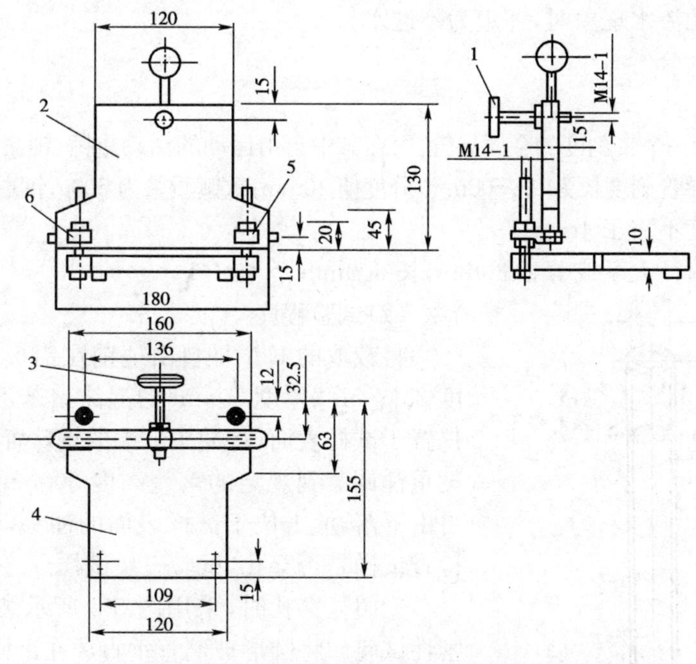


图5-3 弯折仪形状与尺寸示意图(尺寸单位：mm)

1-手柄；2-上平板；3-转轴；4-下平板；5、6-调距螺丝

(2)试验程序

在标准环境下，用测厚仪测量C试样的厚度。试样的耐候面应无明显缺陷。然后将试样的耐候面朝外，弯曲180°，使50mm宽的边缘重合、齐平，并确保不发生错位(可用定位夹或10mm宽的胶布将边缘固定)，将弯折仪的上下平板间距调到卷材厚度的三倍。试验两块试样。

将弯折仪上平板翻开，将两块试样平放在弯折仪下平板上，重合的一边朝向转轴，且距离转轴20mm，将弯折仪连同试样放入低温箱内，在规定温度下保持1h。然后，在1s之内将弯折仪的上平板压下，达到所调间距位置，保持 1s 后将试样取出。待回复到室温后，观察试样弯折处是否断裂，或用放大镜观察试样弯折处受拉面是否有裂纹。

(3)结果评定

两块试样均未断裂或无裂纹时，评定为无裂纹。

6. 抗渗透性试验

(1)试验仪器

采用 GB 328—2007 规定的不透水仪，但透水盘的压盖采用图 5-4 所示的金属槽盘。

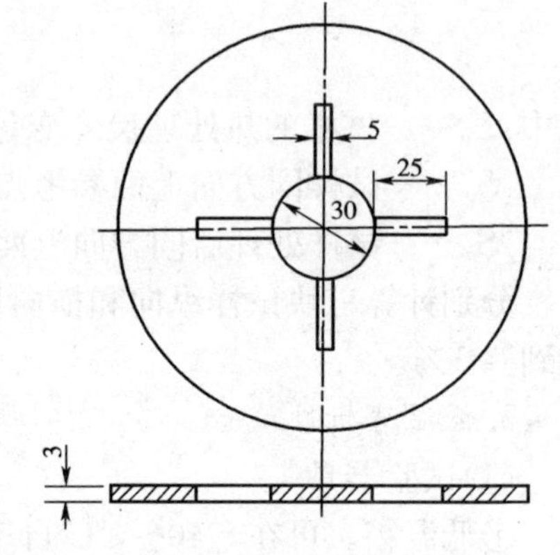

图 5-4 不透水试验用槽盘(尺寸单位：mm)

(2)试验程序

试验在标准环境下进行。先按 GB 328—2007 的规定做好准备，将裁取的三块 D 试样分别置于三个透水盘中，盖紧槽盘，然后按 GB 328—2007 的规定操作不透水仪，以每小时提高 1/6 规定压力 $2\times10^5$Pa 的速度升压，达到规定压力后保压 24h，观察试样表面是否有渗水现象。

(3)结果评定

三块试样均无渗水现象时，评定为不透水。

7. 抗穿孔性试验

(1)试验器具

①穿孔仪。由一个带刻度的金属导管、可在其中自由运动的活动重锤、锁紧螺栓和半球形钢珠冲头组成。其中，导管刻度长为 0～500mm，分度值 10mm；重锤质量为 500g，钢珠直径为 12.7mm。

②铝板。厚度不小于 4mm。

③玻璃管。内径大于或等于 30mm，长 600mm。

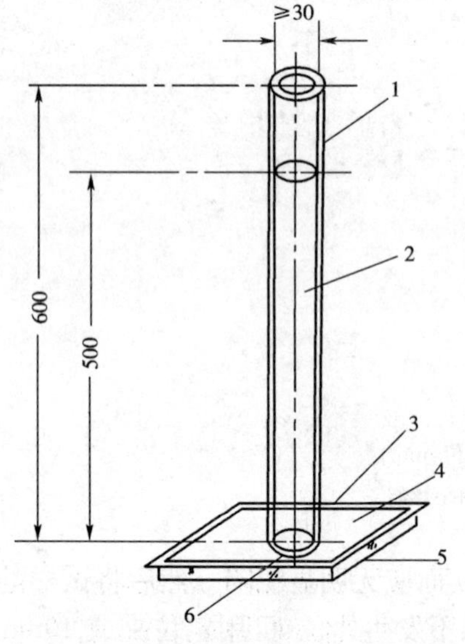

图 5-5 水密性试验装置(尺寸单位：mm)

1-玻璃管；2-染色水；3-滤纸；4-试样；5-玻璃板；6-密封膏

(2)试验程序

将裁取的 E 试样自由地铺在铝板上，并一起放在密度 $25kg/m^3$、厚度 50mm 的泡沫聚苯乙烯垫块上。穿孔仪置于试样表面，将冲头下端的钢珠置于试样中心部位，把重锤调节到规定的落差高度 300mm 并定位。使重锤自由下落，撞击位于试样表面的冲头，然后将试样取出，检查试样是否穿孔，试验三块试样。

无明显穿孔时，采用图 5-5 所示装置对试样进行水密性试验。将圆形玻璃管垂直放在试样穿孔试验点的中心，用密封膏密封玻璃管与试样间的缝隙。将试样置于滤纸(150mm×150mm)上。滤纸由玻璃板支承，把染色水溶液加入玻璃管中，静置 16h 后检查滤纸。如有渗透现象，则表明试样已穿孔。

(3)结果评定

三块试样均无穿孔时，评定为不渗水。

8. 剪切状态下的黏合性试验

(1)试验程序

将两块裁取的F试样平放于60℃的按热处理尺寸变化率试验规定的恒温箱中15min。在样片中间部位按胶黏剂的使用说明用橡皮刮刀涂抹宽度100mm、厚度适当的胶黏剂，然后将该样片上部未涂抹胶黏剂的部分(Ⅰ)以及另一块试样下部未涂抹胶黏剂的部分(Ⅱ)裁去，在长度方向剪成宽度$b$为50mm的样条，得到50mm×100mm的胶黏表面[图5-6a)]。每次将两片涂抹胶黏剂的样条相互搭接黏合成试样，两样条长边的边缘必须重合齐平[图5-6b)]。取五块试样在标准环境下放置24h，再按拉伸试验方法进行拉伸剪切试验。

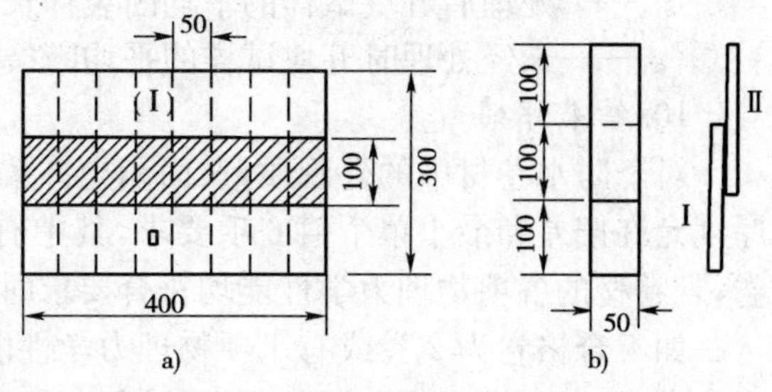


图5-6　黏合性试件的制作(尺寸单位:mm)

(2)结果计算

如果拉伸剪切时，试样在黏结面滑脱，则剪切状态下的黏合性以拉伸剪切强度$\sigma$表示，按下式进行计算：

$$\sigma = P/b \tag{5-4}$$

式中：$\sigma$——拉伸剪切强度，N/mm；

$P$——最大拉伸剪切荷载，N；

$b$——试样黏合面宽度，mm。

结果以五块试样的算术平均值表示，精确到0.1N/mm。

如果在拉伸剪切时，试样在接缝外断裂，则评定为接缝外断裂。该试验方法也可以测试热焊接接缝的黏结特性。

9. 热老化处理试验

(1)试验仪器

热老化试验箱：自动控温范围为50～240℃，误差为±2℃。

(2)试验程序

将裁取的三块G试样放置在撒有滑石粉的按热处理尺寸变化率试验要求的垫板上，然后一起放入热老化试验箱中。在80℃±2℃的温度下保持7d。处理后的样片在标准环境下调节24h，分别按外观、拉伸性能试验规定的方法进行检查和试验。

(3)结果计算

①三块G样片外观质量与低温弯折性的结果评定分别与相应试验条文相同。

②处理后试样拉伸强度相对变化率按下式计算(精确到1%)：

$$R_\sigma = \left(\frac{\sigma'_t}{\sigma_t} - 1\right) \times 100 \tag{5-5}$$

式中：$R_\sigma$——试样处理后拉伸强度相对变化率，%；

$\sigma'_t$——处理后五块试样的平均拉伸强度，MPa；

$\sigma_t$——未经处理时五块试样的平均拉伸强度，MPa。

③处理后试样断裂伸长率相对变化率按下式计算(精确到1%)：

$$R_t=\left(\frac{\varepsilon'_t}{\varepsilon_t}-1\right)\times 100 \tag{5-6}$$

式中：$R_t$——试样处理后断裂伸长率相对变化率，%；

$\varepsilon'_t$——处理后五块试样的平均断裂伸长率，%；

$\varepsilon_t$——未经处理时五块试样的平均断裂伸长率，%。

10.结果评判

对于防水卷材中的外观质量、面积允许偏差、卷材中的允许接头数、卷材平直度、平整度、厚度允许偏差和最小单个值6项要求，其中有2项不合格即为不合格卷。不合格卷不多于2卷，且卷材的各项物理力学性能均符合要求时，判为该批合格。

如不合格卷为2卷或有1项物理力学性能不符合要求，则判为该批不合格。如不合格卷为2卷，但有两卷出现上述6项中的同1项不合格，仍判该批不合格。

对于判为不合格的批，允许在批中按规定重新加倍抽样，对不合格项目进行重检。如果仍有一组试样不合格，则判为该批不合格。

## 第三节 土工布物理特性检测

土工织物也称土工布，是透水性的土工合成材料，按制造方法分为无纺或非织造土工织物和有纺或机织土工织物。因其具有过滤、排水、隔离、加筋、防渗和防护等作用，在水利、冶金、电力、石油、海港、铁路、公路、机场、市政和建筑等部门均得到了广泛应用，特别是无纺土工织物在隧道工程中作为防水卷材的垫层和排水通道，用量十分可观。为了选择和应用土工织物，必须了解材料的工程特性，以便正确确定设计参数。有些特性参数是生产厂家提供的，如产品的类型、聚合物的种类、加工工艺及产品规格等。同一种类型的材料，因加工工艺制造过程不同，其工程特性有时差别很大。因此，对厂家提供的数据应采取慎重的态度，使用单位应通过抽样试验来核实和确定。对隧道工程比较重要的工程特性有物理特性、力学特性和水力学特性，本节介绍土工合成材料各种试验的取样要求、数据整理方法和土工合成材料的物理特性检测。

土工布性能的试验检测依据《公路工程土工合成材料试验规程》(JTG E50—2006)进行。

### 一、试样制备及数据整理

隧道用土工布检测的试样制备必须满足以下要求。

1.试样的制备

(1)试样不应含有灰尘、折痕、损伤部分和可见疵点。

(2)每项试验的试样应从样品长度与宽度方向上随机抽取，但距样品边缘至少100mm。

(3)为同一试验剪取两个以上的试样时，不应在同一纵向或横向位置上剪取，如不可避免时，应在试验报告中说明。

(4)剪取试样应满足精度要求。

(5)剪取试样时，应先制订剪裁计划，对每项试验所用的全部试样，予以编号。

2.试样的调湿与饱和

(1)对于土工织物，试样一般应置于温度为20℃±2℃、相对湿度为65%±5%和标准大气压的环境中调湿24h。对于塑料土工合成材料,在温度为23℃±2℃的环境下,进行状态调节的时间不得少于4h。

(2)如果确认试样不受环境影响,则可不调湿,但应在记录中注明试验时的温度和湿度。

(3)土工织物试样在需要饱和时,宜采用真空抽气法饱和。

3. 试样记录

(1)对试样的制取和准备方法应作详细记录,并作为试验报告的组成部分。

(2)对与取样程序不符的情况、制样的日期、样品来源、样品名称及制造商等信息作相应记录。

4. 数据的整理方法

(1)算术平均值$\overline{x}$按下式计算:

$$\overline{x}=\frac{\sum_{i=1}^{n}x_i}{n} \tag{5-7}$$

式中:$n$——试样个数;

$x_i$——第$i$块试验的试样值;

$\overline{x}$——$n$块试样测试数值的算术平均值。

(2)标准差$\sigma$按下式计算:

$$\sigma=\sqrt{\sum_{i=1}^{n}(x_i-\overline{x})^2/(n-1)} \tag{5-8}$$

(3)变异系数按下式计算:

$$C_v=\pm\frac{\sigma}{\overline{x}}\times 100\% \tag{5-9}$$

(4)在资料分析中,可疑数据的舍弃,以$K$倍标准差作为舍弃标准,即舍弃在$\overline{x}\pm K\sigma$范围以外的测定值。对不同的试件数量,$K$值按表5-3选用。

**统计量的临界值**　　表5-3

| 试件数量 | 3 | 4 | 5 | 6 | 7 | 8 | 9 | 10 | 11 | 12 | 13 | 14 |
|---|---|---|---|---|---|---|---|---|---|---|---|---|
| $K$ | 1.15 | 1.46 | 1.67 | 1.82 | 1.94 | 2.03 | 2.11 | 2.18 | 2.23 | 2.28 | 2.33 | 2.37 |

## 二、单位面积质量测定

1. 目的及适用范围

本试验方法适用于土工合成材料,测定其单位面积质量。

2. 仪器和仪具

(1)剪刀。

(2)尺。最小分度值为1mm,精度为0.5mm。

(3)天平。感量0.01g(现场测试可为0.1g)。

3. 试样制备

(1)试样数量不得少于10块,对试样进行编号。

(2)试样面积。对一般土工合成材料,试样面积为10cm×10cm,裁剪和测量精度为1mm;对网孔较大或均匀性较差的土工合成材料,可适当加大试样尺寸。

(3)取样方法。按前述方法取试样,用切刀或剪刀裁取。

4.试验步骤

将裁剪好的试样按编号顺序逐一在天平上称量,并细心测读和记录,读数精确到0.01g。

5.结果整理

(1)按下式计算每块试样的单位面积质量$M$(g/m²):

$$M=m/A \tag{5-10}$$

式中:$m$——试样质量,g;

$A$——试样面积,m²。

(2)保留小数一位,按前述方法计算单位面积质量的平均值、标准差及变异系数。

## 三、厚度测定

1.测厚仪测定土工织物厚度

(1)目的和适用范围

本试验方法适用于测定土工合成材料在一定压力下的厚度。土工织物在承受规定的压力下,正反两面之间的距离称为厚度。常规厚度是指在2kPa压力下的试样厚度。

(2)仪器和仪具

厚度试验仪由下列部件及用具组成,如图5-7所示。目前,新型测厚仪具有数显读数功能。

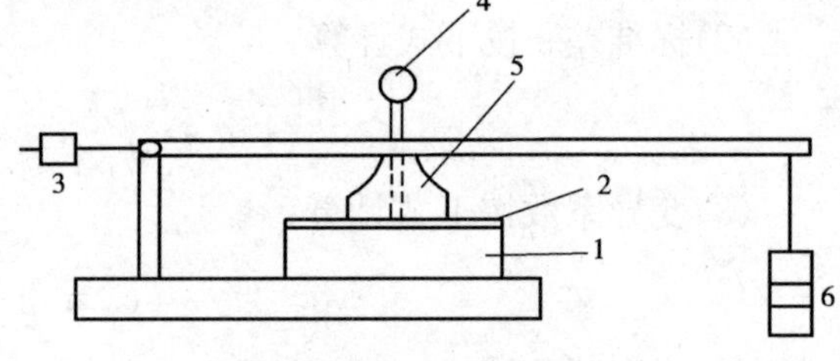


图5-7 厚度试验仪图

1-基准板;2-试样;3-平衡锤;4-指示表;5-压块;6-砝码

①基准板。其面积要大于2倍的压块面积。

②可更换的压块。采用表面光滑、面积为25cm²的圆形压块,重力为5N、50N和500N不等。压块重力为5N,放在试样上时,其自重对试样施加的压力为2kPa±0.01kPa。

③采用砝码或杠杆方法。对压块加压,压力分别为2kPa±0.01kPa、20kPa±0.1kPa。

④百分表(或千分表)。用以量测基准板至压脚间的垂直距离。试样厚度大于0.5mm时,表的最小分度值为0.01mm;厚度等于或小于0.5mm时,最小分度值为0.001mm。

⑤秒表。最小分度值为0.1s。

(3)试样制备

①试样数量不得少于10块,对试样进行编号。

②试样面积不小于基准板的面积。

③取样要求同前。

(4)试验步骤

①擦净基准板和压脚,检查压脚轴是否灵活,调整百分表至零读数。

②提起压脚,将试样在不受张力情况下放置在基准权与压脚之间。轻轻放下压脚,稳压30s后记录百分表读数,精确至0.01mm。

③土工合成材料的厚度一般指在2kPa压力下的厚度测定值。在需测定厚度随压力的变化时,尚需进行④~⑤步骤。

④增加砝码对试样施加20kPa±0.1kPa的压力,稳压30s后读数。

⑤增加砝码对试样施加200kPa±1kPa的压力,稳压30s后读数。除去压力,取出试样。

⑥重复上述步骤，测试完 10 块试样。

(5)结果整理

①分别计算每种压力下 10 块试样厚度的算术平均值，以 mm 表示。当试样厚度大于 0.5mm，要求计算精确至 0.01mm；当厚度小于或等于 0.5mm，要求精确至 0.001mm。

②计算每种压力下厚度的标准差 $\sigma$ 及变异系数 $C_v$。

③在未明确规定压力时，采用 2kPa 压力下的试样厚度平均值作为土工合成材料试样的厚度。

④以压力的对数为横坐标、厚度的平均值为纵坐标，绘制厚度与压力的关系曲线图。

2. 用无侧限抗压强度试验仪测厚度

(1)目的和适用范围

本试验方法适用于测定土工合成材料在不同压力下的厚度。

(2)仪器和仪具

无侧限抗压强度试验仪包括以下部件及用具，见图 5-8。

①可升降的基准板。其面积要大于 2 倍的压块面积。

②可更换的压脚。面积为 $25cm^2$ 的圆形压块。

③量力系统。量力钢环（或压力传感器）、测力表，量力钢环应定期标定。

④其他。百分表（或千分表）、秒表。

(3)试样制备

要求同测厚仪量测法。

(4)试验步骤

①转动手柄，使基准板上升，待其与压脚接触，调整百分表至零读数。

②转动手柄，使基准板下降，将试样放在板上。

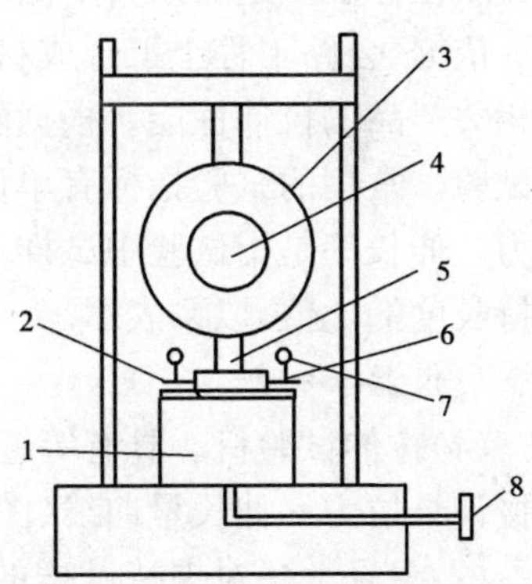


图 5-8　无侧限抗压强度仪示意图

1-基准板；2-试样；3-测力计；4-测力表；5-加压杆；6-压脚；7-指示表；8-手柄

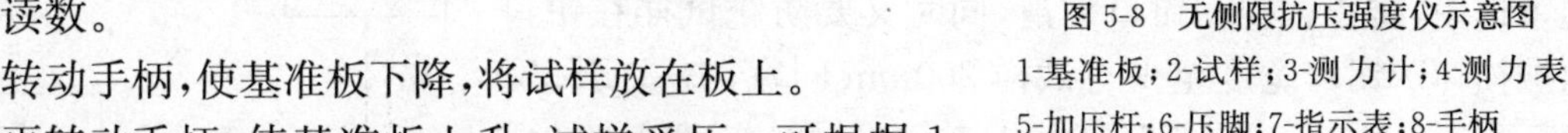

③再转动手柄，使基准板上升，试样受压。可根据 1～300kPa 的压力范围和量力环的钢环系数来确定加压时量力环中测力表的读数范围，一般在此读数范围内分三级加压。施加压力分别为 2kPa±0.01kPa、20kPa±0.1kPa、200kPa±1kPa，每次加压后需稳压 30s 再读数。

④土工合成材料的厚度一般指 2kPa 压力下的厚度测定值。在只需测定该压力下的厚度时，可只对试样施加 2kPa±0.01kPa 的压力。

⑤重复上述步骤，测试 10 块试样。

(5)结果整理

由量力环变形读数和钢环系数，计算各变形值试样所受的压力。其他数据的整理方法同测厚仪方法。

## 第四节　土工布力学性能检测

土工布的机械性能包括抗拉强度及延伸率、握持强度及延伸率、抗撕裂强度、顶破强度、刺破强度、抗压缩性能等。

抗拉强度是土工布的一个基本性能，无论在铺设或在起增强作用时，土工布必须具有抗拉强度。其他各项强度也都是在现场实际受力时必须具有的性能，而抗压缩性能直接影响反滤和排水性能。

隧道工程用土工布的力学性能测试一般有：条带拉伸试验、撕裂试验、顶破强度试验、刺破试验等。

## 一、宽条拉伸试验

土工织物是柔性材料，大多通过其抗拉强度来承受荷载以发挥工程作用。因此，抗拉强度及其应变是土工织物主要的特性指标。抗拉强度用拉伸强度来描述。拉伸强度是指土工合成材料试样拉伸至断裂时单位宽度的最大拉力，以 kN/m 表示。对应于最大拉力时的应变量称为最大负荷下的伸长率。土工织物的拉伸强度与测定时的试样宽度、形状、约束条件有关，因此必须在标准规定的条件下测定。

依据《公路工程土工合成材料试验规程》(JTG E50—2006)，用拉伸试验测定土工织物及其相关产品的拉伸性能。根据隧道工程中土工布的应用环境，可采用调湿和浸湿状态下的拉伸试验。常用的试验指标有单位宽度下最大负荷和最大负荷下的伸长率和特定伸长率下的拉伸力。伸长率是指试验中试样实际夹持长度(名义夹持长度与预负荷伸长之和)的增加与实际夹持长度的比值，以%表示。

1. 仪器和材料

(1)拉伸试验机。具有等速拉伸功能，能测读拉伸过程中土工合成材料的拉力和伸长量或直接记录拉力—伸长量曲线(图 5-9)。

(2)夹具。一对夹持试样的夹具，其钳口面要有一定的约束作用，防止试样在钳口打滑，同时又要防止试样在钳口内被损坏。钳口宽度至少与试样 200mm 同宽，夹具实际宽度不小于 210mm。为满足某些土工合成材料变形较大的要求，两夹具间的最大净距不小于 300mm。

(3)动力装置。采用调速电机油压或机械设施调节拉伸速率。

(4)伸长计。测量和记录装置。伸长计应满足：

①指示或记录荷载的误差不得大于相应实际荷载的 2%。

②对延伸率超过 10%的试样，测量拉伸方向的伸长量可用有刻度的钢尺，精度为 1mm；对延伸率小于 10%的试样，应采用精度不小于 0.1mm 的位移测量装置。

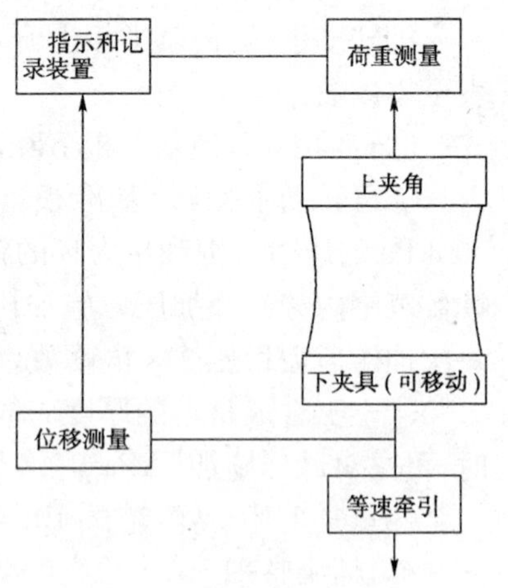

图 5-9　平面拉伸试验装置示意

③可通过传动机构直接记录土工合成材料试样的拉力—伸长量曲线，也可用拉力传感器和位移传感器测量拉力和伸长量。

(5)蒸馏水，用于浸湿试样。

(6)非离子润湿剂，用于浸湿试样。

2. 试样制备

(1)试样数量。分别以土工合成材料纵向和横向作试样长边，剪取试样各至少 5 块。

(2)试样尺寸。

①无纺类土工织物试样宽度为200mm±1mm(不包括边缘),试样有足够长度以保证夹具净间距100mm。实际长度视夹具而定,必须有足够的长度使试样伸出夹具。

②对于有纺土工织物,裁剪试样宽度为220mm,再在两边拆去大约相同数量的纤维,使试样宽度达到200mm±1mm的名义试样宽度。

③除测干态强度外,要求测定湿态强度时,裁剪两倍的长度,然后截为等长度的两块。

④对湿态试样,要求从水中取出到上机拉伸的时间间隔不大于10min。

(3)取样方法。取样原则同厚度测试。对于针织土工织物等裁剪方法取样可能影响织物结构时,可以采用热切割方法取样,但是需要在试验报告中说明。

3. 试样调湿和状态调节

(1)对于土工织物,试样一般应置于温度为20℃±2℃的蒸馏水中,浸润时间应足以使试样全湿或至少为24h。为了使试样完全湿润,可以在水中加入不超过0.05%的非离子型湿润剂。

(2)对于塑料土工合成材料,在温度为23℃±2℃的环境下,进行状态调节的时间不得少于4h。

(3)如果确认试样不受环境影响,则可不调湿和状态调节,但应在报告中注明试验时的温度和湿度。

4. 试验步骤

(1)调整两夹具的初始间距为100mm±3mm。两个夹具中要求其中一个的支点能自由旋转或为万向接头,保证两个夹具平行并在一个平面内。

(2)选择拉力机的满量程范围,使试样的最大断裂力在满量程的30%～90%范围内,设定拉伸速率为名义夹持长度的(20%±1%)/min。名义夹持长度是指在试样的受力方向上,标记的两个参考点间的初始距离,一般为60mm,记为$L_0$。

(3)将试样对中放入夹具内,为方便对中,可在试样上画垂直于拉伸方向的两条相距100mm的平行线作为标志线。对湿试样,从水中取出3min内进行试验。

(4)测读试样的名义夹持长度$L_0$。

(5)试验预张拉。对于已夹持好的试样,预张拉力相对于最大负荷的1%。记录因预张拉试样产生的夹持长度的增加值$L'_0$。

(6)安装伸长计。在试样上相距60mm处设定标记点(距试样中心各30mm),安装伸长计。

(7)测定拉伸性能。开动试验机,以名义夹持长度的(20%±1%)/min的拉伸速率进行拉伸,同时启动记录装置,连续运转直到试样破坏时停机。对延伸率较大的试样,应拉伸至其拉力明显降低时方能停机。记录最大负荷,精确至满量程的0.2%。记录最大负荷下的伸长量$\Delta L$,精确至0.1mm。

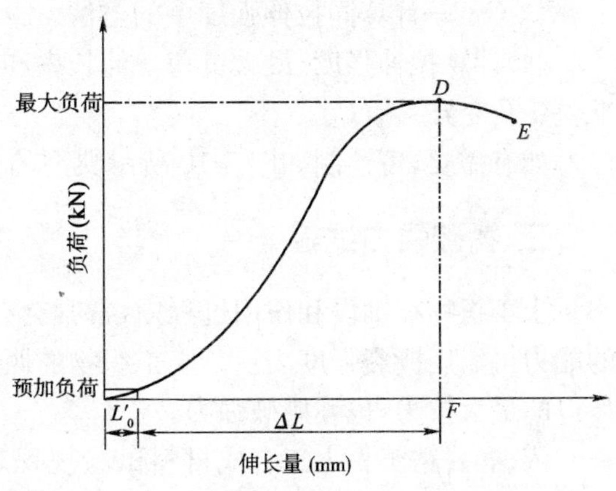

图5-10　松式夹持试样的负荷—拉伸曲线

上述最大负荷、预负荷伸长量、最大负荷下的伸长量$\Delta L$的含义如图5-10所示。

如果试样在距钳口5mm范围内断裂,则该试验结果应剔除。纵、横向分别至少要有5个

合格试样。当试样在钳口内打滑或大多数试样在钳口边缘断裂时,可采取下列改进措施:

① 钳口内加衬垫。

②钳口内的土工合成材料用固化胶加强。

③改进钳口面。

不论采取哪种措施均应在试验报告中说明。

(8)测定特定伸长率下的拉伸力。在拉伸过程中,测定特定伸长率下的拉伸力,记录精确到满量程的0.2%。

5.结果整理

(1)拉伸强度。土工织物或小孔径土工网试样的拉伸强度 $\alpha_f$ 可用下式计算:

$$\alpha_f = F_f C \tag{5-11}$$

式中:$\alpha_f$——拉伸强度,kN/m;

$F_f$——测读的最大负荷,kN;

$C$——按以下两种情况之一计算。对于非织造、高密织物或类似产品,$C=1/B$,其中,$B$ 为试样的名义宽度(m);对于稀松土工织物、土工网等松散结构材料,$C=N_m/N_s$,其中,$N_m$ 为试样 1m 宽度内的拉伸单元数,$N_s$ 为试样宽度内的拉伸单元数。

(2)最大负荷下的伸长率。按下式计算试样的伸长率:

$$\varepsilon = \frac{\Delta L}{L_0 + L'_0} \times 100 \tag{5-12}$$

式中:ε——伸长率,%;

$L_0$——名义夹持长度(使用夹具时为 100mm,使用伸长计时为 60mm);

$L'_0$——预负荷伸长量,mm。

(3)特定伸长率下的拉伸力。试样在特定伸长率下的拉伸力按下式计算:

$$F_{n\%} = f_{n\%} C \tag{5-13}$$

式中:$F_{n\%}$——对应于伸长率为 $n$%时试样的每延米拉伸力,kN/m;

$f_{n\%}$——对应于伸长率为 $n$%时试样的测定负荷,kN;

$C$——计算同拉伸强度中的方法。

(4)计算拉伸强度、最大负荷下伸长率和特定伸长率下拉伸力的平均值,并计算它们的标准差 $\sigma$ 及变异系数 $C_v$。

如有需要,可绘制如图 5-10 所示典型的负荷—拉伸曲线。

## 二、撕破强力试验

土工织物在铺设和使用过程中,常常会有不同程度的破损。土工织物抵抗扩大破损裂口的能力可以用撕裂强度表示。土工织物的撕裂强度定义为:试样在撕裂过程中抵抗扩大破损裂口的最大拉力,也称撕破强力。

依据《公路工程土工合成材料试验规程》(JTG E50—2006),采用梯形样品测定土工织物的梯形撕破强力。

1.仪器和仪具

(1)拉力机　同条带拉伸试验用的拉力机。

(2)夹具　夹持面尺寸(长×宽)为50mm×84mm,宽度要求不小于84mm,宽度方向垂直于力的作用方向。要求夹具上下夹持面平行、光滑,夹紧时不损坏试样,同时要求试验中试样不发生打滑。

(3)梯形模板　用于剪样,标有尺寸。

2.试样制备

(1)试样数量　经向和纬向(纵、横)各取10块试样。

(2)试样尺寸　试样为宽76mm、长200mm的矩形试样,在矩形试样中部用梯形模板画一等腰梯形(夹持线),尺寸如图5-11所示。

(3)取样方法　应符合试样制备的一般原则,如前述试样制备的要求。

(4)有纺土工织物试样　测定经向纤维的撕裂强度时,剪取试样长边应与经向纤维平行,使试样切缝切断及试验时拉断的为经向纤维。测定纬向撕裂强度时,剪取试样长边应与纬向纤维平行,使试样被切断及撕裂拉断的为纬向纤维。

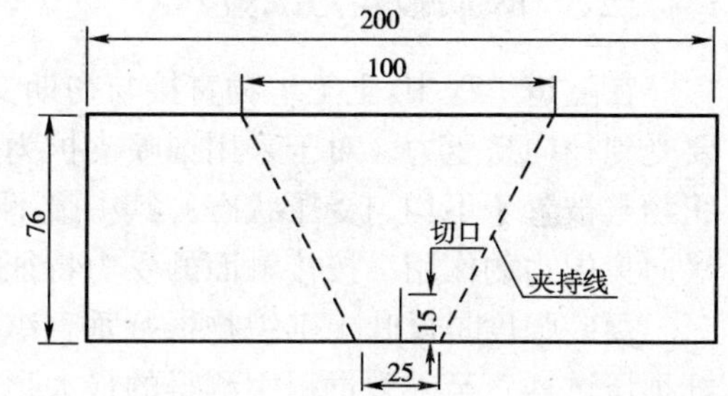

图5-11　梯形试样平面图(尺寸单位:mm)

(5)无纺土工织物试样　测定经向的撕裂强度时,剪取试样长边应与织物经向平行,使切缝垂直于经向;测定纬向撕裂强度时,剪取试样长边应与织物纬向平行,使切缝垂直于纬向。

(6)在已画好的梯形试样短边1/2处剪一条垂直于短边的长15mm的切缝。

(7)准备好试样,如进行湿态撕裂试验,要求同条带拉伸试验。

3.试验步骤

(1)调整拉力机夹具的初始距离到25mm,设定拉力机满量程范围,使试样最大撕裂荷载在满量程的30%~90%范围内,设定拉伸速率为100mm/min±5mm/min。

(2)将试样放入夹具内,沿梯形不平行的两腰边缘(夹持线)夹住试样。梯形的短边平整绷紧垂直,其余呈起皱叠合状,夹紧夹具。

(3)开动拉力机,以拉伸速率100mm/min拉伸试样,并记录拉伸过程中的撕裂力,直至试样破坏时停机。撕裂力可能有几个峰值和谷值,也可能单一上升而只有一个最大值,如图5-12所示。取最大值作为撕破强力,单位以N表示。

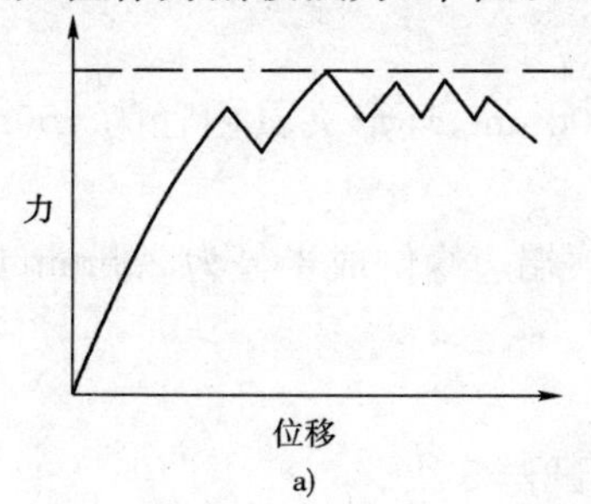


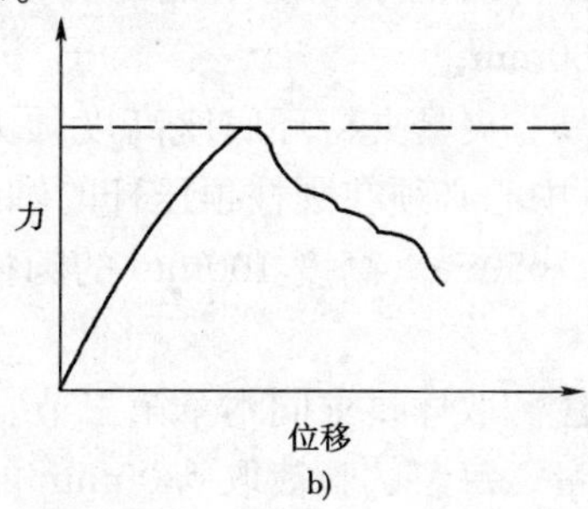


图5-12　撕裂过程曲线

(4)在夹具内有打滑现象或有 1/4 以上的试样在夹具边缘 5mm 范围内发生断裂时，夹具可作如下处理：

①夹具内加垫片。

②与夹具接触部分的织物用固化胶加固。

③修改夹具面。

采用任何处理均要在试验报告中说明。

4. 结果整理

(1)分别计算纵向和横向撕破强力的平均值$\overline{T}_t$，作为试验值，精确至 0.1N。

(2)计算纵向和横向撕破强力的标准差和变异系数，变异系数精确至 0.1%。

## 三、CBR 顶破强力试验

在隧道工程中，土工织物直接与初期支护内表面接触，在二次衬砌施作之后，土工布一般要受到径向挤压力。对于采用锚喷支护为初期支护的结构，其内表面往往凹凸不平，导致土工织物常被置于不均匀受压状态。其中最不利的一种状态为处于紧绷状态的土工合成材料受到法向集中力的作用。按接触面的受力特征和破坏形式可分为顶破、刺破和穿透几种受力状态。

顶破强度是反映土工织物抵抗垂直织物平面的法向压力的能力。在顶破强力试验中，顶杆顶压试样直至破裂过程中测得的最大顶压力称为顶破强力。与刺破强力试验相比，顶破强力试验试样压力作用面积相对较大，材料呈双向受力状态。

顶破强力试验的常用方法有 CBR 顶破试验和圆球顶破试验。二者的差异主要在于：前者用圆柱形顶压杆顶压，后者圆球顶压；二者的夹具环直径不同。《公路工程土工合成材料试验规程》(JTG E50—2006)推荐采用 CBR 方法。下面介绍顶破试验中常用的 CBR 顶破强力试验，测定土工织物的顶破强力、顶破位移和变形率。

以 CBR 仪的圆柱顶杆均匀垂直顶压于土工合成材料平面时，测定土工合成材料所能够承受的最大顶压力，称为顶破强力。顶破位移是指在试验过程中，从顶压杆顶端开始与试样表面接触时起，直至达到顶破强力时，顶压杆顶进的距离。变形率是指环形夹具内侧距顶压杆边缘之间试样的长度变化百分率。

1. 仪器设备

(1)试验机。具有等速加荷功能，能测读拉伸过程中土工合成材料的拉力和伸长量，记录应力—应变曲线。量力环(测力计)安装在加荷框架上，量力环下部装有 $\phi$50mm 的圆柱体压杆，量力环中的百分表用于测定量力环变形计算顶压力(图 5-13)。一般试验仪最大压力约 50kN，行程为 100mm。

(2)顶破夹具。夹具夹持环底座高度须大于 100mm，环形夹具内径为 150mm(图 5-13)，试验仪上的夹具中心必须在圆柱顶压杆的轴线上。

(3)顶压杆。$\phi$50mm、高度 100mm 的圆柱体，顶端边缘倒成半径为 2.5mm 的圆弧。

2. 试样制备

(1)取样方法。取样要求同本章第三节。

(2)试样数量。每组试验裁取 $\phi$300mm 的圆形试样 5 块。

(3)试样制备。在每块试样离外圈 50mm 处均等开 6 条 8mm 宽的槽，如图 5-14 所示。

(4)试样调湿和状态调节同拉伸试验。

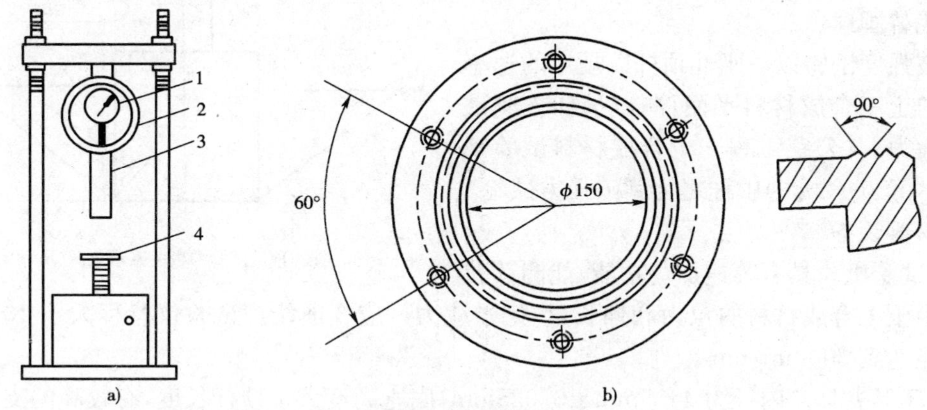


图 5-13　CBR 试验仪及环形夹持设备(尺寸单位:mm)

a)CBR 试验仪;b)环形夹具

1-百分表;2-量力计;3-圆柱顶杆;4-托盘

3. 试验步骤

(1)试样放入环形夹具内,试样在自然状态下拧紧夹具。

(2)将夹持好试验的夹具对中放在加荷系统的托盘上,调整高度,使试样与顶杆刚好接触。设定试验机满量程,使试样最大顶破强力在满量程的 30%～90%范围内,设定顶压杆的下降速率为 60mm/min±5mm/min。

(3)启动试验机,直至试样完全顶破为止。观察记录顶破情况,记录顶破强力(N)和顶破位移值(mm)。如果试验中试样在夹具中有明显滑动,则剔除该试样结果,重新补做。

4. 结果整理

(1)由量力环标定曲线,将量力环中百分表的读数换算为力,单位为 N。计算每块试样的顶破强力(N)平均值,精确到 0.1N。

(2)计算顶破位移(mm)的平均值,精确到 0.1mm。

(3)按下式计算变形率 ε。

$$\varepsilon=\frac{L_1-L_0}{L_0}\times 100 \tag{5-14}$$

$$L_1=\sqrt{h^2+L_0^2} \tag{5-15}$$

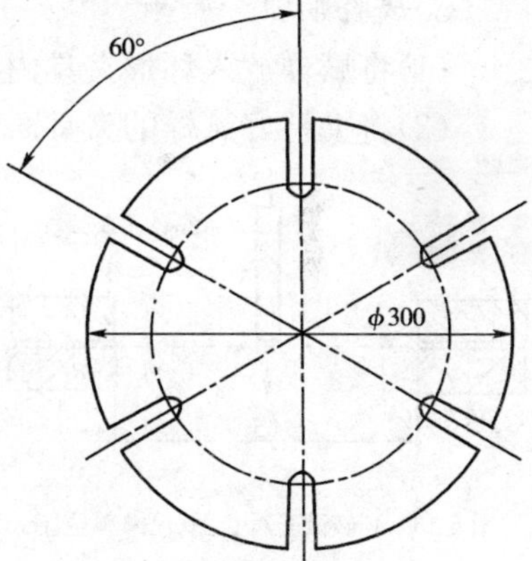


图 5-14　CBR 试验环形样品

(尺寸单位:mm)

式中:$L_0$——试验前夹具内侧至顶压杆顶端边缘的距离,mm;

$L_1$——试验后夹具内侧至顶压杆顶端边缘的距离,mm;

$h$——压顶杆位移,mm。

各参数的含义如图 5-15 所示。

(4)如需要,计算 5 块试样的顶破强力平均值的变异系数。

## 四、刺破强力试验

刺破强度是反映土工织物抵抗如有棱角的石子、支护用钢构件端头等小面积集中荷载的能力。试验方法与圆球顶破试验相似，只是以金属杆代替圆球。

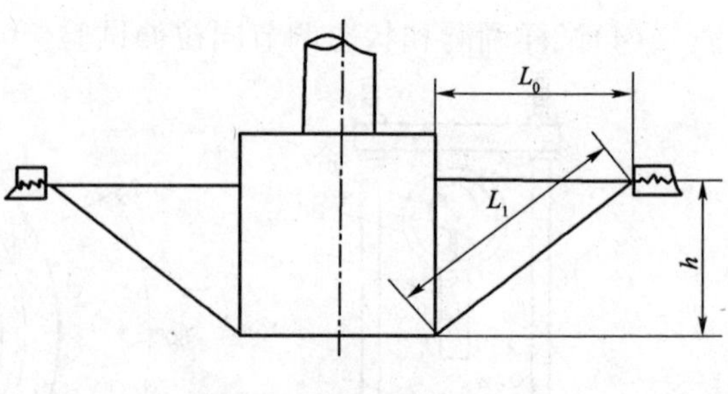

刺破强度试验以一刚性顶杆以规定的速率垂直顶向土工合成材料平面，测试试样被刺破时的最大力。《公路工程土工合成材料试验规程》(JTG E50—2006)中称之为刺破强力试验。

图 5-15 CBR 顶破试验参数关系示意图(尺寸单位:mm)

1. 仪器设备

(1)试验机。具有等速加荷功能，能测读拉伸过程中土工合成材料的拉力和伸长量，记录应力—应变曲线。试验仪行程大于 100mm，加荷速率能达到 300mm/min。

(2)环形夹具。内径为 44.5mm±0.025mm，底座高度大于顶杆长度，有较高的支撑力，稳定性好。

(3)平头顶杆。钢质实心杆，直径为 8mm±0.01mm，顶端平头，边缘倒角 0.5mm×45°。

2. 试样准备

(1)取样方法。取样原则同顶破强力试验。

(2)试样数量。每组试验取圆形试样 10 块。

(3)试样制备。试样直径不小于 100mm，根据夹具的结构在对应的螺栓位置处开孔。

3. 试验步骤

(1)将试样放入环形夹具内，使试样在自然状态下放平，拧紧夹具。

(2)将夹持好试样的夹具对中放在加荷系统的托盘上，使平头顶杆对中，如图 5-16 所示。

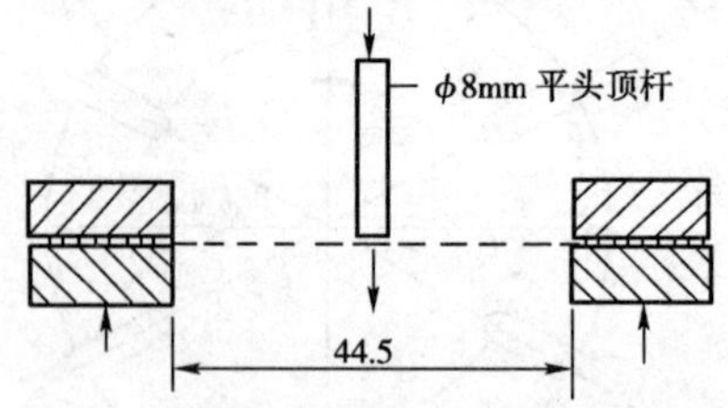


图 5-16 刺破试验示意图(尺寸单位:mm)

(3)设定试验机满量程，使试样最大顶刺强力在满量程的 30%～90%范围内，设定顶压杆的下降速率为 300mm/min±10mm/min。调整高度，使试样与顶杆刚好接触。

(4)调整连接在刚性顶杆上量力环的百分表读数至零。

(5)开机，记录顶杆顶压试样时的最大压力值。

(6)停机，取下试样，观察记录顶破情况。如果试验中试样在夹具中有明显滑动，则剔除该试样结果，重新补做。

(7)重复(1)～(6)步骤进行试验，每组试验进行 10 块试样。

4. 结果整理

(1)由量力环标定曲线，将量力环中百分表的读数换算为力，单位为 N。计算每块试样的顶破强力(N)平均值，保留三位有效数字。

(2)如需要，计算刺破强力平均值的变异系数，精确到 0.1%。

## 第五节 土工织物水力学特性试验

土工织物的渗透性表明其在反滤和排水方面的能力。根据工程需要，土工织物必须确定垂直于织物平面的渗透特性(垂直渗透系数及透水率)及沿织物平面排水的特性(平面渗透系数及导水率)，这些试验都已纳入国家标准。

隧道用土工织物，必须具有以下特性：

(1)保土性。防止被保护围岩、衬砌的颗粒随水流流失。

(2)渗水性。保证渗流水通畅排走。

(3)防堵性。防止材料被细土粒堵塞失效。

这被称为反滤三准则，与土工织物的水力学性能密切相关。主要包括两个方面：一是透水与导水能力，二是阻止颗粒流失的能力，这些特性主要取决于土工织物的孔隙特征和渗透特性等。

## 一、土工织物孔隙的特征

1.孔隙率

土工织物的孔隙率是指其孔隙体积与总体积的比值，以 $n$(%)表示。它是无纺织物的主要物理性质之一。孔隙率的确定不需要直接进行试验，可通过下式计算求得：

$$n=\left(1-\frac{m}{\rho\delta}\right)\times 100\% \tag{5-16}$$

式中：$m$——单位面积质量，$g/m^2$；

$\rho$——原材料密度，$g/m^3$；

$\delta$——织物厚度，m。

无纺织物的孔隙率随承受的压力变化很大。不承压时，一般在90%以上；承压后，孔隙率明显降低。

2.筛分法试验

土工布的有效孔径(EOS)或表观孔径(AOS)表示能有效通过的最大颗粒直径。目前，具体试验方法有两种：干筛法(GB/T 14799—2005)和湿筛法(GB/T 17634—1998)。干筛法相对较简便，但振筛时易产生静电，颗粒容易集结。湿筛法是根据ISO标准制订的，在理论上可消除静电的影响，但因喷水后产生表面张力，集结现象并不能完全消除。目前，国内应用仍以干筛法为主。干筛法标准制备是分档颗粒(从0.05～0.07mm至0.35～0.4mm分成9档)，逐档放于振筛上(以土工布作为筛布)，得出一系列不同粒径的筛余率。当某一粒径的筛余率等于总量的90%或95%时，该粒径即为该土工布的表观孔径或有效孔径，相应用 $O_{90}$ 或 $O_{95}$ 表示，如 $O_{95}$ 表示土工织物中95%的孔径低于该值。依据《公路工程土工合成材料试验规程》(JTG E50—2006)，标准颗粒材料可以为玻璃珠或天然砂，但是粒径分组应符合要求。

(1)仪器和仪具

①标准分析筛。细筛一个，孔径为2mm，外径为200mm。

②振筛机。具有水平摇动和垂直(或拍击)装置的筛析仪器。横向振动频率：220次/min±10次/min，回转半径：12mm±1mm。垂向振动频率：150次/min±10次/min，振幅：10mm±2mm。

③天平。称量200g，感量0.01g。

④其他用品。秒表、剪刀、画笔、小毛刷等。

(2)材料与试样

①试样数量。剪取试样数量为 $5n$ 块，$n$ 为选取的粒径组数。

②试样的准备按前述土工试样的制备要求进行。试样调湿时，当试样在间隔至少 2h 的连续称量中质量变化幅度不超过试样质量的 0.25%时，认为已满足要求。

③标准颗粒材料的准备。将洗净烘干的颗粒材料用筛析法制备分级标准颗粒。可参照《公路土工试验规程》(JTG E40—2007)。

(3)试验步骤

①将试样和标准颗粒同时放在标准大气下调湿平衡。

②将同组 5 块试样平整地放入能够支撑试样，并不下凹的、孔径约 2mm 的细筛网上，并固定好。

③称量较细粒径规格的标准颗粒材料 50g，均匀地撒在筛中的试样表面。

④将筛子、上盖和下部底盘一起固定在摇筛机上筛析，开启振筛机，摇筛试样 10min。

⑤停机后，用天平称量通过试样进入接收盘中的颗粒，准确至 0.01g。

⑥用刷子将筛筐上的表面颗粒清理干净，更换试样。

⑦采用同级标准颗粒材料，重复①～④步骤，共进行 5 次平行试验。

⑧另取一组分级标准颗粒材料按①～⑥步骤进行试验。需要取得不小于 3 组连续分级标准颗粒的过筛率，并要求试验点分布均匀，其中一组的筛余率在 95%左右。

(4)结果整理

①按下式计算某组标准颗粒的过筛率 $B$(%)：

$$B=\frac{P}{T}\times 100 \tag{5-17}$$

式中：$T$——每次试验时标准颗粒的质量，g；

$P$——5 块试样同组粒径过筛量的平均值，g。

②绘制孔径分布曲线。以分级标准颗粒粒径平均值为横坐标(对数坐标)、筛余率平均值为纵坐标绘制孔径分布曲线，即过筛率—粒径分布曲线(图 5-17)。该曲线可间接地反映织物孔径的分布情况。

③有效孔径 $O_{90}$ 和 $O_{95}$ 的确定。在分布曲线(图 5-17)上纵坐标为 10%(1－90%)的点所对应的横坐标，即定义为等效孔径 $O_{90}$；曲线上纵坐标为 5%(1－95%)的点所对应的横坐标，即定义为等效孔径 $O_{95}$，单位为 mm，取两位有效数字。

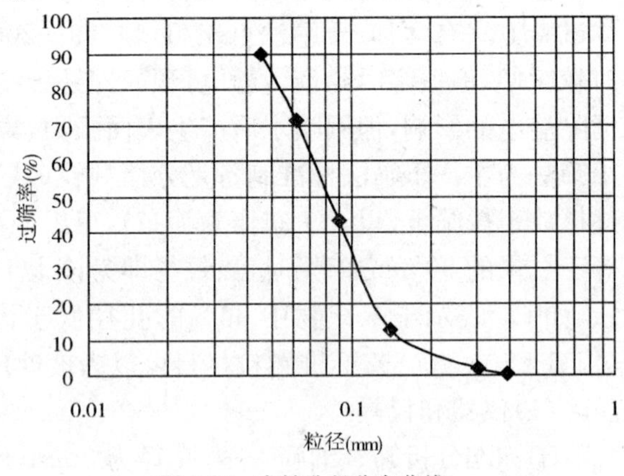


图 5-17 有效孔径分布曲线

## 二、土工织物的渗透特性

土工织物的渗透特性是其重要水力学特性之一，在过滤标准及其他有关水力学设计中，是一项不可缺少的重要指标。依据《公路工程土工合成材料试验规程》(JTG E50—2006)，试验测定土工织物的垂直渗透特性参数包括流速指数、垂直渗透系数、透水率等。

流速指数是指试样两侧 50mm 水头差下的流速(mm/s)，试验精确到 1mm/s。垂直渗透系数是指单位水力梯度下垂直于土工织物平面的水的流速(mm/s)。透水率是指垂直于土工织物平面流动的水，在水位差等于1时的渗透流速(L/s)。

1. 垂直渗透性能试验

(1)目的及适用范围

本试验方法适用于各种具有透水性能的土工织物。试验目的为确定土工织物在法向水流作用下的透水特性。

(2)仪器和仪具

①常水头渗透仪(图5-18)。

a. 能安装单层或多层试样，试样的有效面积一般在50～100cm$^2$。

b. 试样与渗透仪内壁之间不得发生漏水现象。

c. 应在试样下游配备透水网或透水板，以防渗流引起试样变形。

d. 上下游水位容器应具有溢流装置，使在试验过程中能保持常水头。试验水头可以调节，一般使用的水位容器水头变化范围为0～40cm。试验设定的最大水头差不应小于70mm。

e. 在试样的上下面仪器筒壁上各留一个侧压管出口，并尽量靠近试样。

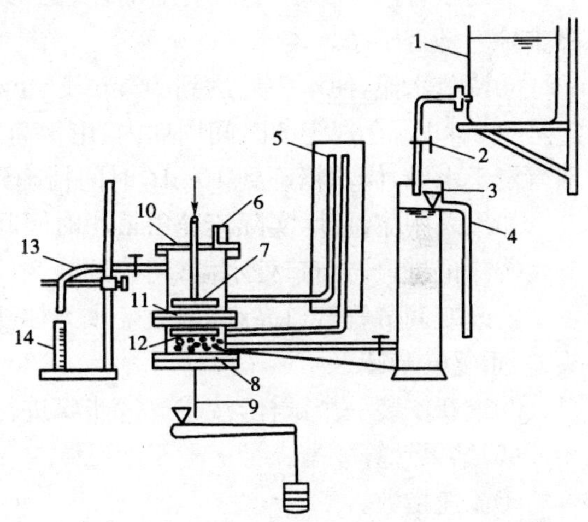


图5-18　测试土工织物渗透性的装置示意图

1-供水瓶；2-供水管阀；3-常水位装置；4-溢管；5-测压管；6-排气管；7-加压多孔板；8-玻璃珠或瓷珠；9-加压杆；10-渗透仪；11-土工织物；12-承压多孔板；13-调节管；14-量筒

②压管装置。用两根内径为10～20mm的玻璃管，可固定在具有水位尺的测压板上，玻璃管下端分别用软管与渗透仪测压管出口相连。

③供水系统。试验用水应采用蒸馏水或一般经过滤的清水，但试验前必须用抽气法或煮沸法脱气，试验时水温宜控制在18～22℃。

④加压设备。

a. 通过加压杆和加压多孔板给试样施加法向压力，加压范围在0～200kPa，或根据需要选择。

b. 加压多孔板与织物试样之间，以及试样与下部承压多孔板之间应分别夹有两层铜丝筛网(孔径2mm左右)，以保证受力均匀，并使过水面积的损失尽量减少。

⑤其他设备和用品。温度计(精度0.2℃)、抽气机、真空表、秒表(精度0.1s)、量筒(精度10mL)、吸球、水桶、水加热器等。

(3)试样制备

①试样数量。单片试样测定时，取不少于5块。多片试样测定时，取5组。

②制备试验所需的脱气水。

③按照渗透仪的规格，剪取试样，并用抽气法饱和。

④取样要求同前述土工织物取样方法。

(4)试验步骤

①将试样浸泡在含湿润剂(0.1%V/V的烷基苯磺酸钠)水中至少12h，至饱和，并驱走气泡。

②将饱和的试样装入渗透仪的夹持器内，安装时防止空气进入。有条件的可在水下装样，或装好试样后将渗透仪抽气饱和。

③调节供水管阀门，使进入常水位装置的水量多于经渗透仪流出的水量，溢水管始终有水溢出，以保证筒中水面不变。关闭调节管止水夹，检查测压管水位，待测压管水位齐平，并与溢水孔水位一致。

④将调节管固定在某一高度，造成上下游一定的水位差(50mm)。打开调节管止水夹，水即渗过试样，经调节管流出，在渗流过程中应注意保持常水位。

⑤测压管水位稳定后，测记各管水位。如果试样两侧的水头在5min内不能平衡，则需要检查排气是否干净。

⑥调节水流，使水头差达到70mm±5mm，记录此值，精确到1mm。启动秒表，待水头稳定至少30s后，在规定的时间周期内，用量筒接取通过仪器的渗透水量。接取时，调节管管口不得浸于水中，体积精确到10mL，时间精确到s。收集水量至少为1 000mL，时间至少为30s。

如果采用流量计，实际流速由最小时间间隔15s的3个连续读数的平均值得出。

⑦测记进口与出口处水温(精确到0.2℃)，取平均值。

⑧改变调节管管口高度，以改变水力梯度，分别对最大水头差0.8、0.6、0.4和0.2倍的水头差，重复⑥步骤。

⑨重新安装一个试样，按①～⑧步骤进行平行试验，直至全部试样进行完毕。

(5)结果计算

①流速指数。

a. 按下式计算标准温度(20℃)下的流速$v_{20}$(mm/s)：

$$v_{20}=\frac{VR_T}{At} \tag{5-18}$$

式中：$V$——渗透水的体积，$m^3$；

$R_T$——$T$℃水温时的水温修正系数(见JTG E50—2006中表T 1141-1)；

$A$——试样过水面积，$m^2$；

$t$——达到水体积$V$的时间。

如果采用流速计，流速$v_T$直接测定，则$v_{20}=v_T R_T$。

b. 计算每块试样在不同水头差下的流速$v_{20}$。使用计算法或作图法，用水头差$h$对流速$v_{20}$通过原点作曲线。在同一图中绘制5个试样的水头差$h$对流速$v_{20}$的5条曲线。

c. 通过计算法或作图法，求出5个试样50mm水头差的流速值，并计算平均值和最大、最小值。平均值作为该样品的流速指数，精确到1mm/s。

②垂直渗透系数。按下式计算实际水温的垂直渗透系数$k$：

$$k=v/i=\frac{v\delta}{\Delta h} \tag{5-19}$$

式中：$k$——实际水温下的垂直渗透系数，mm/s；

$v$——垂直土工织物平面水的流动深度，mm/s；

$i$——土工织物上下面水力梯度；

$\delta$——土工织物试样的厚度，mm；

$\Delta h$——土工织物试样施加的水头差,mm。

20℃温度下的垂直渗透系数 $k_{20}$ 按下式计算:

$$k_{20}=kR_T \tag{5-20}$$

式中:$R_T$——$T$℃水温时的水温修正系数(见 JTG E50—2006 中表 T 1141-1)。

③透水率。标准温度(20°C)下的透水率 $\theta_{20}$ 按下式计算:

$$\theta_{20}=k_{20}/\delta=v_{20}/\Delta h \tag{5-21}$$

式中:$\theta_{20}$——标准温度(20°C)下试样的透水率,$s^{-1}$;

$k_{20}$——水温 20°C 下的垂直渗透系数,mm/s;

$v_{20}$——温度 20°C 下垂直土工织物平面水的流动深度,mm/s;

$\delta$——土工织物试样的厚度,mm;

$\Delta h$——土工织物试样施加的水头差,mm。

(6)报告

①土工织物在标准温度(20°C)的渗透系数,也可同时给出透水率。

②如果进行了不同压力下的渗透试验,给出渗透系数与压力的变化曲线。

③对试验中发生的可能影响试验结果的情况作出必要的说明。

值得指出的是,上述试验是基于渗透试验服从达西定律进行的。而达西定律仅适用于层流状态,实际上当水力坡降大于某一数值后,流态将由层流转变为紊流,达西定律将不再适用。土工织物的渗透系数一般在 $8\times10^{-4}\sim5\times10^{-1}$ cm/s 范围内,而无纺土工布的渗透系数一般在 $4\times10^{-3}\sim5\times10^{-1}$cm/s 范围内。土工织物的厚度随法向压力而变化,其测量误差将影响水力梯度及渗透系数的精度,在应用时需要注意。

2. 水平渗透系数试验

水平渗透系数是指在土工织物内部沿水平方向渗流的水力梯度等于 1 时的渗透流速。

(1)目的和适用范围

本试验方法适用于测定土工织物和塑料排水板沿其平面方向输导水流的特性。

(2)仪器和仪具

①常水头渗透仪。

a. 能安装一层或数层土工织物试样,试样为长方形,长边沿着渗透方向。

b. 试样与渗透仪内壁之间不得发生漏水现象。如图 5-19 所示,可将织物试样包于乳胶套内,两边套口与上下游容器相接,水在套内流动。

c. 在试样上下游的器壁上各有一个测压管接出口。

d. 上下游水位容器应具有溢流装置,以便在试验过程中保持常水头。水位容器的有效宽度应大于试样宽度,试验水头可以调节。

②测压管装置、供水系统、其他设备与用品。要求与垂直渗透系数试验相同。

③加压设备。在包有乳胶膜的织物与金属槽座之间可垫以橡胶板,使受力均匀。

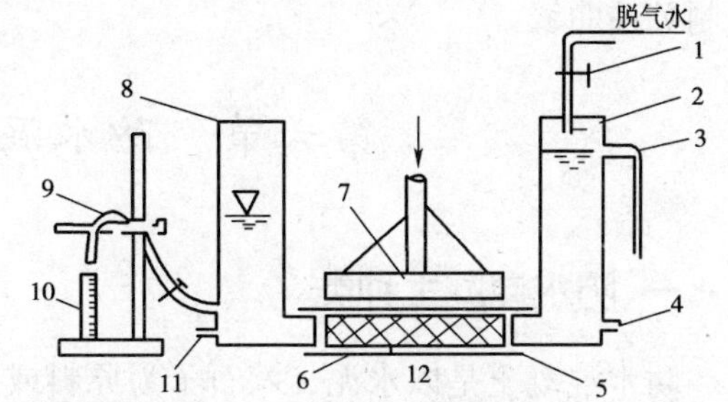


图 5-19 测试土工织物水平导水性的试验装置示意图

1-供水阀门;2-上游容器;3-溢流管;4-测压管口;5-橡胶圈;6-乳胶管;7-加压装置;8-下游容器;9-调节管;10-量筒;11-出压管;12-织物试样

(3)试样制备

①制备试验用脱气水。

②根据渗透仪的规格,裁剪 6 组试样,其中 3 组试样的长度沿顺机向,另外 3 组的长度沿横机向。

③试样用抽气法饱和。

④安装好试验仪器及设备。

(4)试验步骤

试验步骤与垂直渗透系数试验类似。

(5)计算

①按下式计算沿织物平面的渗透系数:

$$k_t=\frac{QL}{tB\delta\Delta h} \tag{5-22}$$

式中:$k_t$——渗透系数,cm/s;

$\delta$——土工织物的厚度,cm;

$t$——测量透水量的历时,s;

$B$——土工织物试样的宽度,cm;

$Q$——$t$ 时间内的透水量,$cm^3$;

$\Delta h$——土工织物长度上两端测压管水位差,cm;

$L$——试样沿渗流方向的长度,cm。

②按下式计算导水率($s^{-1}$):

$$\theta=\frac{QL}{tB\Delta h} \tag{5-23}$$

$$\theta=k_t\delta \tag{5-24}$$

③标准温度(20°C)下的渗透系数 $k_t^{20}$ 和透水率 $\theta_{20}$ 的换算方法与垂直渗透系数试验相同。

④确定织物在某个压力下的渗透系数(或透水率)。采用在该压力下 3～4 个计算值的平均值,它们的差值应在允许差值范围之内。

⑤确定不同压力下的渗透系数。以渗透系数 $k_t^{20}$(或透水率 $\theta_{20}$)为纵坐标、压力为横坐标绘制关系曲线。

## 第六节 防水混凝土抗渗性能试验

### 一、防水混凝土种类

防水混凝土是以水泥、砂、石子为原料或掺入外加剂、高分子聚合物等,以调整配合比,减小孔隙率,增加各原材料界面间密实性或使混凝土产生补偿收缩作用,从而使水泥砂浆或混凝土具有一定抗裂、防渗能力,使其满足抗渗等级大于 0.6MPa 的不透水性混凝土,也就是自身抗渗性能高于 0.6MPa 的混凝土。

防水混凝土一般可分为普通水泥防水混凝土、外加剂防水混凝土和膨胀水泥防水混凝土。

隧道工程常用防水混凝土的种类及其特性如表5-4所示。

隧道工程常用防水混凝土的种类及其特性　　表5-4

| 种类 | 普通防水混凝土 | 防水混凝土外加剂类型 | | | | |
|---|---|---|---|---|---|---|
| | | 引气剂 | 减水剂 | 三乙醇胺 | 氯化铁 | 明矾石膨胀剂 |
| 抗渗压力 | >3.0 MPa | >2.2 MPa | >2.2 MPa | >3.8 MPa | >3.8 MPa | >3.8 MPa |
| 主要技术要求 | 水灰比0.5～0.6；坍落度30～50mm；水泥用量≥320 kg/m³；粗集料粒径≤40mm | 含气量3%～6%；水泥用量≥250～300kg/m³ | 加气型减水剂，可以为缓凝、促凝和普通型的减水剂 | 可单独掺用三乙醇胺，也可以与氯化钠、亚硝酸钠配合 | 液体中氯化铁含量≥0.4kg/L，掺量一般为水泥质量的3% | 必须掺入42.5级以上的普通矿渣、火山灰和粉煤灰水泥，不得单独代替水泥，外掺量为水泥质量的20% |
| 适用范围 | 一般地下防水工程 | 抗冻性能要求高 | 含筋率高或薄壁结构 | 要求早强及抗渗要求高 | 水中结构 | 有后浇缝 |

## 二、隧道工程防水混凝土的一般要求

(1)公路隧道二次衬砌混凝土的抗渗等级，有冻害地段及最冷月份平均气温低于－15℃的地区不低于$S_8$，其余地区不低于$S_6$。

(2)当衬砌处于侵蚀性地下水环境中，混凝土的耐侵蚀系数不应小于0.8。

混凝土的耐侵蚀系数按下式计算：

$$N_s = R_{ws}/R_{wy} \tag{5-25}$$

式中：$N_s$——混凝土的耐侵蚀系数；

$R_{ws}$——在侵蚀性水中养护6个月的混凝土试块抗折强度；

$R_{wy}$——在饮用水中养护6个月的混凝土试块抗折强度。

(3)当受冻融作用时，不宜采用火山灰质硅酸盐水泥和粉煤灰硅酸盐水泥。

(4)隧道工程防水混凝土的水泥用量不得少于320kg/m³，水泥强度等级不低于42.5，水灰比不大于0.50。当掺入活性细粉时，不得少于280kg/m³。

(5)防水混凝土结构应满足：

①裂缝宽度应不大于0.2mm，并不贯通。

②迎水面主钢筋保护层厚度不应小于50mm。

③衬砌厚度不应小于30cm。

(6)试件的抗渗等级应比设计要求提高0.2MPa。

(7)当采用防水混凝土时，应对衬砌的各种缝隙采取有效的防水措施，以使衬砌获得整体防水效果。

(8)防水混凝土的实际坍落度与要求坍落度之间的偏差一般不得超过要求值的30%。

## 三、混凝土抗渗性试验

1. 目的和适用范围

主要用于检测混凝土硬化后的防水性能，以测定其抗渗等级。

防水混凝土的抗渗等级可分为三种：

(1)设计抗渗等级。它是根据地下工程的埋深以及水力梯度(最大作用水头与建筑物最小壁厚之比)综合考虑而确定的，由勘测设计确定。

(2)试验抗渗等级。用于确定防水混凝土施工配合比时测定的抗渗等级。最终的抗渗等级在设计抗渗等级的基础上提高 0.2MPa 来确定。

(3)检验抗渗等级。它是对防水混凝土抗渗试块进行抗渗试验所测定的抗渗等级。检验抗渗等级不得低于设计抗渗等级。

2. 试件制备

(1)每组试件为 6 个，如用人工插捣成型时，分两层装入混凝土拌和物，每层插捣 25 次，在标准条件下养护。如结合工程需要，则在浇筑地自制，每单位工程制件不少于两组，其中至少一组应在标准条件下养护，其余试件与构件在相同条件下养护，试块养护期不少于 28d，不超过 90d。根据《公路隧道施工技术规范》(JTG F60—2009)，对于采用防水混凝土的衬砌，每 200m 需要做 1 组(6 个)抗渗试件。

(2)试件成型后 24h 拆模用钢丝刷刷净两端面水泥浆膜，标准养护龄期为 28d。

(3)试件形状有两种。圆柱体：直径、高度均为 150mm；圆台体：上底直径 175mm，下底直径 185mm，高为 165mm。

3. 仪器设备

(1)混凝土渗透仪。应能使水压按规定稳定地作用在试件上。常用的有 TH4-HP-4.0型自动调压混凝土抗渗仪、HS—4 型混凝土抗渗仪、ZKS 微机控制高精度抗渗仪、HS-40 型混凝土抗渗仪。

图 5-20 HS-40 型混凝土抗渗仪

HS-40 型混凝土抗渗仪适用于混凝土抗渗性能的试验和抗渗强度等级的测定，同时可用于其他建筑材料透气测定和质量检测。主模采用优质钢，台面采用不锈钢板(图 5-20)。

主要技术参数如下：

抗渗仪最大压力：5MPa；水泵柱塞直径：$\phi$12mm；行程：10mm；工作方式：电动手动两用；外形尺寸：1100mm×900mm×600mm。

(2)成型试模。上口直径 175mm，下口直径 185mm，高 150mm 或上下直径与高度均为 150mm。

(3)螺旋加压器、烘箱、电炉、浅盘、铁锅、钢丝刷等。

(4)密封材料。如石蜡，内掺约 2%的松香。

4. 试验步骤

(1)试件到期后取出，擦干表面，用钢丝刷刷净两端面。待表面干燥后，在试件侧面滚涂一层熔化的密封材料，然后立即在螺旋加压器上压入经过烘箱或电炉预热过的试模中，使试件底面和试模底平齐。待试模变冷后,即可解除压力,装在渗透仪上进行试验。

如在试验过程中,水从试件周边渗出,则说明密封不好,要重新密封。

(2)试验时,水压从 0.2MPa 开始,每隔 8h 增加水压 0.1MPa,并随时注意观察试件端面情况。一直加至 6 个试件中有 3 个试件表面发现渗水,记下此时的水压力,即可停止试验。

(3)当加压至设计抗渗等级,经 8h 后第三个试件仍不渗水,表明混凝土已满足设计要求,也可停止试验。

5. 试验结果计算

混凝土的抗渗等级以每组 6 个试件中 4 个未发现有渗水现象时的最大水压力表示。抗渗等级按下式计算:

$$S=10H-1 \tag{5-26}$$

式中:S——混凝土抗渗等级;

$H$——第三个试件顶面开始有渗水时的水压力,MPa。

混凝土抗渗等级分级为 $S_2$、$S_4$、$S_6$、$S_8$、$S_{10}$、$S_{12}$。若加压至 1.2MPa,经 8h 后第三个试件仍不渗水,则停止试验。试件的抗渗等级以 $S_{12}$ 表示。

## 第七节　防水板施工质量检测

### 一、复合式衬砌防水层施工检查内容

1. 基本要求

材料规格、品种、形状、尺寸、数量、间距、接头位置必须符合设计要求和有关标准。

2. 防水层实测项目

防水层实测项目见表 5-5。

复合式衬砌防水层实测项目　　表 5-5

| 项　次 | 检　查　项　目 | | 规定值或允许偏差 | 检查方法和频次 |
|---|---|---|---|---|
| 1 | 搭接宽度(mm) | | 不小于 100 | 尺量,全部,每个搭接检查 3 处 |
| 2 | 搭接缝宽(mm) | 焊接 | 两侧焊缝宽≥25 | 尺量,每个搭接检查 5 处 |
| | | 黏结 | 黏缝宽≥50 | |
| 3 | 固定点间距(m) | 拱部 | 符合设计要求 | 尺量,检查总数的 10% |
| | | 墙部 | 符合设计要求 | |
| 4 | 接缝与施工缝错开距离(mm) | | ≥500 | 尺量,每个搭接检查 5 处 |

3. 外观鉴定

(1)防水层表面平顺,无褶皱、无气泡、无破损,与洞壁密贴,松弛适度,无紧绷现象。防水板焊缝应全部进行充气检查。

(2)接缝、补丁处粘贴密实饱满,不得有气泡、空隙。

### 二、明洞防水层

1. 基本要求

(1)防水卷材的质量、规格必须符合有关规范的要求。破损、老化的卷材不得使用。

(2)防水层施工前,明洞混凝土外部用砂浆涂抹平整,不得有钢筋露头露出,以免对防水卷材造成损伤破坏。

(3)明洞外模拆除后应立即做好防水层和纵向盲沟,保证排水畅通。

(4)防水涂料的材料、规格、施工质量等应符合设计要求。

(5)明洞黏土隔水层应与边坡、仰坡搭接良好,密闭紧密,能防地表水下渗。

(6)坡面平顺、密实,排水畅通。

2. 防水层实测项目

防水层实测项目见表 5-6。

明洞防水层实测项目 表 5-6

| 项 次 | 检 查 项 目 | 规定值或允许偏差 | 检查方法和频次 |
|---|---|---|---|
| 1 | 搭接长度(cm) | ≥10 | 每环检查 2 处 |
| 2 | 卷材向隧道延伸长度(cm) | ≥50 | 每环检查 5 处 |
| 3 | 卷材于基底的横向长度(cm) | ≥50 | 每环检查 5 处 |
| 4 | 沥青防水层每层厚度(mm) | 2 | 每环检查 10 点 |

3. 外观检查

防水卷材无破损、老化,结合处无气泡、褶皱和空隙。

## 三、防水层铺设的基面要求

一般来说,隧道开挖并进行初期支护后,喷射混凝土基面仍相当粗糙,局部凹凸不平,并可能有锚杆头外露的现象。若直接铺设防水卷材,其防水质量难以保证。因此,在防水卷材铺设前,应对喷射混凝土基面进行认真的处理。平整度用直尺检测,检查要点如下:

(1)喷射混凝土基面平整度应满足:

$$D/L \leqslant 1/6 \tag{5-27}$$

式中:$L$——喷射混凝土相邻两凸面间的距离;

$D$——喷射混凝土相邻两凸面间下凹的深度(图 5-21)。

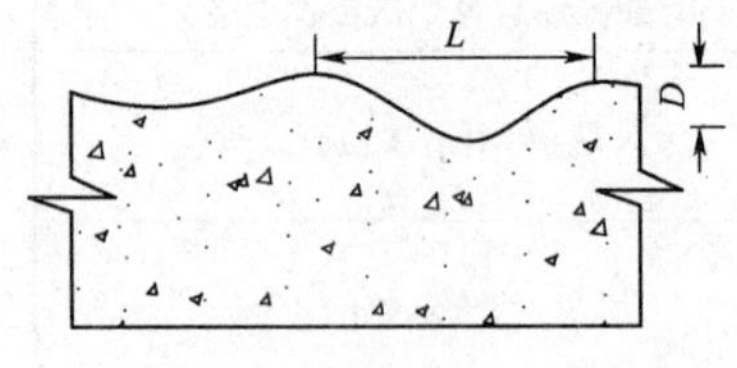


图 5-21 防水板铺设基面检测

(2)基面不得有钢筋、凸出的构件等尖锐凸出物。若待铺设卷材基面有尖锐凸出物,则必须进行割除,并在割除部位用砂浆抹平顺,以免刺破防水层。

(3)隧道断面变化或转弯处的阴角应抹成 $R \geqslant 5$cm 的圆弧。

(4)防水层施工时,基面不得有明水。如有明水,应采取措施封堵或引排。

## 四、防水卷材施工工艺与检查方法

目前,防水卷材的铺设工艺有两种:一是无钉热合铺设法,二是有钉冷黏铺设法。

1. 无钉热合铺设法

无钉热合铺设法是指先将土工布垫衬用机械方法铺设在喷射混凝土基面上,然后用“热合”方法将 EVA 或 LDPE 等卷材粘贴在固定垫衬的圆垫片上,从而使 EVA 或 LDPE 卷材无机械损伤(图 5-22)。隧道柔性防水板的安装施工程序如下。

(1)隧道防水板的安装

①铺设基面检查。混凝土层表面不得有锚杆头或钢筋断头外露;对凹凸不平部位应修凿、喷补,使混凝土表面平顺;喷层表面漏水时,应及时引排。

②防水板垫衬的施工。在喷混凝土隧道拱顶正确标出隧道纵向的中心线,再使土工布的横向中心线与喷混凝土上的这一标志线相重合,从拱顶开始向两侧铺设。

用塑料胀管、木螺钉或射钉枪和塑料垫片将土工布固定在已达基面要求的喷混凝土上。

③热塑性塑料圆垫片的施工。热塑性塑料圆垫片是隧道复合式衬砌防水层施工的必要零部件。用塑料胀管和木螺钉或射钉枪、射钉将其覆盖在垫衬上,固定点间距 50~150cm,呈梅花形布设,一般拱部应为 50~70cm,侧墙 100~120cm,底板 150cm,在凹凸处应适当增加固定点。构造见图 5-22。

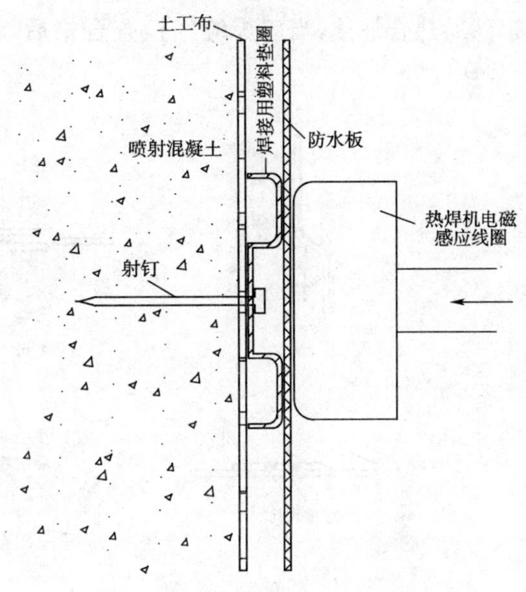

图 5-22 无钉热合铺设法示意图

衬垫层铺挂与热塑性塑料圆垫片的组合施工的方法之一是先用电钻在喷射混凝土钻孔,孔深视螺栓长度而定。清除孔内灰渣后,于孔内埋设 $\phi$8mm 的塑料膨胀螺栓,再用 $\phi$4mm 螺钉或圆钉,配上热塑性塑料垫圈,穿过无纺布将其拧入膨胀螺栓孔中,将垫层固定。

④防水板的铺设。首先裁剪卷材,要考虑搭接在底板上,长度要有富余。先在隧道拱顶部位的 PE 泡沫塑料垫衬上正确标出隧道纵向中心线,再使防水膜的横向中心线与这一标志相重合,将拱顶部与塑料圆垫片热熔焊接,与 PE 泡沫塑料垫衬一样,从拱顶开始向两侧下垂铺设,边铺边与圆垫片热熔焊接。每组防水板环向从一边向另一边铺挂,铺挂要有松弛量(松弛系数为 1.1~1.2),以确保防水层在浇筑衬砌混凝土时不产生强拉损伤且与围岩面密贴。在侧墙根部,防水板半包裹软式透水管,防止水渗入仰拱或路面底部。

在铺设防水板时,应注意为下一阶段预留不少于 50cm 的搭接余量。

(2)焊接工艺

目前,防水板接缝的焊接,一般采用自动爬焊机,如 ZPR-210 自动爬焊机。

①采用双焊缝焊接(图 5-23)开始前,应在小块塑料片上试温。

②焊接温度应控制在 200~270 ℃,并保持适当的速度,速度控制在 0.1~0.15m/min 范围内。太快焊缝不牢固,太慢焊缝易焊穿、烤焦。焊接过程中要根据焊缝的热熔情况随时调节温度,直至焊缝熔接达到最佳效果。焊缝宽度一般为 2.5cm。EVA 或 LDPE 膜在与圆垫片用压焊器进行热合时,一般 10s 即可。

③焊缝尽可能一次完成,尽量减少间断和停机次数,避免不必要的修补。如有间断或停机,应及时对其进行修补。

④防水板的纵向焊缝与横向焊缝叠合时,需先将焊好的焊缝边缘部位剪平约 10cm,再进行另一条焊缝的焊接。然后用热风枪将两条焊缝的重叠部位焊接密实。

⑤用塑料热合机焊接材质较薄的防水膜时，还可采用反弯法进行施工，即首先将两层膜对接，然后热合焊接，当双焊缝经检查合格后，将其弯向一侧点焊在卷材上，避免 180°剥离[图5-23e)]。

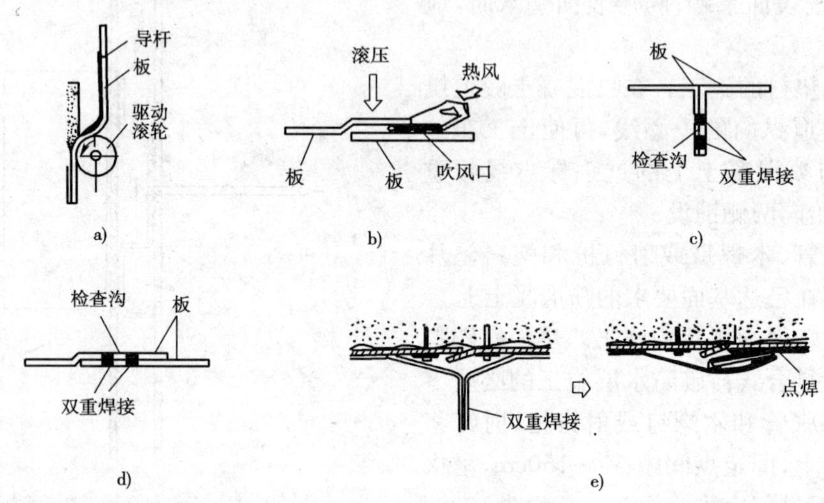


图 5-23 防水板焊接示意

(3)焊缝质量检测

防水膜间焊缝一般用肉眼检查，当两层经焊接在一起的膜呈透明状、无气泡，即熔为一体，表明焊接牢固严密。焊缝若有漏焊、假焊，应予补焊；若有烤焦、焊穿处以及外露的固定点，必须用塑料片焊接覆盖。

焊缝可抽样用充气法检查。检查方法如图 5-24 所示。将 5 号注射针与压力表相接，用打气筒充气，当压力表达到 0.25MPa 时，保持 15min，压力下降在 10%以内，焊缝质量合格。如压力下降，证明有未焊好之处，用肥皂水涂在焊接缝上，产生气泡地方为焊接欠佳处。有气泡的地方重新补焊，直到不漏气为止。

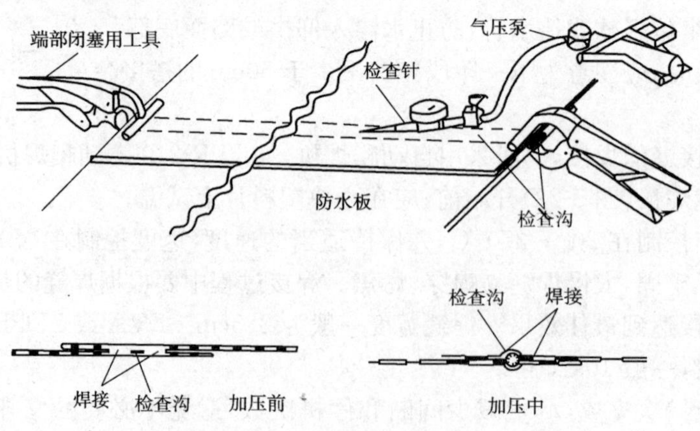


图 5-24 双焊缝及检查孔示意

检查数量：焊接 1 000 延米，抽检 1 处焊缝。为切实保证质量，每天、每台热合机焊接均应取一个试样，注明取样位置和操作者及日期。

焊缝拉伸强度不得小于防水板强度的70%，焊缝抗剥离强度不小于70 N/cm。

(4)防水层破损的检查与修补

防水层施工必须精心，防水层质量检查必须认真。

检查出防水层上有破坏之处，必须立即作出明显标记，以便破损修补。补后一般用真空检查法检验修补质量。补丁的具体要求为：

①补丁不得过小，离破坏孔边缘不小于70mm。

②补丁要剪成圆角，不要有正方形、长方形、三角形等的尖角。

在防水施工前，如拱顶有大量涌水，应用不透水薄膜或塑料排水盒进行排水，以免因涌水使防水膜鼓包，影响二衬混凝土的厚度。

2. 有钉冷黏铺设法

(1)工艺与特点

为了施工方便，目前已开发出防水板与土工布合二为一的复合防水板。施工中，先将初期衬砌基面整平，将防水卷材自下而上或自外而内边涂胶边固定。固定时，采用射钉枪固定塑料垫片，塑料垫片外压防水卷材。卷材片间的黏结采用卷材厂家提供的专用胶，可冷涂施工。最后，用比固定塑料垫片稍大的卷材块涂胶后修补射钉孔。这种工艺的特点是防水卷材铺成的表面留有钉疤，接茬时用胶冷黏。

(2)施工检查

有钉冷黏法施工质量的检查方法主要是直观检查。具体方法是：

①用手托起塑料板，看其是否与喷射混凝土密贴。在拱顶，在1m$^2$范围内，塑料板不得下凹或呈水平状。

②看塑料板是否有被划破、扯破、扎破等破损现象。

③看接缝处是否胶合紧密，有无漏涂胶现象。搭接宽度必须大于5cm。

④检查射钉补块是否严密，胶结强度能否满足施工要求。

## 第八节　排水系统施工质量检查

### 一、排水系统施工质量检查内容

1. 排水系统施工基本要求

(1)设置在软弱围岩区段的盲沟、有管渗沟，周侧应做砂砾石反滤层，相邻层粒径比不宜小于1/4，层厚不宜小于15cm，集料粒径小于0.25mm者，其含量应小于5%。黏土地质区不宜用土工布、无纺布包裹，以防粉土、黏土颗粒堵塞土工布、无纺布孔眼。

(2)墙背泄水孔必须伸入盲沟内，泄水孔进口处超挖部分应用同级混凝土或不透水材料回填密实。

(3)排水管接头应密闭牢固，不得出现松动。

(4)严寒地区保温水沟施作应有防潮措施，防止保温层受潮，影响保温层的保温性能。修筑的深埋渗水沟，回填材料应满足保温、透水性好的要求，水沟周围应用级配集料分层回填，不得让颗粒物渗入沟内。排水沟应设置在冻胀线以下。

2. 隧道中的砌体排水结构检查内容

其检查项目及基本要求同一般公路工程排水结构。

3. 外观检查

外观上要求水沟、检查井盖板平稳无翘曲。

## 二、山岭隧道常用排水系统

目前，在设计中隧道排水的常见做法是：隧道开挖后，每隔一定距离沿洞周环向铺设弹簧排水管，其直径为 5～10cm，具有一定的柔性；又由于弹簧具有一定的刚度，无论管子怎样变形，管径基本保持不变。弹簧排水管外面用玻璃纤维布包裹，具有滤水防堵功能。弹簧排水管下端与纵向排水盲管相连。纵向排水盲管有软管和硬管之分。软管与上述的弹簧排水管构造相同，管径通常为 10cm 左右。硬管即为建筑工程中常用的 PVC 排水管。为了使该管既具有排水功能，又具有透水作用，使用中常在 PVC 管的上半部钻有小孔。为了充分利用纵向排水盲管，纵向盲管铺设时还带有一定的泄水坡度。纵向盲管每隔 10～20m 留有出水口，通过横向盲管与双边排水管或中央排水管相连，地下水经排水管集中排出。

因此，山岭隧道常见排水系统及地下水流向关系可以概括为：围岩→环向排水管→纵向排水管→横向排水盲管→中央排水管→洞外出水口。山岭隧道复合式衬砌的排水系统一般具有图 5-25 所示的构造。

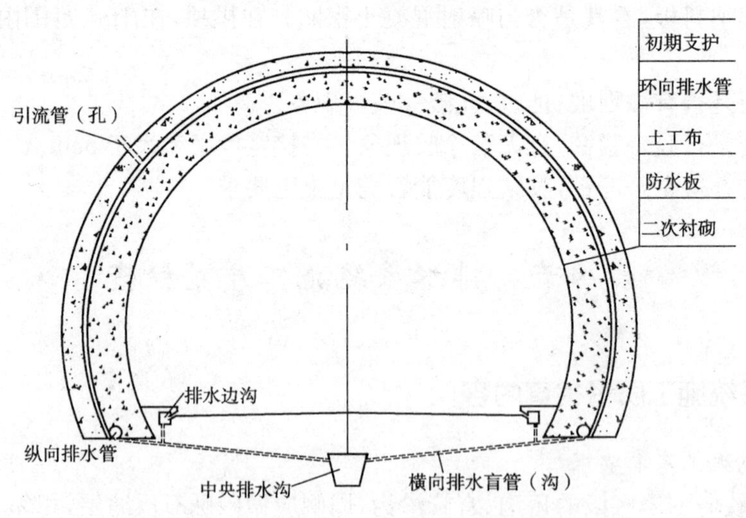


图 5-25 山岭隧道常用排水系统构造示意图

## 三、施工质量检查

1. 环向排水管

(1)围岩渗流水引排

根据开挖时围岩的实际涌水情况，做好详细记录，并做好相应的引排措施。当涌水较集中时，喷锚前先用开缝摩擦锚杆进行导水；当涌水面积较大时，喷锚前设置树枝状软式透水管排水；当涌水严重时，设置汇水孔。喷锚完成后，使开挖岩石面与喷射混凝土之间形成排水用的汇水孔，使围岩涌水、渗漏水通过设置的汇水孔等排水装置流向墙脚纵向排水管，再由横向排水管排到隧道中心排水沟内。

(2)背面排水管安装

二次衬砌前，先对初期支护喷锚混凝土面进行检查，割掉喷锚混凝土表面的锚杆和钢筋网断头，并对凹凸不平的部位进行修凿、喷补，使混凝土表面平顺，符合铺挂柔性防水板的要求。然后按设计要求在拱部和边墙环向挂设软式透水管。喷混凝土表面有渗漏水时，根据渗漏水的多少采用透水管引导，或再增加环向软式排水管，并用塑料锚固螺栓绑牢。

目前，一些隧道采用上述两种措施组合的环向排水措施，如采用 YAS 半圆管导排围岩渗流水，应用于初期支护或整体式衬砌排水(图 5-26)。

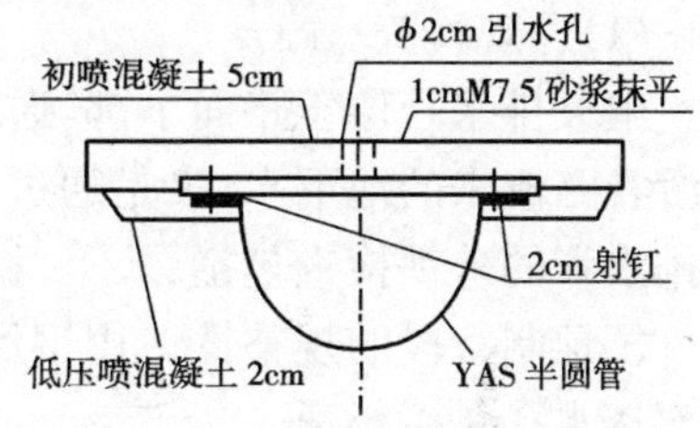


图 5-26　YAS 式半圆管安装示意

环向排水管的施工检查包括：外观检查和安装检查。附贴式盲沟、软式透水管盲沟布置在防水板外侧紧贴喷射混凝土处，盲沟接触层表面应平顺。当影响盲沟布置时，应进行处理，盲沟用螺钉固定在喷层上。凡铺设软式透水管处，其上部应铺设防水板，防止堵塞透水管。

2. 纵向排水盲管

(1)外观检查

①纵向排水盲管材质及规格检查。塑料制品若保存不当，极易发生老化，可目测管材的色泽和管身的变形；轻轻敲击，观察管体是否变脆；用卡尺或钢尺量管径与管壁，检查其是否与设计要求相符。

②管身透水孔检查。纵向排水盲管主要有两个作用：一是将环向排水管下流之水经其排至横向盲管；二是将防水卷材阻挡之水经纵向盲管上部透水孔向管内疏导。为了实现第二个作用，盲管上的透水孔必须有一定的规格，并保证一定的间距。在纵向盲管安装前，必须用直尺检查钻孔的孔径和孔间距。

(2)安装检查

①安装坡度检查。纵向排水盲管通常位于衬砌的墙脚部。当施工条件不利时，施工较易出现管身高低起伏不定、平面上忽内忽外的现象。在这种情况下，隧道建成后纵向盲管容易被淤砂封堵或被冰冻封堵，造成纵向排水不畅。因此，施工中一定要为纵向盲管做好基础，用坡度规检查、测定纵向盲管的坡度，使地下水进入纵向盲管后在一定的坡度下按指定的方向流动。

②包裹安装检查。纵向排水盲管在布设时，必须注意其细部构造。首先，应用土工布将纵向排水管包裹，使泥砂不得进入纵向盲管。其次，应用防水卷材半裹纵向盲管，使从上部下流的水在纵向盲管位置尽量流入管内，而不让地下水在盲管位置纵横漫流。因此，施工时要认真检查纵向盲管的包裹安装情况，杜绝粗放施工。

③与上下排水管的连接检查。施工中应注意检查上部环向弹簧排水管与纵向排水盲管的连接。一般采用环向排水管出口与纵向盲管简单搭接的方式，避免两管之间被喷射混凝土隔断。其次，还应注意检查纵向排水盲管与横向盲管的连接。一般采用三通管连接，三通管留设位置应准确，接头应牢靠，防止松动脱落。

3.横向盲管

横向盲管位于衬砌基础和路面的下部，布设方向与隧道轴线垂直，是连接纵向排水盲管与中央排水管的水力通道。横向盲管通常为硬质塑料管。施工中先在纵向盲管上预留接头，然后在路面施工前接长至中央排水管。对横向盲管的检查，主要是接头应牢靠、密实，保证纵向盲管与中央排水管间水路畅通，严防接头处断裂，由纵向盲管排出的水在路面下漫流，造成路面翻浆冒水，影响行车安全。此外，在横向盲管上部应有一定的缓冲层，以免路面荷载直接对横向盲管施压，造成横向盲管破裂或变形，影响其正常的排水能力。

4.中央排水管

(1)外观检查

中央排水管位于路面下部，通常由预制混凝土管段构成。其作用主要有：一是集中排放由上游管路流来的地下水，二是通过其上部的众多小孔($\phi \approx 12$mm)疏排路面下的各种积水。中央排水管的外观检查包括：

①预制管段的规整性。用钢尺量测管段直径，观察管身是否变形或有严重裂缝，检查管身上部透水孔是否畅通。

②管壁的强度。用石块轻敲管壁，检查混凝土强度是否满足设计与施工要求。对酥松掉块者，不得使用。

(2)施工检查

①中央排水管基础检查。中央排水管因隧道所在地区的不同，埋置深度为0.5～2.0m。施工时先挖基槽，整平基础，然后再铺设管段，最后回填压实。其中最重要的一个环节是处理管段基础。在软岩或断层破碎带区段施工中，应将不良岩(土)体用强度较高的碎石替换，并用素混凝土找平基面，使基础平整、密实。施工中应特别注意检查基础的坡度，不仅总体坡度应符合要求，而且局部的几个管段间也应符合要求，尽量避免高低起伏。

②管段铺设检查。管段铺设时，首先要保证将具有透水孔的一面朝上。管段逐个放稳后，再用水泥砂浆将段间接缝密封填实。待砂浆凝固后，应逐段进行通水试验，发现漏水，及时处理。之后用土工布覆盖管段透水孔，注意横向盲管出口处与中央排水管的连接方式。回填时，注意保护管段的稳定及其上部透水性。

## 第九节　止水带检查

### 一、混凝土衬砌结构性防水措施

隧道围岩中的地下水无孔不入，必须综合治理，多层设防。衬砌施工缝、沉降缝及伸缩缝或明洞与隧道衬砌接缝是隧道防水的薄弱环节，若处理不当，则会成为渗漏水的主要通道。据调查，95%的渗漏水与施工缝和沉降缝有关。如何保证二次衬砌的施工缝和沉降缝处的防水工艺质量，在隧道施工中一直是一个难点。

在围岩对衬砌有不良影响的硬软岩分界处，应设置沉降缝；明洞衬砌与洞内衬砌交界处或不设明洞的洞口段衬砌在距洞口5～12m的位置应设沉降缝；在连续Ⅴ、Ⅵ级围岩中每30～80m应设沉降缝一道。在严寒地区，应在洞口和易受冻害地段设置伸缩缝。衬砌的施工缝应与设计的沉降缝、伸缩缝结合布置。

除按《公路隧道施工技术规范》(JTG F60—2009)要求处理接缝外,还应根据围岩地下水出露的具体情况,采取专门的防水、防渗技术措施。一般应分别采用L形、企口型、铁皮或钢板型施工缝和橡胶或塑料止水带、沥青麻筋、防水砂浆等组成止水变形缝;用防水砂浆、膨胀水泥配制防水混凝土进行封顶封口。

由于止水带具有高弹性和压缩变形的特点,它在荷载的作用下产生弹性变形,能起到紧固、密封和有效防止接缝渗漏水的作用。衬砌施工缝和沉降缝一般都采用塑料止水带或橡胶止水带进行防水。

## 二、止水带检查内容

1. 基本要求

(1)止水带材料规格、品种、形状、尺寸必须符合设计要求和有关标准[如《高分子防水材料 第2部分:止水带》(GB 18173.2—2000)]规定。

(2)止水带与衬砌端头模板应正交。

(3)浇筑混凝土衬砌时,要注意保护止水带。

2. 止水带实测项目

止水带实测项目见表5-7。

止水带实测项目　　表5-7

| 项　次 | 检 查 项 目 | 规定值或允许偏差 | 检查方法和频率 |
|---|---|---|---|
| 1 | 内模到止水带的间距(mm) | ±50 | 每环用钢尺检查3处 |
| 2 | 偏离中心(mm) | ≤30 | 每环用钢尺检查3处 |

3. 外观鉴定

(1)如有破损,应及时修补。

(2)若拆模后,发现止水带偏离中心幅度过大,应适当凿除或填补部分混凝土,对止水带进行纠偏处理。

## 三、止水带的类型

止水带品种较多,根据止水带在衬砌混凝土中的安装位置,分为外贴式、预埋式、内贴式三种;按照止水带的材料,有橡胶止水带、塑料止水带、沥青麻筋和膨胀橡胶止水条。

预埋式止水带,因构造简单、施工简便及质量可靠,使用较为普遍。外贴式塑料止水带一般与防水板组合使用(图5-27)。止水条一般应用于企口型衬砌施工缝或接缝处(图5-28)。

目前,在传统止水带的基础上,长安大学开发出了可排水的止水带,这种止水带在工程实践中,应用效果良好。随着对隧道工程防水要求的提高,遇水膨胀型止水条在施工缝堵水中的应用也在增加。

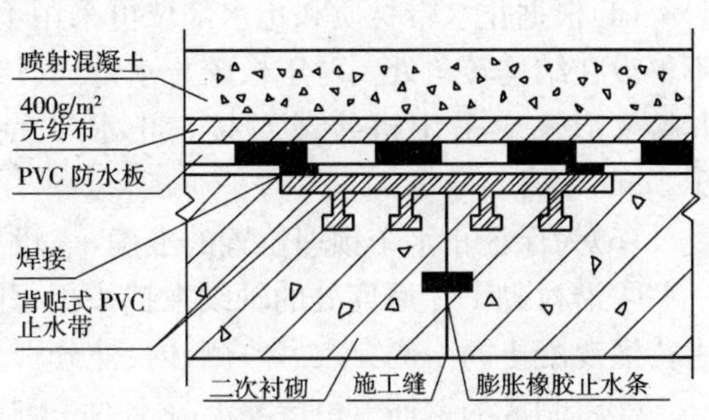


图5-27　外贴式塑料止水带与止水条布置示意图

止水带的物理力学性能应满足《公路隧道施工技术细则》(JTG/T F60—2009)中表11.3.13的要求。止水条宜选用制品型遇水膨胀止水条，其硬度、拉伸强度、扯断伸长率、体积膨胀率等物理力学性能应满足《公路隧道施工技术细则》(JTG/T F60—2009)中表11.3.14的要求。

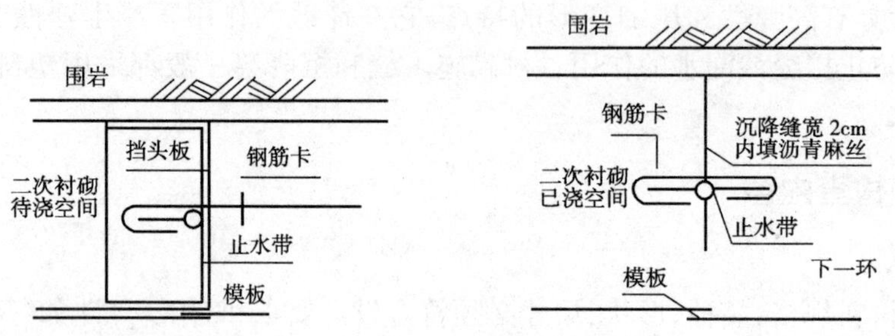


图 5-28 橡胶止水带安装示意图

## 四、预埋式止水带施工检查

预埋式止水带的施工质量检查主要是预埋位置检查和止水带接头黏结检查。现以图5-28为例予以说明。

1. 止水带预埋位置检查

二次衬砌浇筑时总是由外向内或由内向外从一个方向一环一环地逐步推进。止水带通常在先浇的一环衬砌端头由挡头板固定，要保证止水带预埋位置准确。止水带在转角处应做成圆弧形，转角半径多于橡胶止水带的不小于200mm，钢片止水带不小于300mm。

(1)止水带安装的横向位置。止水带预埋于衬砌厚度的1/3～1/2处，用钢卷尺量测内模到止水带的距离。与设计尺寸相比，偏差不应超过5cm。

(2)止水带安装的纵向位置。通常止水带以施工缝或伸缩缝为中心两边对称(图5-28)，即埋在相邻两衬砌环节内的宽度是相等的。用钢卷尺检查，要求止水带偏离中心不能超过3cm。

(3)止水带应与衬砌端头模板正交。浇筑混凝土前应用角尺检查，否则会降低止水带在两侧的有效长度，并有可能影响混凝土密实度。

(4)根据止水带材质和止水部位可采用不同的接头方法。每环中的接头不宜多于1处，且不得设在结构转角处。对于橡胶止水带，其接头形式应采用搭接或复合接；对于塑料止水带，其接头形式应采用搭接或对接。止水带的搭接宽度可取10cm，冷黏或焊接的缝宽不小于5cm。

(5)为保证止水带预埋位置的准确，一般采用以下施工步骤：

①沿衬砌1/3厚度处的轴线在挡头板每隔0.5m钻一$\phi$12mm的钢筋孔，将制成的钢筋卡由待灌混凝土的一侧穿入另一侧，内、外分别卡紧止水带的1/2。

②将制成的钢筋卡由待灌混凝土的一侧穿入另一侧，内侧钢筋卡卡紧止水带的一半，另一半止水带紧贴在挡头板上。

③待混凝土凝固后拆除挡头板，将原贴在挡头板上的止水带拉直后，弯曲钢筋卡套卡紧另一半止水带，浇筑施工缝另一半混凝土。

④止水带埋在衬砌混凝土中，在浇捣混凝土与止水带定位时，应注意安装位置和浇捣压力，以避免粗集料将止水带刺破或造成偏移。

⑤加强混凝土振捣，排除止水带底部气泡和空隙，使止水带和混凝土紧密结合。

⑥如发现止水带有破裂应及时修补，否则在接缝变形和受水压时，止水带所能抵抗外力和防水的能力就会大幅度降低。衬砌脱模后，若检查发现施工中有走模现象发生，致使止水带过分偏离中心，则应适当凿除或填补部分混凝土，对止水带进行纠偏。

2. 现场接头检查

止水带的接头部位是止水带防水的薄弱环节。止水带现场接头方式分对接、搭接和复合接三种。塑料止水带的接头，一种是焊接，另一种是熔接。焊接用焊枪以 180～200℃热风焊接为一体，在自然空气中冷却。熔接法是将塑料止水带加热至熔融状态下接合，再冷却至常温。这两种接头方式的性能要求为：焊接法为母体抗拉强度的 70%以上，熔焊法为母体抗拉强度的 90%以上。

橡胶止水带的接头常用的方法有热接和冷接。外、内贴式橡胶止水带，通常采用热接法。因为冷黏法目前所采用的胶黏剂耐水性较差，故对于外、内贴式橡胶止水带拼接来说不宜采用。而预埋式，则可借助混凝土浇捣密实，冷接、热接两种方法均可，以方便为宜。

现场检查主要内容有：

(1)接头留设部位与压茬方向。由于现场施工条件的限制，一般说来，接头部位的防水能力要较正常部位差些，所以留设止水带接头时，应尽量避开排水坡度小与容易形成壁后积水的部位，最好留设在起拱线上下。其次应检查接头处上下止水带的压茬方向，此方向应以排水顺畅、将水外引为正确方向，即上部止水带靠近围岩，下部止水带靠近隧道内壁。

(2)接头强度。现场施工往往忽视接头表面的清刷与打毛焊接或黏结后接头强度低而不密实，防水性极差。检查时，用手轻撕接头，观察接头强度和表面打毛情况，不合格时重新黏结。

## 五、止水条施工检查

止水条的施工质量检查主要是预留槽检查、止水条嵌入施工和接头黏结检查。对于隧道衬砌施工缝和沉降缝防水采用的遇水膨胀止水条，采用预留槽嵌入法施工时，应符合下列规定：

(1)对有预留式的粘贴方式，在先浇混凝土中需预留止水条安放槽。端头应埋设表面涂有脱模剂的楔形硬木条(或塑料条)，形成预留浅槽，其槽应平直，槽宽比止水条宽 1～2mm，槽深为止水条厚度的 1/2～2/3，确保遇水膨胀止水条能够牢固地安装在预留浅槽内。

(2)拆除混凝土模板后，修整预留槽，凿毛施工缝，清除浮渣，使缝面无水、干净、无杂物。刷不低于结构混凝土强度等级的净浆或涂混凝土界面处理剂。将止水条嵌入槽内，可用配套的胶黏剂或水泥钉固定止水条，再浇筑下一环混凝土。

(3)遇水膨胀止水条接头处应重叠搭接后再黏结固定，沿施工缝及沉降缝形成闭合环路。止水条的搭接要求如图 5-29 所示。

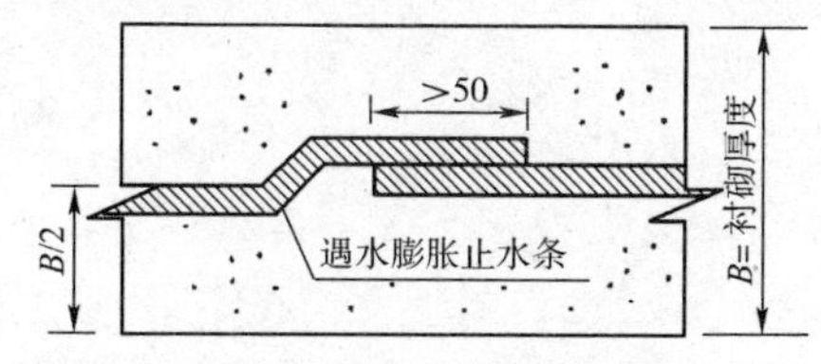


图 5-29 遇水膨胀止水条搭接示意图
(尺寸单位：mm)

(4)止水条定位后至浇筑下一环混凝土前,应避免被水浸泡。必要时,加涂缓膨剂,防止其提前膨胀。

如采用不预留槽方法,对垂直缝可加用黏结剂全长粘贴,或用水泥钉加木条固定止水条;对水平缝可直接粘贴于混凝土表面。止水条粘贴以后,应尽快浇筑混凝土。在安装粘贴过程中,应防止止水条受污染和受水的作用,以免影响防水效果。

# 第六章

# 施工监控量测

## 第一节　概　　述

隧道施工过程中使用各种类型的仪表和工具，对围岩和支护、衬砌的力学行为以及它们之间的力学关系进行观察，并对其稳定性进行评价，统称为监控量测。它是保证工程质量的重要措施，也是判断围岩和衬砌是否稳定，保证施工安全，指导施工顺序，进行施工管理，提供设计信息的主要手段。

### 一、隧道施工监控量测的必要性

隧道与地下工程是一种特殊的工程结构体系。从岩体力学的角度看，它是处于与围岩相互作用的体系之中的结构物；从地质力学的角度看，它是处于千变万化的地质之中的工程单元体。在这样的岩体和地质体中，隧道一经开挖，其中所包容的原状力学体系便被打破，四周原有的受力状态已经改变。随着开挖断面增大或者深度的增长，这种改变也将不断地延续。在支护敷设后的一段时间内，虽然受力状态已发生改变，但是支护与围岩体之间力的作用还没有达到最终平衡。随着时间的推移，根据得到的信息对支护再作若干变动，这种受力状态的改变才逐渐停止，支护与围岩体间力的作用体系逐渐达到最终平衡。

从隧道与地下工程这种复杂的力学发展过程，我们可以认识到以下两点：

第一，隧道与地下工程如果作为一种工程结构物看，它的受力特点和地面工程有很大的差别。由于隧道与地下工程是处于千变万化的岩体之中，其所受外力是不明确的。迄今为止，国内外学术界和工程界对外荷体的分布和量值还处于研究阶段，这就决定了隧道与地下工程设计是建立在若干假定条件下进行的。

第二，隧道与地下工程的成形过程，自始至终都存在着受力状态变化这一特性。换言之，隧道从开挖起，一直到受力平衡和体系稳定，或者到结构受损，围岩内部结构一直是在变动，支护和衬砌的内力和外形都在变动之中。

从上面两点可以看出，试验性研究，特别是隧道现场监控量测，是从个体到群体解决隧道与地下工程力学、设计、施工问题的一种重要手段和主要途径。可以断言，如果没有这种手段和途径，要最终解决复杂围岩中的隧道与地下工程问题是不可想象的。正因为如此，国内外的许多隧道与地下工程都应用了并正在不断应用着现场监控量测方法来对付工程中出现的复杂受力问题。

### 二、施工监控量测的任务

(1)确保安全。为此需要掌握围岩和支护状态，进行动态管理，根据量测信息，预见事故和险情，以便及时采取措施，防患于未然。

(2)指导施工。量测数据经过分析处理，预测和确认隧道围岩最终稳定时间，指导施工顺序和施作二次衬砌时间。

(3)修正设计。根据隧道开挖后所获得的量测信息，进行综合分析，修正支护参数和检验施工预设计，确保设计与施工的合理性和经济性。

(4)积累资料。已有工程的量测结果可以直接应用到后续同类围岩中或者间接地应用到其他类似工程中，作为设计和施工的参考资料。

## 三、量测要求

(1)快速埋设测点。隧道在开挖过程中，开挖工作面四周两倍洞径范围内受开挖影响最大。测点一般是开挖后埋设的，为尽早获得围岩开挖初始阶段的变形动态，测点应紧靠工作面快速埋设，尽早量测。一般设置在距开挖工作面 2m 范围内，开挖后 24h 内、下次爆破前测取初读数。

(2)每一次量测数据所需时间应尽可能短。

(3)测试元件应具有良好的防震、防冲击波能力。

(4)测试数据应准确可靠。

(5)测试元件在埋设后能长期有效工作。

(6)测试元件应有足够的精度。

## 四、量测项目与方法

现场监控量测应根据设计要求、隧道横断面形状和断面大小、埋深、围岩条件、周边环境条件、支护类型和参数、施工方法等来选择测试项目。《公路隧道施工技术规范》(JTG F60—2009)规定，现场量测项目分为必测项目(表 6-1)和选测项目(表 6-2)两大类。

表 6-1

**隧道现场监控量测必测项目及量测方法**

| 序号 | 项目名称 | 方法及工具 | 布置 | 测试精度(mm) | 量测间隔时间 | | | |
|---|---|---|---|---|---|---|---|---|
| | | | | | 1～15d | 16d～1 个月 | 1～3 个月 | 大于 3 个月 |
| 1 | 洞内外观察 | 现场观测、地质罗盘等 | 开挖及初期支护后进行 | — | — | | | |
| 2 | 周边位移 | 各种类型收敛计 | 每 5～50m 一个断面，每断面 2～3 对测点 | 0.1 | 1～2 次/d | 1 次/2d | 1～2 次/周 | 1～3 次/月 |
| 3 | 拱顶下沉 | 水准测量的方法，水准仪、钢尺等 | 每 5～50m 一个断面 | 0.1 | 1～2 次/d | 1 次/2d | 1～2 次/周 | 1～3 次/月 |
| 4 | 地表下沉 | 水准测量的方法，水准仪、铟钢尺等 | 洞口段、浅埋段($h \leqslant 2b$) | 0.5 | 开挖面距量测断面前后$<2b$时，1～2 次/d；<br>开挖面距量测断面前后$<5b$时，1 次/(2～3)d；<br>开挖面距量测断面前后$>5b$时，1 次/(3～7)d | | | |

注：$b$为隧道开挖宽度，$h$为隧道埋深。

隧道现场监控量测选测项目及量测方法 表 6-2

| 序号 | 项目名称 | 方法及工具 | 布　置 | 测试精度 | 量测间隔时间 | | | |
|---|---|---|---|---|---|---|---|---|
| | | | | | 1～15d | 16d～1个月 | 1～3个月 | 大于3个月 |
| 1 | 钢架内力及外力 | 支柱压力计或其他测力计 | 每代表性地段1～2个断面，每断面钢架内力3～7个测点，或外力1对测力计 | 0.1MPa | 1～2次/d | 1次/2d | 1～2次/周 | 1～3次/月 |
| 2 | 围岩体内位移(洞内设点) | 洞内钻孔中安设单点、多点杆式或钢丝式位移计 | 每代表性地段1～2个断面，每断面3～7个钻孔 | 0.1mm | 1～2次/d | 1次/2d | 1～2次/周 | 1～3次/月 |
| 3 | 围岩体内位移(地表设点) | 地面钻孔中安设各类位移计 | 每代表性地段1～2个断面，每断面3～5个钻孔 | 0.1mm | 同地表下沉要求 | | | |
| 4 | 围岩压力 | 各种类型岩土压力盒 | 每代表性地段1～2个断面，每断面3～7个测点 | 0.01 MPa | 1～2次/d | 1次/2d | 1～2次/周 | 1～3次/月 |
| 5 | 两层支护间压力 | 压力盒 | 每代表性地段1～2个断面，每断面3～7个测点 | 0.01 MPa | 1～2次/d | 1次/2d | 1～2次/周 | 1～3次/月 |
| 6 | 锚杆轴力 | 钢筋计、锚杆测力计 | 每代表性地段1～2个断面，每断面3～7根锚杆(索)，每根锚杆2～4测点 | 0.01MPa | 1～2次/d | 1次/2d | 1～2次/周 | 1～3次/月 |
| 7 | 支护、衬砌应力 | 各类混凝土内应变计及表面应力解除法 | 每代表性地段1～2个断面，每断面3～7个测点 | 0.01MPa | 1～2次/d | 1次/2d | 1～2次/周 | 1～3次/月 |
| 8 | 围岩弹性波速度 | 各种声波仪及配套探头 | 在有代表性地段设置 | — | — | | | |
| 9 | 爆破震动 | 测振及配套传感器 | 邻近建(构)筑物 | | 随爆破进行 | | | |
| 10 | 渗水压力、水流量 | 渗压计、流量计 | — | 0.01MPa | — | | | |
| 11 | 地表下沉 | 水准测量的方法，水准仪、铟钢尺等 | 洞口段、浅埋段($h>2b$) | 0.5mm | 开挖面距量测断面前后$<2b$时，1～2次/d；<br>开挖面距量测断面前后$<5b$时，1次/(2～3)d；<br>开挖面距量测断面前后$>5b$时，1次/(3～7)d | | | |

注：$b$为隧道开挖宽度，$h$为隧道埋深。

必测项目是为了在设计、施工中确保围岩稳定，并通过判断围岩的稳定性来指导设计、施工的经常性量测。这类量测通常测试方式简单，费用少，可靠性高，但对监视围岩稳定、指导设计施工却有巨大作用。

选测项目是对一些有特殊意义和具有代表性意义的区段以及试验区段进行补充测试，以求更深入地掌握围岩的稳定状态与锚喷支护效果，指导未开挖区的设计与施工。这类量测项目测试较为麻烦，量测项目较多，花费较大，一般只根据需要选择其部分项目。

应当指出，当隧道采用环形开挖预留核心土法或分部开挖施工时，由于施工场地的限制，采用收敛计和水准仪无法及时进行位移量测（只有在核心土开挖后才能进行量测工作），因此，前期位移无法量测，长安大学的研究结果表明，这部分位移占到了总位移的50%；此外，在下台阶或仰拱开挖后，由于开挖高度和宽度增大，采用收敛计和水准仪进行位移量测也极为不便。此时，应采用非接触（全站仪）法观测拱部沉降和周边位移。这样也便于进行斜测线的量测。关于全站仪的量测精度问题，长安大学开展了用接触观测法（收敛计和水准仪）与非接触观测法（全站仪）进行隧道位移（周边位移和拱部下沉）量测的现场对比试验，结果表明两种监测方法所得到的位移时态曲线变化趋势大致相同，量值非常接近。由于软弱围岩（Ⅳ、Ⅴ、Ⅵ级围岩）条件下，隧道开挖后位移多在几十毫米甚至几百毫米以上，因此，用高精度全站仪在隧道内近距离（50～100m）进行高程和距离量测（精度可达2mm），完全能满足工程要求。

此外，在硬岩情况下，只进行拱顶下沉量测即可满足工程要求。在浅埋、软弱破碎围岩隧道中，采用台阶法施工时，隧道拱部往往会产生整体沉降，这种现象在大跨度隧道和超大跨度隧道表现尤为突出。拱顶沉降、拱脚下沉和地表下沉三者是直接相关的，是判定隧道是否发生整体下沉的重要数据，这也是隧道开挖后一个重要的位移动态。因此，软弱围岩条件下，应进行拱部沉降（包括拱顶沉降和拱脚沉降）量测。

## 五、监控量测断面及测点布置

必测项目的量测间距为每5～50m一个量测断面。对于洞口段、浅埋地段、特别软弱地层段，应小于20m，可参照表6-3选用。选测项目的量测间距应视需要而定，或在有代表性的地段选取若干个测试断面。凡是地质条件差或重要工程，应从密布点。

各测试项目的测点应尽可能布置在同一横断面上，以便于对各测试项目测试结果进行对比分析。

**周边位移、拱顶下沉量测断面间距（单位：m）** 表6-3

| 围岩 \ 位置 | 洞口附近 | 埋深小于2$b$ | 施工进展200m前 | 施工进展200m后 |
|---|---|---|---|---|
| 硬岩地层（断层破碎带除外） | 10 | 10 | 20 | 30 |
| 软岩地层（不产生很大塑性地压） | 10 | 10 | 20 | 30 |
| 软岩（产生很大塑性地压） | 10 | 10 | 20 | 30 |
| 土砂 | 10 | 10 | 10～20 | 20 |

注：$b$为隧道开挖宽度。

地表下沉监测范围横向应延伸至隧道中线两侧(1～2)($b$/2 +$h$+$h_0$)（$b$为隧道开挖宽度，$h$为隧道开挖高度，$h_0$为隧道埋深），纵向应在掌子面前后(1～2)($h$+$h_0$)。测点间距宜为2～

5m，并应根据地质条件和环境条件进行调整。

周边位移量测的测线数，可参照表 6-4 及图 6-1 选用。

**位移量测的测线数** 表 6-4

| 开挖方法 | 一般地段 | 特殊地段 | | | |
|---|---|---|---|---|---|
| | | 洞口附近 | 埋深小于 2$b$ | 有膨胀压力或偏压地段 | 选测项目量测位置 |
| 全断面开挖 | 1 条水平测线 | | 3 条或 6 条 | | 3 条或 6 条 |
| 短台阶法 | 2 条水平测线 | 4 条或 6 条 | 4 条或 6 条 | 4 条或 6 条 | 4 条或 6 条 |
| 多台阶法 | 每台阶 1 条水平测线 | 每一台阶 3 条 | 每一台阶 3 条 | 每一台阶 3 条 | 每一台阶 3 条 |

注：$b$ 为隧道开挖宽度。

当采用全断面开挖时，可将测得的净空垂直位移代替拱顶下沉量测。斜测线的设置有助于了解垂直方向的变化情况。同时亦可通过三角计算与多点位移计测得的结果进行对比。

拱顶下沉量测的测点原则上设置在拱顶中心线上。当洞跨较大时，亦可在拱顶设置三个测点。

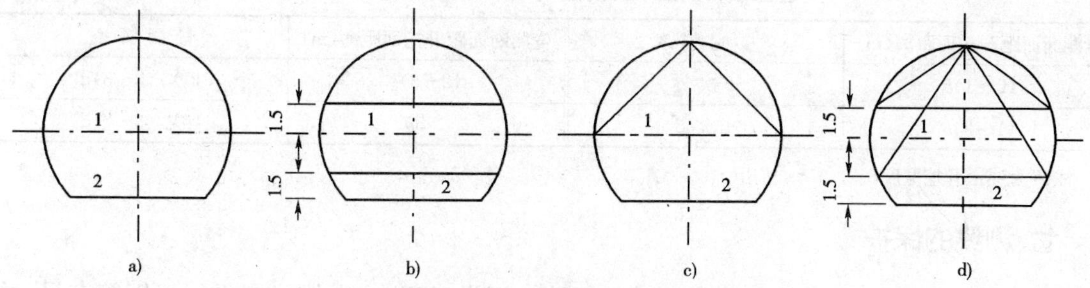


图 6-1 周边收敛量测和拱顶下沉量测的测线布置示例（尺寸单位：m）

a）1 条水平测线示例；b）2 条水平测线示例；c）3 条测线示例；d）6 条测线示例

1-起拱线；2-施工基面

选测项目中，各种量测项目的测点布置见图 6-2。多点位移计每断面一般采用 3～5 个钻孔。锚杆轴力量测，喷层应力量测，接触压力量测，每断面一般设置 3～7 个测点。测点布置应尽量靠近实际锚杆位置，多点位移计位置应靠近周边位移测点，以便数据上互相验证。用声测法确定围岩松动区范围时，一般需设置三对测孔。

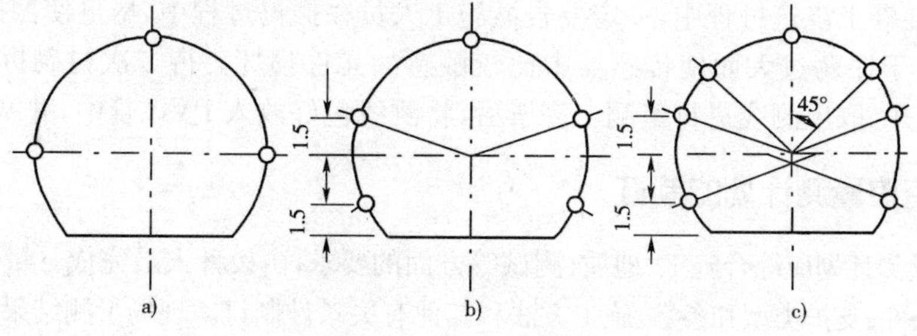


图 6-2 各种量测项目的测点布置图（尺寸单位：m）

a）3 个测点时；b）5 个测点时；c）7 个测点时

—— 围岩内位移及锚杆轴力量测；○ 衬砌应力量测

## 六、监控量测频率

周边位移量测和拱顶下沉量的测试频率主要根据位移速度和量测断面距开挖面距离确定，见表6-5和表6-6。当按表6-1、表6-5和表6-6选择量测频率出现较大差异时，应按量测频率较高的作为实施的量测频率。施工状况发生变化时(各开挖、支护工序衔接)，应增加量测频率。选测项目量测频率基本与必测项目相同。

量测作业应持续到变形基本稳定2～3周后结束。对于膨胀性和挤压性围岩，位移长期没有减缓趋势时，应适当延长量测时间。

周边位移和拱顶下沉的量测频率(按位移速度) 表6-5

| 位移速度(mm/d) | 量测频率 | 位移速度(mm/d) | 量测频率 |
|---|---|---|---|
| ≥5 | 2～3次/d | 0.2～0.5 | 1次/3d |
| 1～5 | 1次/d | <0.2 | 1次/(3～7)d |
| 0.5～1 | 1次/(2～3)d | | |

周边位移和拱顶下沉的量测频率(按距开挖面距离) 表6-6

| 量测断面距开挖面距离(m) | 量测频率 | 量测断面距开挖面距离(m) | 量测频率 |
|---|---|---|---|
| (0～1)$b$ | 2次/d | (2～5)$b$ | 1次/(2～3)d |
| (1～2)$b$ | 1次/d | >5$b$ | 1次/(3～7)d |

注：$b$为隧道开挖宽度。

## 七、测线的保护

在量测实施过程中，应当注意对测线的保护。埋设过程中，电缆线应平行于钢筋布设，并用胶布固定在钢筋之上，电缆线布设时不应太紧或者太松，避免在喷射混凝土时损坏电缆线。

量测传感器埋设过程中，首先采用防水胶布把电缆线缠在钢筋网上，然后统一拉出来，拉出来的电缆线要采取一定的保护措施，以防止隧道开挖放炮时被损坏，最后把上部引下来的测线全部理清分好放在PVC管内保护，管外包上土工布和防水板，管口用土工布塞住或用铁丝将土工布扎紧密封，防止喷射混凝土和浇筑混凝土时将测线破坏。量测传感器埋设完毕后，一定要对测线进行保护，防止施工过程中人为破坏或盗窃电缆线。

二次衬砌混凝土浇筑过程中，一定要告诫施工人员在振捣过程中，尽量使振捣棒远离测试传感器，避免由于振荡过大而使传感器中比较敏感的元件损坏。待二次衬砌拆模后，找到管口，将土工布拿开，取出测线进行量测。完毕后，将测线包好放入PVC管中，并塞上土工布。

## 八、施工监控量测计划的制订

施工监控量测计划应综合施工、地质、测试等方面的要求，由设计人员完成。量测计划应根据隧道地质地形条件、支护类型和参数、施工方法和其他有关条件制订。现场量测结果能否反馈于工程设计与施工，进而达到修改设计和指导施工，在很大程度上取决于量测计划的制订是否合理。

施工监控量测计划包括下列内容：

(1)监控量测项目、方法及监控量测断面选定，包括断面内测点数量和位置、量测频率，量测仪器和元件的选定及其精度和率定方法，测点埋设时间等。

(2)传感器埋设设计，包括埋设方法、步骤、各部分尺寸、回填浆液配比、工艺选定及与工程进度衔接等。

(3)固定测试元件的结构设计和测试元件的附件设计。一般应保证测点的空间或平面位置正确，使测到的力和变形方向明确，防震、安全可靠，包括钻孔内、钻孔口部和引出线的布线方法，测试仪器对环境的要求。

(4)量测数据记录表格式，表达量测结果的格式，量测数据精度确认的方法。

(5)量测断面布置图和文字说明及量测设计说明书。

(6)量测数据处理方法，并利用量测反馈信息修正设计和施工的方法。

(7)量测数据大致范围，作为判断异常依据。

(8)用初期量测值预测最终位移值的方法，综合判断隧道最终稳定的标准。

(9)施工管理方法，出现异常情况的对策。

### 九、施工监控量测计划的实施

计划的实施关键需解决下述三个问题：

(1)获得满足精度要求和可靠的量测信息。

(2)正确进行预测和反馈。

(3)建立管理体制和相应管理基准，进行日常施工管理、量测管理等。

由于开挖工作面是不断推进的，所得到的量测信息也是不断变化的，使得量测信息的管理是动态的，大量的信息需不断地计算和判断。因此，为了及时利用量测信息，应使用微型计算机和绘图仪进行数据处理和施工管理。

### 十、监控量测管理

(1)隧道现场监控量测应成立专门的量测小组，由施工单位或委托其他单位承担量测任务。

(2)量测小组负责测点埋设、日常量测、数据处理和仪器保养维修工作，并及时将量测信息反馈于设计与施工。

(3)现场监控量测应按量测计划认真组织实施，并与其他施工环节紧密配合。

(4)各预埋测点应牢固可靠，易于识别，并妥善保护，不得任意撤换和遭到破坏。

## 第二节 洞内外观察

在隧道工程中，开挖前的地质勘探工作很难提供非常准确的地质资料，所以，在施工过程中对开挖工作面附近围岩的岩石性质、状态应进行观察。对开挖后支护动态进行观察，在新奥法监控量测项目中占有很重要的地位。

### 一、观察目的

细致的观察，对于监视围岩稳定性是既省事而作用又很大的监测方法，它可以获得与围岩稳定状态有关的直观信息，应当予以足够的重视，所以观察是新奥法监控量测中的必测项目。

隧道观察的目的是：

(1)预测开挖面前方的地质条件。

(2)为判断围岩、隧道的稳定性提供地质依据。

(3)根据喷层表面状态及锚杆的工作状态，分析支护结构的可靠程度。

## 二、观察内容

隧道洞内外观察的内容有洞内掌子面观察、已施工区间观察和洞外观察。

### 1. 掌子面观察

掌子面观察主要以目视调查来了解开挖工作面的工程地质和水文地质条件。主要包括以下内容：

(1)岩石种类和产状。

(2)岩性特征：岩石的颜色、成分、结构、构造。

(3)地层时代归属及产状。

(4)节理性质、组数、间距、规模，节理裂隙的发育程度和方向性，断面状态特征，充填物的类型和产状等。

(5)断层的性质、产状，破碎带宽度、特征。

(6)地下水类型，涌水量大小，涌水位置，涌水压力，水的化学成分等。

(7)开挖工作面的稳定状态，顶板有无剥落现象。

将观察到的有关情况和现象，详细记录，并需绘制以下图册。

(1)绘制隧道开挖工作面及两张剖面素描图。要求每个监测断面绘制剖面图1张。

(2)剖面图位置及间距。一般情况下剖面图的间距应随岩性、构造、水文地质条件不同而异。剖面素描图间距Ⅴ级围岩为10m、Ⅳ级围岩为20m、Ⅲ级围岩为40m、Ⅱ级围岩为50～100m。将各个掌子面地质素描图按桩号排列，即可得到隧道纵向地质状况立体图。

(3)现场绘出草图，室内再绘成正规图件，装订成册。

### 2. 已施工区间观察

已施工区间观察主要以目视调查来了解支护状态。主要内容包括：

(1)渗漏水情况(位置、状态、水量等)。

(2)喷层表面的观察以及裂缝状况(位置、种类、宽度、长度及发展)的描述和记录。

(3)喷混凝土与围岩接触状况，是否产生裂隙或剥离，要特别注意喷混凝土是否发生剪切破坏。

(4)有无锚杆被拉坏或垫板陷入围岩内部的现象。

(5)有无锚杆和喷混凝土施工质量问题。

(6)钢拱架有无被压屈现象。

(7)二次衬砌表面的观察以及裂缝状况(位置、种类、宽度、长度及发展)的描述和记录。

(8)是否有底鼓现象。

观察中，如果发现异常现象，要详细记录发现时间、距开挖工作面的距离以及附近测点的各项量测数据。

3. 洞外观察

洞外观察是浅埋隧道和隧道洞口段特别重要的量测。为了确认地表面下沉对隧道及周边围岩稳定性和地上结构物的影响，要积极地利用洞外观察。

隧道洞口段附近及一般埋深在 2$D$ 以下埋深小的隧道施工时，开挖影响会波及地表面而使地表面下沉，因此，已施工区间的观察就是要观察隧道上部地表面的状况。在地表面应对以下项目进行观察：

(1)地表面变异：开裂的分布等。

(2)植被状况：树木的破损以及移动等。

(3)水系状况：涌水等的变化(量、污染等)。

根据洞外(地表面)观察配合洞内观察到的隧道开挖后的围岩变化，就有可能掌握围岩的动态。

4. 观察时间

每次隧道开挖工作面爆破后立即观察，按要求及时记录和整理。

## 三、观察中围岩的破坏形态分析

1. 危险性不大的破坏

构筑仰拱后，在拱肩部出现的剪切破坏，一般都进展缓慢，危险性不大，特别是当拱肩部的剪切破坏面上有锚杆穿过时，因锚杆的抵抗作用，更不会发生急剧破坏。

2. 危险性较大的破坏

在没有构筑仰拱的情况下，当隧道周边位移速率较大且位移变化量级大时，拱顶喷混凝土因受弯曲压缩而产生的裂隙常常进展急剧，时常伴有混凝土碎片剥落，是一种危险性较大的破坏。

3. 塌方征兆的破坏

拱顶喷混凝土层出现对称的、可能向下滑落的剪切破坏现象时，或侧墙发生向内侧滑动的剪切破坏，并伴有底鼓现象时，这两种情况都会引起塌方事故。

## 四、利用观察结果修正设计、指导施工

(1)开挖后观察到的地质情况与开挖前勘测结果有很大不同时，则应根据观察的情况重新修改设计方案。

变更后的围岩级别、地下水情况以及围岩稳定性状态等，由设计单位和监理组确认，报主管部门审批后，对原设计进行修改，以便选择可行的施工方法与合理地调整有关设计参数。

(2)当出现开挖工作面自稳时间少于 1h 的情况时，则可采取下列措施：

①采用拱部留核心土环形开挖法，先使核心部残留、支护后，再开挖核心部。

②采用分部开挖法。

③对开挖工作面做喷射混凝土防护后再开挖。

④用水平超前锚杆或玻璃纤维束锚杆对开挖工作面加固后再开挖。

⑤对围岩进行注浆加固后再开挖。

(3)开挖后没有支护前，发现顶板剥落现象时，可采用下列措施：

①开挖后尽快施作喷混凝土层，缩短掘进进尺及作业时间。

②采用分部开挖法。

③增设钢拱架加强支护。

④对围岩进行注浆加固后再开挖。

(4)开挖工作面有涌水时,可根据涌水量大小,由小到大依次选取下列措施中的一项或几项:

①增加喷混凝土中的速凝剂含量,加快凝结速度。

②张挂钢筋网改善喷混凝土的附着条件。

③对岩面进行排水处理。

④打排水孔或设排水导坑。

⑤对围岩进行注浆堵水。

(5)发现有锚杆拉断或垫板陷入围岩壁面内的情况时,可采取下列措施:

①加密锚杆。

②加大锚杆长度。

③使用有弹簧垫圈的垫板。

④使用高强度锚杆。

(6)发现有喷混凝土与岩面黏结不好的悬空现象时,可采取下列措施:

①开挖后尽早进行喷混凝土作业。

②在喷混凝土层中加设钢筋网。

③增加喷混凝土层厚度。

④增长锚杆或增加锚杆数量。

(7)发现钢拱架有压屈现象时,可采取下列措施:

①适当放松钢拱架的连接螺栓。

②使用可缩性 U 形钢拱架。

③喷混凝土层留出变形缝。

④加大锚杆长度。

(8)发现喷混凝土层有剪切破坏时,可采取下列措施:

①在喷混凝土层增设钢筋网。

②施作喷混凝土时留出伸缩缝。

③增加锚杆长度。

④使用钢拱架或 U 形可缩性钢拱架。

(9)发现有底鼓现象或侧墙有向内滑移现象时,可采取下列措施:

①尽快施作喷混凝土仰拱,使断面尽早闭合。

②在仰拱打设锚杆。

③原设计方案采用全断面开挖时,可用台阶法开挖,原设计方案采用长台阶或短台阶开挖时,可缩短台阶长度或改用微台阶法开挖,以缩短支护结构形成闭合断面的时间。

上述根据观察结果修改设计的措施,可以根据破坏现象程度的不同,单独采用一项或同时采用几项,在确定采用某项措施时,有时还需参考其他量测结果,特别是参考周边位移量测结果进行综合分析后再做决定,新发现的破坏现象,必须排除因施工质量不符合要求所导致的结果,否则难以对破坏现象做出正确的判断。

## 第三节 周边位移量测

隧道内壁面两点连线方向的位移之和称为“收敛”，此项量测称“收敛量测”。收敛值为两次量测的距离之差。

收敛量测是隧道施工监控量测的重要项目，收敛值是最基本的量测数据，必须量测准确，计算无误。

### 一、量测目的

周边位移是隧道围岩应力状态变化最直观的反映，通过周边位移量测可以达到以下目的：

(1)根据变形速率判断围岩稳定程度和二次衬砌施作的合理时机。

(2)指导现场施工。

### 二、量测方法

目前隧道周边位移量测可采用接触量测和非接触量测两种方法，其中接触量测主要用收敛计进行，非接触量测则主要用全站仪进行。

1. 收敛计量测周边位移

用收敛计进行隧道周边位移量测方法相对比较简单，即通过布设于洞室周边上两固定点，每次测出两点的净长 $L$，求出两次量测的增量(或减量)$\Delta L$，即为此处周边位移值。读数时应该读三次，然后取平均值。

目前隧道施工中常用的收敛计为机械式收敛计和数显式收敛计，其性能与特点见表 6-7。

**现场位移量测常用收敛计性能与特点** 表 6-7

| 编号 | 名 称 | 主要技术性能 | 主要特点 |
|---|---|---|---|
| 1 | QJ-85 型坑道周边位移计 | 球铰弹簧式，最小读数 0.01mm，量测精度±0.06mm | 可靠、方便、精度高 |
| 2 | JSS30A 型数显收敛计 | 挂钩弹簧式，最小读数 0.01mm，量测精度±0.06mm | 可靠、方便、精度高 |
| 3 | SWJ－IV 型隧道收敛计 | 球铰弹簧式，最小读数 0.01mm，量测精度±0.06mm | 可靠、方便、精度高 |

不同的收敛计有不同的使用方法，下面以球铰式收敛计(图 6-3)为例，说明收敛测试原理。仪器安装后，利用转动张力摇柄使机头移动，机头移到位后将尺孔挂上，并用压尺簧片将尺带压住。然后顺时针转动张力摇柄，使机头向后移动即开始加载，加载到位后，张力指针对准圆点标记，此时应用手抖动一下尺带，再观察指针是否仍回到准确位置。如有偏离，应重复操作，直到指针总能回到准确位置为止。精确加载后，读取读数窗内数据，此为完成一次读数。每次观测至少完成三次读数，取其平均值为本次观测读数值。

测试中读得初始数值 $X_0$；间隔时间 $t$ 后，用同样的方法可读得 $t$ 时刻的值 $X_t$，则 $t$ 时刻的周边位移值 $U_t$ 即为两次读数差。即：

$$U_t = L_0 - L_t + X_{tl} - X_{t0} \tag{6-1}$$

式中：$L_0$——初读数时所用尺孔刻度值；

$L_t$——$t$ 时刻时所用尺孔刻度值；

$X_{tl}$——$t$ 时刻时经温度修正后的读数值，$X_{tl}=X_t+\varepsilon_t$；

$X_{t0}$——初读数时经温度修正后的读数值，$X_{t0}=X_0+\varepsilon_{t0}$；

$X_t$——$t$ 时刻量测时读数值；

$X_0$——初始时刻读数值；

$\varepsilon_t$——温度修正值，按下式计算：

$$\varepsilon_t=\alpha(T_0-T)L \tag{6-2}$$

其中 $\alpha$——钢尺线膨胀系数，

$T_0$——鉴定钢尺的标准温度，$T_0=20℃$，

$T$——每次量测时的平均气温，

$L$——钢尺长度。

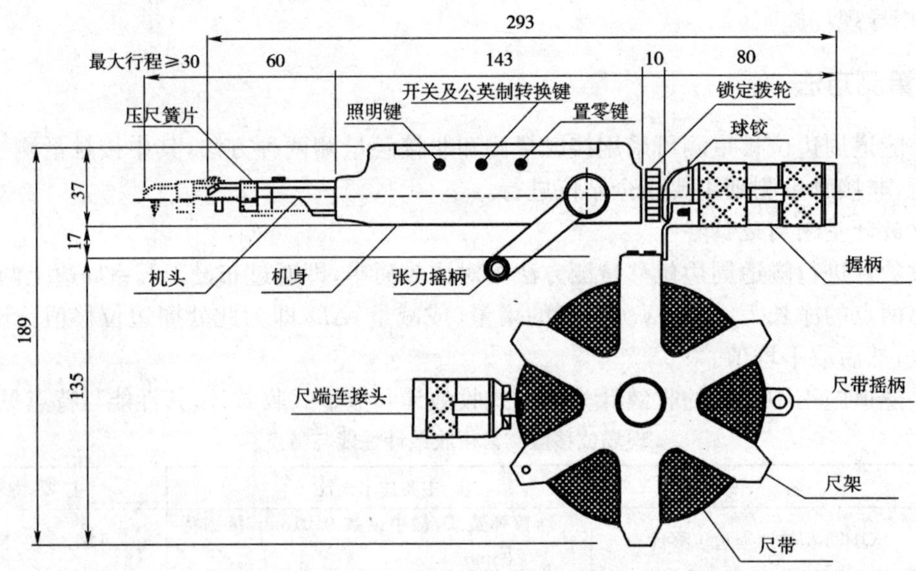

图 6-3 SWJ-IV 型收敛计结构图（尺寸单位：mm）

2. 全站仪量测周边位移

当隧道采用环形开挖留核心土工法或分部开挖法施工时，由于有核心土的阻挡，上台阶拱脚处的周边位移无法及时进行量测，或由于开挖高度和宽度很大，给监测工作带来很大难度的情况下，常采用非接触量测方法，即全站仪（配反射膜片）观测周边位移。

用全站仪进行隧道周边位移量测方法包括自由设站和固定设站两种。与传统的接触量测的主要区别在于，非接触量测的测点采用一种膜片式回复反射器作为测点靶标，以取代价格昂贵的圆棱镜反射器。具有回复反射性能的膜片形如塑料胶片，其正面由均匀分布的微型棱镜和透明塑料薄膜构成，反面涂有压敏不干胶，它可以牢固地黏附在构件表面上。这种反射膜片，大小可以任意剪裁，价格低廉。反射膜片贴在隧道测点处的预埋件上，在开挖面附近的反射膜片，应采取一定措施对其进行保护，以免施工时反射膜片表面被覆盖或污染，同时施工单位应与监控量测单位加强协调工作，保证预埋件不被碰歪或碰掉。通过对比不同时刻测点的三维坐标（$x(t)$，$y(t)$，$z(t)$），可获得该测点在该时段的三维位移变化量（相对于某一初始状态）。在三维位移矢量

监控量测时，必须保证后视基准点位置固定不动，并定期校核，以保证测量精度。与传统接触式监控量测方法相比，该方法能够获取测点更全面的三维位移数据，有利于结合现行的数值计算方法进行监控量测信息的反馈，同时具有快速、省力、数据处理自动化程度高等特点。

在量测隧道周边位移时，为了保证量测精度，要求全站仪的测角精度一般为 2″以内，测距精度为±(2mm＋2ppm)以内。现场量测时，全站仪视准轴的仰角应保持在 30°～60°，前视点与后视点的距离应保持在 50～100m。

对比以上两种量测方法可知，采用收敛计进行位移量测，虽然测试简便、成本低廉，能在恶劣环境下工作，但是量测速度慢，对施工干扰大，难以满足信息化监测的要求，特别是当施工中采用拱部预留核心土环形开挖时，无法量测到前期位移，隧道开挖高度和宽度较大时，量测也十分困难。此时，可采用全站仪和反射膜片进行量测。

## 三、测点的埋设与保护

采用收敛计量测周边位移时，测点可用工厂加工的测头，也可在隧道施工现场采用 $\phi 8$ 钢筋加工测头。安设时可将其焊接在纵向连接筋上，喷射混凝土前，将塑料袋或废旧的水泥袋缠绕在测头上，待喷射混凝土喷射完毕后，解开塑料袋或水泥袋，及时清理其表面混凝土形成凹槽，并用锚固剂对测点尾端进一步加固，以防止爆破和出渣时破坏测点。随后用红色自喷漆做好标记，一来测试时方便寻找，二来警示施工单位注意，以达到保护作用。

采用全站仪量测周边位移时，将反射膜片粘贴在事先加工好的钢板上，再将钢板焊接在靠近掌子面的第一榀型钢拱架上，喷射混凝土前，用塑料袋或废旧的水泥袋缠绕在测头上，待喷射混凝土作业完成后立即读取初读数，监测完毕后应及时对测点进行保护，以免施工时反射膜片表面被覆盖或污染。同时施工应与监控量测单位加强协调工作，保证预埋件不被碰歪和碰掉。在三维位移矢量监控量测时，必须保证后视基准点位置固定不动，并定期校核，以保证测量精度。

## 四、原始记录和量测资料整理

1. 量测原始记录

量测原始记录应呈表格形式，注明断面编号、测点设置时间，列出量测内容并填写具体量测值，表中应留备注栏，以便记录施工情况，最后应有量测和记录人员的签名。

2. 量测资料整理

每次量测后，需将原始记录及时整理成正式记录。对每一量测断面内的每一条测线，整理后的量测资料应包括：

(1)原始记录表及实际测点布置图。

(2)位移随时间以及开挖面距离的变化图。

(3)位移速度、位移加速度随时间以及开挖面距离的变化图。

在上述图表中应同时记入开挖、喷射混凝土、锚杆施工工序和时间，并将位移警戒线和极限值算出来。

当收敛值在 3～6 个月后还在发展时，一个月后的位移图可用单对数坐标表示。

每日的记录汇入日报表，整理的图表应及时进行数据处理并指导施工，最后汇入工程竣工档案中。

## 第四节 拱顶下沉量测

隧道拱顶内壁的绝对下沉量称为拱顶下沉值，单位时间内拱顶下沉值称为拱顶下沉速度。拱顶下沉量测也属位移量测，对于埋深较浅、固结程度低的地层，水平成层的场合，这项量测比收敛量测更为重要，其量测数据是确认围岩的稳定性，判断支护效果，指导施工工序，预防拱顶崩塌，保证施工质量和安全最基本的资料。

应当指出，在浅埋、软弱围岩条件下，往往会发生拱部整体沉降，造成初期支护侵限，甚至塌方。这种现象在大跨隧道尤为突出。因此，也应进行拱脚沉降量测，以便为采取工程措施提供判断依据。

### 一、量测方法

对于浅埋隧道，可由地面钻孔，使用挠度计或其他仪表测定拱顶相对地面不动点的位移值。对于深埋隧道，拱顶下沉量测方法有接触观测法（精密水准仪）和非接触观测法（全站仪）两种。

1.精密水准仪观测拱顶下沉

目前拱顶下沉量测大多数采用精密水准仪和铟钢挂尺等，在拱顶挂立标尺进行测读。图6-4为拱顶下沉观测示意图，图中实线为前次观测的情形，虚线为后次观测的情形。当拱顶过高时，立标尺就要采用架子，测试工作不安全，也很不方便，还干扰施工。为此，可先在拱顶埋设挂钩，再用鱼竿将钢尺挂在拱顶的挂钩上。在钢尺上读数时，后视点可以在稳定的衬砌上，如果离洞外近的话，后视点埋设在洞外也可以。计算方法是通过前后两次拱顶测点的高差来求拱顶的变位值。比如假定标尺基准点的高程为 $h_0$，第一次读数后视点读数为 $A_1$，前视点读数为 $B_1$，第二次读数后视点读数为 $A_2$，前视点读数为 $B_2$。

第一次拱顶高程　$h_1=h_0+A_1+B_1$

第二次拱顶高程　$h_2=h_0+A_2+B_2$

拱顶位移值　$\Delta h=h_1-h_2=A_1-A_2+B_1-B_2$

计算结果：若 $\Delta h>0$，则拱顶下沉；若 $\Delta h<0$，则拱顶上移。

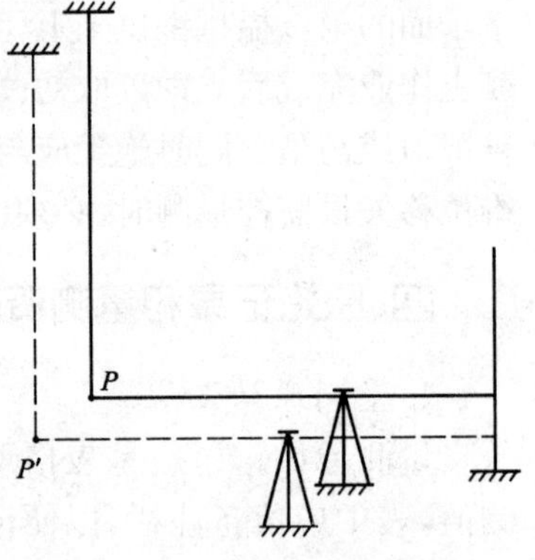

图6-4　水准仪观测拱顶下沉

2.全站仪观测拱顶下沉

当采用拱部留核心土环形开挖时，由于量测空间较小，用上述方法比较困难。特别对于断面高度比较高的隧道，非接触量测更方便，其具体量测方法与三维位移量测方法类似。这时可以采用无尺监测系统，即由全站仪与反射膜片来监测隧道拱顶下沉。

在量测隧道拱顶下沉时，为了保证量测精度，要求全站仪的测角精度一般为2″以内，测距精度为±(2mm+2ppm)以内。现场量测时，全站仪视准轴的仰角应保持在30°～60°，前视点与后视点的距离应保持在50～100m。

3.激光隧道围岩实时监控系统

激光隧道围岩实时监控系统如同全站仪，也是一种无尺监测系统。激光隧道围岩位移实时监测系统，由激光指向仪、位移监测仪、调制解调器、信号线路和监控计算机五部分组成（图6-5）。其工作原理是：在隧道外支架或洞内衬砌结构上固定激光指向仪并向掘进方向发出激光束,该激光束投射到位移监测仪的传感器上,传感器将光信号变为电信号,然后由数字电路进行分析处理。由于位移监测仪与隧道围岩联系在一起,隧道围岩位移时,激光斑在传感器上的位置将发生变化,据此可以检测出该测点位移的大小与方向。调制解调器的作用是先将数字信号调制到高频载波上,经传输线路,在进入计算机前再从高频载波上检出数字信号,这样可以增加信号的传输距离。

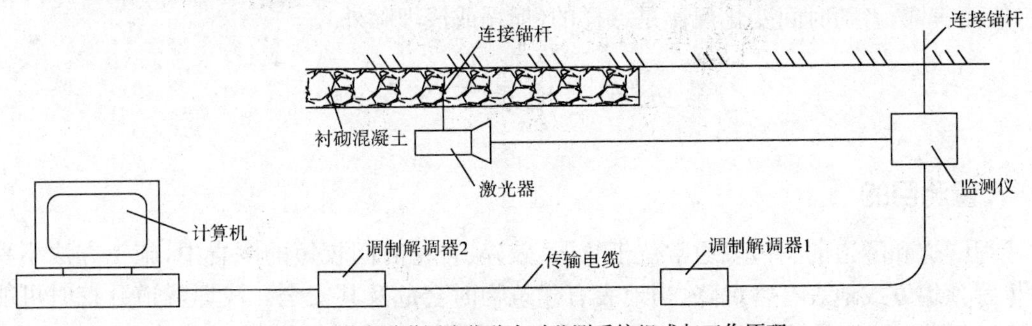


图 6-5 激光隧道围岩位移实时监测系统组成与工作原理

从以上介绍的各种量测方法可知,采用水准仪的传统量测方法,虽然测试简便、成本低廉,能在恶劣环境下工作,但是量测速度慢,对施工干扰大,难以满足信息化监测的要求。此外,由于隧道净空高,使用机械式测试方法很不方便,测试精度难以把握,特别是当施工中采用拱部预留核心土环形开挖时,前期位移无法量测。因此,对采用大断面开挖的隧道,可采用水准仪量测方法进行量测,对采用环形开挖拱部预留核心土法或台阶法施工的隧道,可采用全站仪和反射膜片进行量测。对于特殊地质段,可采用激光位移实时监控系统量测。

## 二、测点的埋设与保护

用水准仪量测拱顶下沉时,测点的埋设是在隧道拱顶轴线处设一个带钩的测桩(为了保证量测精度,常常在左右各增加一个测点,即埋设三个测点),吊挂钢尺,用精密水准仪量测隧道拱顶绝对下沉量。可用 $\phi8$ 钢筋弯成三角形钩,用砂浆固定在围岩或混凝土表层。测点的大小要适中,过小,量测时不易找到;过大,爆破时易被破坏。支护结构施工时要注意保护测点,一旦发现测点被埋掉,要尽快重新设置,以保证数据不中断。

用全站仪进行拱顶下沉量测时,需在隧道拱顶轴线处埋设三个反射膜片,其埋设方法与周边位移测点埋设方法相同。对于断面高度比较高的隧道,或者采用分部开挖法施工的隧道,非接触量测更方便。

为了掌握隧道拱部整体沉降状态,可在两侧拱脚以上大约 1m 高位置埋设反射膜片。

## 三、量测要求

(1)拱顶下沉量测断面间距、量测频率、初读数的测取等同收敛量测。

(2)每个断面布置 1～3 个测点,测点设在拱顶中心或其附近。

(3)用水准仪量测精度为±1mm。

(4)量测时间应延续到拱顶下沉稳定后。一般来说,拱顶下沉量的历时变化在开挖后大致呈直线增加,一直到距开挖面约 1～3 倍隧道直径处之后下沉发展变慢、坡率变缓、渐近稳定。

如果有底鼓时，可按拱顶下沉法量测。

## 四、原始记录和量测资料积累

量测的原始记录与收敛量测相同，用下沉量、下沉速度的时间关系图表示。

拱顶下沉值主要用于确认围岩的稳定性，尤其是事先预报拱顶崩塌；其方法与收敛量测相同，一般而言，两者随时间变化规律是一样的（崩塌或浅埋除外）。

# 第五节 地表下沉量测

## 一、量测目的

浅埋隧道和隧道的洞口段通常位于软弱、破碎、自稳时间较短的围岩中，施工方法不妥极易发生冒顶塌方或地表有害沉降，当地表有建筑物时会危及其安全。浅埋隧道开挖时可能会引起地层沉陷而波及地表，因此，对浅埋隧道的施工进行地表下沉量测是十分重要的，特别对于城市隧道，地表下沉量测具有特殊的意义。目前，我国铁路部门已将地表下沉量测列为隧道监控量测中的必测项目，量测目的在于了解以下内容：

(1)地表下沉范围、量值。

(2)地表及地中下沉随工作面推进的规律。

(3)地表及地中下沉稳定的时间。

## 二、量测仪器及方法

一般用精密水准仪量测，量测精度±1mm。

隧道浅埋段地表下沉量测宜与洞内周边位移和拱顶下沉量测在同一个横断面内。当地表有建筑物时，应在建筑物周围增设地表下沉观测点。横向布置间距范围为2～5m；布置7～11个测点，隧道中线附近密些，远离隧道中线处疏些。其量测实例见图6-6。测点构造见图6-7。

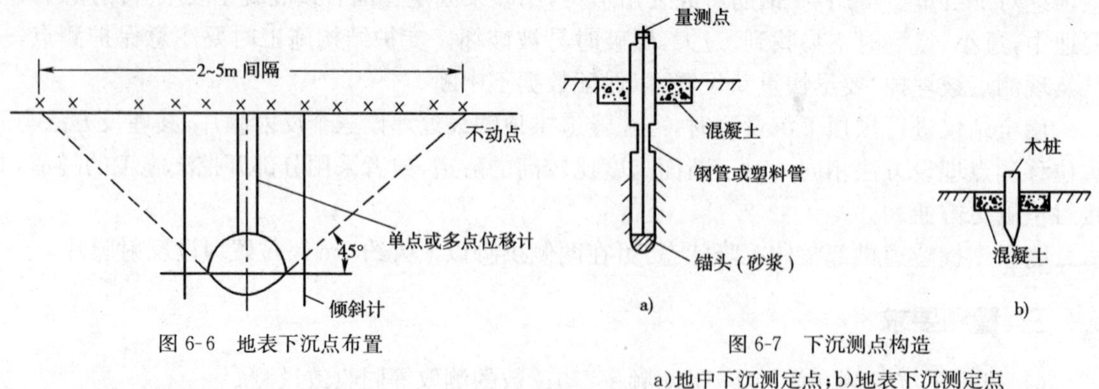


图6-6 地表下沉点布置

图6-7 下沉测点构造

a)地中下沉测定点；b)地表下沉测定点

## 三、量测频率

地表下沉量测应从开挖工作面前方、隧道埋深与开挖高度之和处开始，直到衬砌结构封闭，下沉基本停止时为止。

量测频率与拱顶下沉和周边位移量测频率相同。

## 四、原始记录和量测资料积累

原始记录表可参考收敛或拱顶下沉记录表，但注意在整理资料时，应将纵向下沉—时间曲线和横向下沉—时间曲线分别作出。

最大下沉量的控制标准根据地面结构的类型和质量要求而定，大约 1～2cm；在弯变点的地表倾斜应小于结构的要求，一般应小于 1/300。

根据回归分析，如果地表下沉量超过上述标准，应采取措施。

# 第六节　围岩内部位移量测

## 一、量测目的

周边位移量测结果是隧道周边两点在连线方向位移之和，隧道周边和内部位移状态不能通过周边位移量测取得，而对于浅埋、偏压和强构造不均质岩体，隧道两侧变形（位移）差异很大，对上述岩体及时监测隧道周边和内部绝对位移，对判别围岩稳定性和支护效果作用极大。围岩内部位移（地中位移）量测是监测隧道周边某点及围岩内部不同深度各点的位移状态。主要目的如下：

（1）判别浅埋、偏压和强构造岩体中隧道围岩的稳定性和支护效果，确保施工安全和工程质量；

（2）判别隧道围岩松弛范围，优化锚杆设计参数。

## 二、量测原理

埋设在钻孔内的各测点与钻孔壁紧密连接，岩层移动时能带动测点一起移动（图 6-8）。变形前各测点钢带在孔口的读数为 $S_{i0}$，变形后第 $n$ 次测量时各点钢带在孔口的读数为 $S_{in}$。测量钻孔不同深度岩层的位移，也就是测量各点相对于钻孔最深点的相对位移。第 $n$ 次测量时，测点 1 相对于孔口的总位移量为 $S_{1n}-S_{10}=D_1$，测点 2 相对于孔口的总位移量为 $S_{2n}-S_{20}=D_2$，测点 $i$ 相对于孔口的总位移量为 $S_{in}-S_{i0}=D_i$。于是，测点 2 相对于测点 1 的位移量是 $\Delta S_{2n}=D_2-D_1$，测点 $i$ 相对于测点 1 的位移量是 $\Delta S_{in}=D_i-D_1$。

当在钻孔内布置多个测点时，就能分别测出沿钻孔不同深度岩层的位移值。测点 1 的深度越大，本身受开挖的影响愈小，所测出的位移值越接近绝对值。

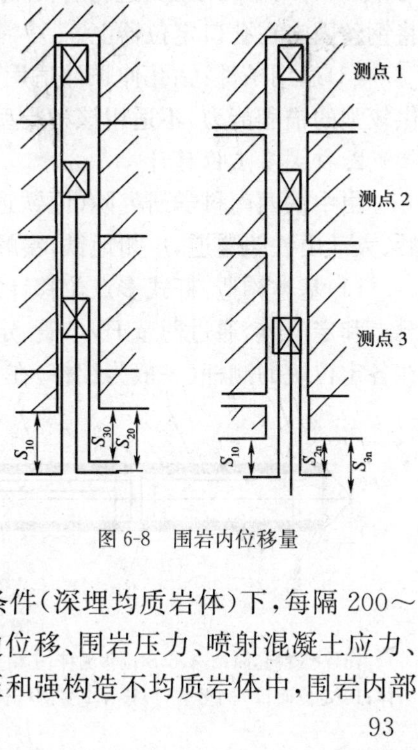

图 6-8　围岩内位移量

## 三、量测方法

1. 量测断面选择

量测断面应设在有代表性的地质地段。在一般围岩条件（深埋均质岩体）下，每隔 200～500m 设一个量测断面比较适宜，在同一量测断面上，周边位移、围岩压力、喷射混凝土应力、锚杆轴力、钢架应力等项量测，均可同时进行；在浅埋、偏压和强构造不均质岩体中，围岩内部位移量测断面应与周边位移断面同步进行。

2. 测点布置

一般情况在隧道两侧跨度最大的部位进行围岩内部位移测试，同周边位移量测布置在同一断面。

为了测试全断面围岩松弛范围，可在拱顶、两侧拱腰、两侧拱脚和两侧边墙 7 个部位埋设围岩内部位移量测元件。

3. 量测频率

量测频率与同一断面其他项目量测频率相同。

## 四、量测仪器

围岩内部位移量测的仪器，主要使用多点位移计。从目前国内外对围岩内部位移（地中位移）量测的现状来看，多点位移计根据测点锚固方式可分为弦式（钻孔伸长计、引伸计）和杆式（杆式多点位移计）两类；根据数据采集方式可分为机械式（百分表、数显百分表、游标卡尺）和电测式（差动电阻式、电感式、振弦式等）。

1. 八点钻孔伸长计

20 世纪 80 年代八点钻孔伸长计由国外购置，目前国内已可制造，在水电部门硬岩大洞室中多采用该种形式的元件。

(1)基本构造：将测点用 8 个锚固器直接固定在钻孔岩壁上，孔口安装定位器，通过钢丝来传递位移，通过机械式或电测式装置进行测试，再通过计算推定不同深度的位移值。

(2)埋设：采用 YQ100 型潜孔钻机，钻直径 100～120mm 孔，孔深略较测试深度长 50～100mm。采用专用工具进行各测点的锚固器安装（包括钢丝安装），各测点锚固器安装后，再将钢丝固定在孔口定位器上。

(3)适用条件：钻孔伸长计适用于硬质岩体大洞室（跨径 20m 及以上）。软弱岩体不能提供较强的锚固能力，不适用该种类型的多点位移计。

2. 杆式多点位移计

由中铁西南科学研究院（原铁道部科学研究院西南分院）1980 年开发研制，在金家岩、南岭、大瑶山铁路隧道，广州地铁，秦岭终南山特长公路隧道等多项工程中得到应用。

(1)基本构造：杆式多点位移计结构示意图如图 6-9 所示。埋设在岩体钻孔不同深度的各测点和定位体，通过薄壁 PVC 管、定位块、水泥砂浆与周围岩体连接为一体，共同变形，但固定在各定位块的测杆（一般为铝棒）在 PVC 管中处于自由状态，不随岩体变形而变形。当围岩变

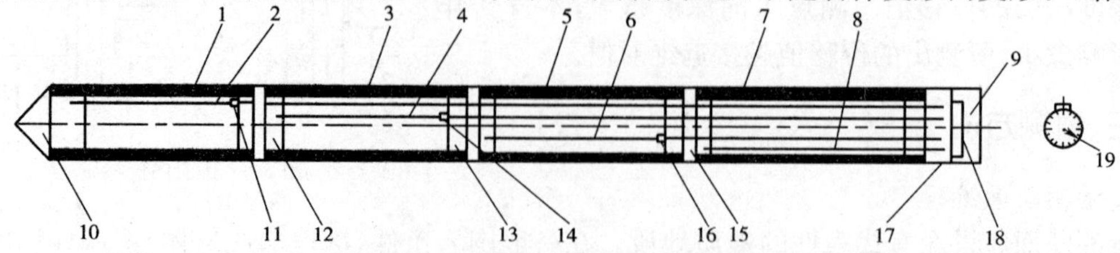


图 6-9 杆式多点位移计结构示意图

1,3,5,7-塑料套筒；2,4,6,8-位移测杆；9-端头保护帽；10,12,13,15-位移测点（定位块）；11,14,16-限位螺母；17-定位体；18-定位面；19-百分表（位移计 2 号测杆长 4m,4 号测杆长 3m,6 号测杆长 2m,8 号测杆长 1m）

形时由于水泥砂浆的黏结作用，PVC管及定位块、定位体均随岩体变形而变形，由于各测杆(不同深度)在PVC管中处于自由状态，不随岩体变形而变形，则在测杆顶部与定位体上定位面间产生相对位移，通过测试装置(百分表等)量测相对位移变化，经过计算可得出隧道周边和围岩内部不同埋深处的位移值(绝对值)。

(2)埋设：采用普通风钻(电钻)钻孔径 ϕ40～50mm、长度较位移计略长 50～100mm 的钻孔；清除钻孔中岩渣和积水，灌入水泥砂浆(亦可用锚固剂)，注满全钻孔后，将杆式位移计插入钻孔中；用干硬性水泥砂浆将孔口定位体与周围岩体固结牢靠；待水泥砂浆固结后进行初始读数。

(3)适用条件：杆式位移计因采用全长锚固，适用于能钻孔成型的各类岩体。埋设方便，价位低廉(约为多点伸长计的 1/4～1/5)，因此得到广泛采用。

## 五、围岩绝对位移计算方法

1.代表符号说明(参见图 6-10)

设在隧道围岩埋设三套杆式四点位移计，$A$ 埋设在左帮，$B$ 埋设在顶板中央，$C$ 填设在右帮，如图 6-10 所示。$u_i^A$、$u_i^B$、$u_i^C$($i$=1、2、3、4)分别代表各位移计($A$、$B$、$C$)各测点(1、2、3、4)的绝对位移值。

$\Delta u_{1,2}^A$，$\Delta u_{1,3}^A$，$\Delta u_{1,4}^A$，$\Delta u_{1,2}^B$，$\Delta u_{1,3}^B$，$\Delta u_{1,4}^B$，$\Delta u_{1,2}^C$，$\Delta u_{1,3}^C$，$\Delta u_{1,4}^C$ 分别为 $A$、$B$、$C$ 位移计的第 2、3、4 点对第 1 点的相对位移增量。

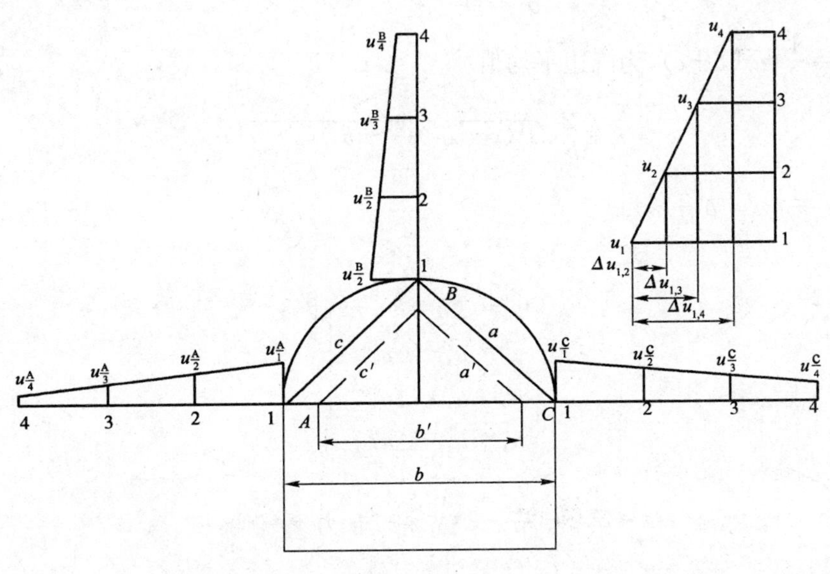


图 6-10 绝对位移计算图原理

2.计算隧道两帮 $A$、$C$ 位移计各点的绝对位移值

当 $A$、$C$ 两点的收敛值 $u_{AC}$ 已测得时，可按 $A$ 点与 $C$ 点相对位移值大小按比例分配收敛值，由此，各位移点的绝对位移值大小分别由式(6-3)及式(6-4)求得。

$$\left.\begin{aligned}u_4^{\mathrm{A}}&=\frac{k}{k+1}(u_{\mathrm{A,C}}-\Delta u_{1,4}^{\mathrm{A}}-\Delta u_{1,4}^{\mathrm{C}})\\u_3^{\mathrm{A}}&=u_4^{\mathrm{A}}+\Delta u_{1,4}^{\mathrm{A}}-\Delta u_{1,3}^{\mathrm{A}}\\u_2^{\mathrm{A}}&=u_4^{\mathrm{A}}+\Delta u_{1,4}^{\mathrm{A}}-\Delta u_{1,2}^{\mathrm{A}}\\u_1^{\mathrm{A}}&=u_4^{\mathrm{A}}+\Delta u_{1,4}^{\mathrm{A}}\end{aligned}\right\}\tag{6-3}$$

式中，$k=\frac{\Delta u_{1,4}^{\mathrm{A}}}{\Delta u_{1,4}^{\mathrm{C}}}$。

$$\left.\begin{aligned}u_1^{\mathrm{C}}&=u_{\mathrm{A,C}}-u_1^{\mathrm{A}}\\u_2^{\mathrm{C}}&=u_1^{\mathrm{C}}-\Delta u_{1,2}^{\mathrm{C}}\\u_3^{\mathrm{C}}&=u_1^{\mathrm{C}}-\Delta u_{1,3}^{\mathrm{C}}\\u_4^{\mathrm{C}}&=u_1^{\mathrm{C}}-\Delta u_{1,4}^{\mathrm{C}}\end{aligned}\right\}\tag{6-4}$$

3.计算拱顶 $B$ 点位移计各点绝对位移值

(1)设位移计的 $A$、$B$、$C$ 三点在同一垂直平面内，$A$ 和 $C$ 的位移计在同一水平面上。

(2)设 $A$、$C$ 点只存在水平向位移，$B$ 点只有垂直向位移。

由于三个位移计 $A$、$B$、$C$ 的表面点构成一个三角形△$ABC$，其中边长 $a'$、$b'$、$c'$ 分别为测点 $B$ 与 $C$、$C$ 与 $A$、$A$ 与 $B$ 之间收敛后的距离，$a$、$b$、$c$ 则为其初始距离，如图 6-10 所示，各个边长均可用收敛计测得。

从△$ABC$ 的边长与垂高的关系中求得：

$$h=\frac{2}{b}\sqrt{s(s-a)(s-b)(s-c)}\tag{6-5}$$

式中，$s=\frac{1}{2}(a+b+c)$，为三边平均值。

$$h=\frac{2}{b'}\sqrt{s'(s'-a')(s'-b')(s'-c')}\tag{6-6}$$

式中，$s'=\frac{1}{2}(a'+b'+c')$。

则

$$\left.\begin{aligned}u_1^{\mathrm{B}}&=\Delta h=h-h'\\u_2^{\mathrm{B}}&=u_1^{\mathrm{B}}-\Delta u_{1,2}^{\mathrm{B}}\\u_3^{\mathrm{B}}&=u_1^{\mathrm{B}}-\Delta u_{1,3}^{\mathrm{B}}\\u_4^{\mathrm{B}}&=u_1^{\mathrm{B}}-\Delta u_{1,4}^{\mathrm{B}}\end{aligned}\right\}\tag{6-7}$$

## 第七节　锚杆轴力量测

锚杆轴力量测属于选测项目，一般根据科研和生产的需要，结合围岩内部位移量测，在隧道内选择好拟测岩层，进行钻孔、安装和量测。

### 一、量测目的

(1)了解锚杆实际工作状态及轴向力的大小。

(2)结合位移量测,判断围岩发展趋势,分析围岩内强度下降区的界限。

(3)修正锚杆设计参数,评价锚杆支护效果。

## 二、量测方法和仪器

锚杆的轴向力测定,按其量测原理可分为电测式和机械式两类。其中电测式又可分为电阻应变式和钢弦式。电阻应变式和机械式是通过量测锚杆不同深度处的应变(或变形),然后按有关计算方法转求应力。而钢弦式则是通过测定不同深度处传感器受力后的钢弦振动频率变化,转求应力,其工作原理见本章第八节。

1. 电阻应变式测力锚杆

电阻应变式测力锚杆,是沿锚杆轴线方向粘贴电阻应变片所做成的应变传感器。使用时,将它埋置在岩(土)体的钻孔中,用电阻应变仪测定锚杆的轴向应变,根据锚杆的轴向应变转求锚杆所受的应力。由于应变片的绝缘电阻低,敏感栅通电流后的温度效应,黏结固化不充分等原因,在岩土工程现场测试中,电阻应变式测力锚杆很难保证长期量测的可靠性和精确度。

2. 机械式测力锚杆

机械式测力锚杆,是在钢管内设置有长度不等的细长变形传递杆,每一传递杆的一端分别固定在锚杆内壁预定的不同位置上,而另一端则至孔口与锚杆端头基准板相应的测孔相连。锚杆埋入岩(土)体钻孔后,借助于百分表量测锚杆不同段的变形,然后根据不同段的应变,再乘以钢材的弹性模量,即得各测点间的应力。了解锚杆轴力及其分布状态,再配合以岩体内位移量测的结果就可以设计锚杆长度及锚杆的根数,还可以掌握岩体内应力重分布的过程。图 6-11 示出轴力量测的一个实测例。机械式量测锚杆存在的主要问题是不便于远距离量测,对施工的干扰大,量测精度较低,速度较慢。

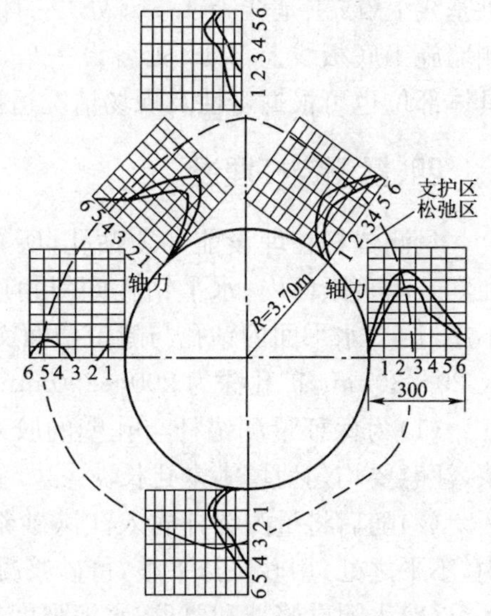

图 6-11　锚杆轴力量测实例(轴力单位:kN)

3. 钢弦式测力锚杆

钢弦式测力锚杆,是由若干个钢弦式钢筋应力计、测量线、分线器插头和分线器组成。它是在工厂加工而成。使用时,在现场进行组装接长即可。

钢弦式测力锚杆结构示意图如图 6-12 所示,它是由若干个钢弦式钢筋应力计串联组合而成。每个钢弦式钢筋应力计是一个单元,各单元之间以螺母形式相连。每个钢筋应力计有一

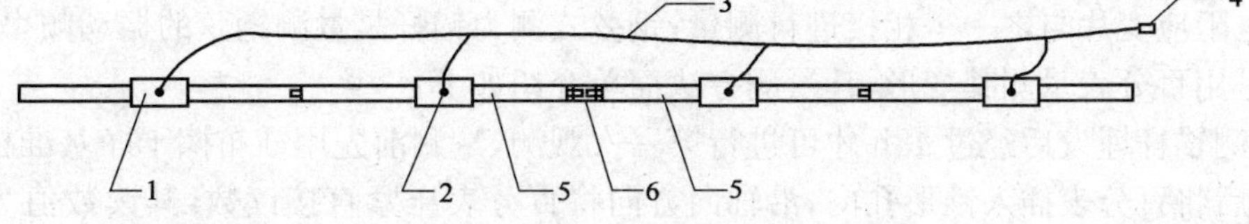

图 6-12　钢弦式测力锚杆结构示意图

1-钢弦式钢筋应力计;2-出线孔;3-多芯测量线;4-分线器插头;5-测杆;6-内壁设有正反丝的连接套

个出线孔，测量线由出线孔引出，再沿着锚杆引向钻孔外。为了减小测量线的干扰，上一个钢筋应力计的测量线在经过下一个钢筋应力计时，将二者的测量线合并为一条线(零线共用)，继续向钻孔外引，再遇到钢筋应力计时用同样方法处理，依此类推。测量线末端与分线器插头相连，分线器上标着每根芯线对应的钢筋应力计。量测时，将插头插入分线器，再与频率仪相连，就可测出每个测点的钢筋应力计中钢弦的频率变化，从而知其应力。钢弦式测力锚杆具有精度高、结构简单可靠、制作安装方便、零点稳定、受温度影响小、防潮和防水等特点。

量测锚杆轴力的测力锚杆与被测锚杆直径要相同。

## 三、量测锚杆的布置

不论是电测式量测锚杆还是机械式量测锚杆，其布置的形式是一样的。在每一监测断面内一般布置 3～5 个量测位置(孔)，每一量测位置的钻孔内设测点 3～6 个(根据量测深度和所选的量测锚杆决定)测力计。具体的布置形式为在拱顶中央 1 个，在拱基线上(或拱基线上 1.5m 处)左右各设一个，在两侧墙施工底板线上 1.5m 处各设一个，如图 6-13 所示。具体部位也可根据岩性及现场情况适当调整。

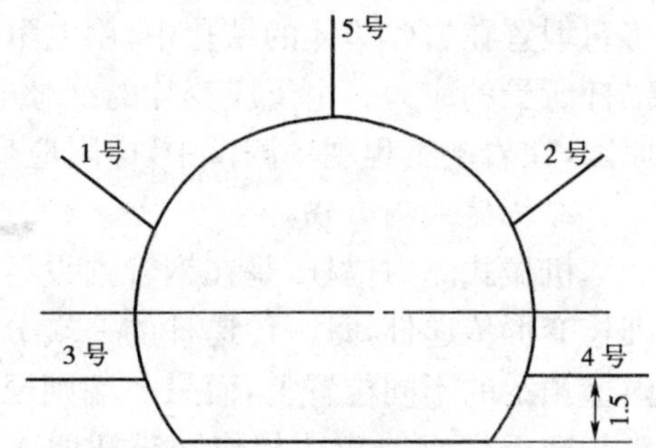


图 6-13 量测锚杆的布置形式(尺寸单位：m)

## 四、量测锚杆埋设

量测锚杆在埋设前必须钻孔，所有的孔位应布置在同一垂直断面内；水平钻孔倾斜角度在垂直断面内不超过 5°，水平面内钻孔与隧道壁面交角应在 85°～90°。钻孔时孔径应比量测锚杆杆体直径大 20～30mm，扩孔深为 200～250mm。为了保证量测锚杆的施工质量，必须注意以下几点：

(1)为保证量测锚杆与孔壁的胶结质量，钻孔完成后，要求吹干，然后往孔内注满水泥砂浆，注意要均匀地填满全孔长。

(2)随后将量测锚杆插入注满砂浆的孔内，务必使锚杆端部与围岩壁面保持在同一平面内，不平之处，用砂浆抹平整，待砂浆凝固后即可开始初测。

(3)水泥砂浆拌和要求：水泥强度等级不低于 32.5 级，砂粒径为 0～3mm，质量配比为：水泥∶砂∶水＝1∶1∶0.4。

(4)在埋设电测锚杆时，要缓慢顺势向钻内推进，不可锤击，以免损坏电测元件和测线。

## 五、量测与量测频率

不同类型测力锚杆的量测方法也不相同，电阻式测力锚杆是用多点电阻应变仪将每一电测锚杆的电阻应变片与之一一相接进行测量；钢弦式测力锚杆是量测钢弦的振动频率；机械式测力锚杆是用百分表量测其变形，其量测方法简单介绍如下：

(1)量测锚杆埋设后经过 48h 才可进行第一次观测，量测前先用纱布擦干净基准板上的锥形测孔，然后将百分表插入锥形孔内，沿轴向方向将百分表压紧直接读数，其读数值为测点头基准板间的距离，其前后两次量测出的距离变化值即为每个测点基准面间的相对位移。

(2)三点量测锚杆的基准板上有三个锥形测孔，分别与测点 1、2、3 相对应，测点 1 居中，系最深的测点，测点 2 在下，是位于中间的测点，测点 3 在上，是最浅的测点。

(3)每个测点的测孔如法操作三次，当该数值之间最大差值不大于 0.05mm 时，把平均观测结果记入记录本内，若三次读数值之间最大差值大于 0.05mm 时，进行第四次或第五次读数，直至达到有三次读数之间最大差值小于 0.05mm 时为止。

## 第八节　围岩压力及两层支护间压力量测

隧道开挖后，围岩要向净空方向变形，而支护结构要阻止这种变形，这样就会产生围岩作用于支护结构上的围岩压力。围岩压力量测，通常情况下是指围岩与支护或喷层与二次衬砌混凝土间接触压力的测试。其方法是在围岩与支护、两次支护之间埋设各种压力盒等传感器，了解围岩压力的量值及分布状态，判断围岩和支护的稳定性，分析二次衬砌的稳定性和安全度。

### 一、量测仪器与方法

接触压力量测仪器根据测试原理和测力计结构不同分为液压式测力计和电测式测力计。液压式测力计的优点是结构简单、可靠，现场直接读数，使用比较方便。电测式测力计的优点是测量精度高，可远距离和长期观测。本节以电测式中钢弦式压力盒为例，介绍其原理及测试方法。钢弦式测试技术属于“非电量电测法”的范畴，测试工作系统一般由钢弦式传感器和钢弦频率测定仪组成，如图 6-14 所示。

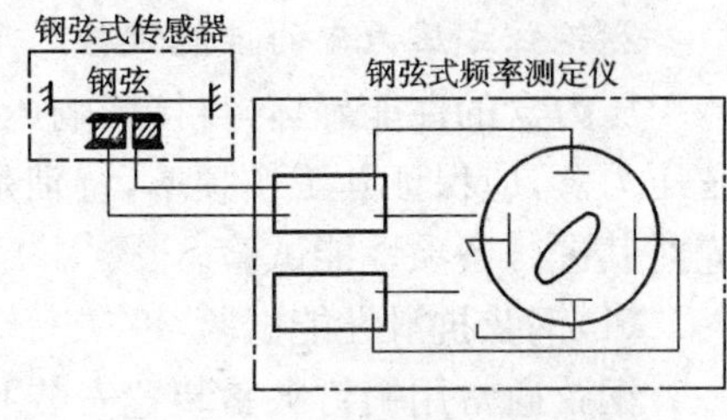

图 6-14　钢弦式测试系统

1.弦测法原理

在传感器中有一根张紧的钢弦，当传感器受外力作用时，弦的内应力发生变化，随着弦的内应力改变，自振频率也相应地发生变化，弦的张力越大，自振频率越高，反之，自振频率越低。钢弦的应变与振动频率有下列关系：

$$f=\frac{1}{2l}\sqrt{\frac{E\varepsilon}{\rho}} \tag{6-8}$$

式中：$f$——钢弦的振动频率；

$l$——钢弦的长度；

$E$——钢弦的弹性模量；

$\varepsilon$——钢弦的应变值；

$\rho$——钢弦的密度。

因此利用钢弦张拉不同(应力不同)而它的自振频率也相应变化的原理，可由测其钢弦的频率变化而得知引起钢弦应力变化的压力盒薄膜所受压力的变化，其关系为：

$$p=k(f^2-f_0^2) \tag{6-9}$$

式中：$f$——压力盒受压后钢弦的频率；

$f_0$——压力盒未受压时钢弦的初频；

$p$——压力盒薄膜所受的压力；

$k$——压力盒系数。

量测钢弦频率的方法是使钢弦在电磁力的作用下激振，起振后将振动频率转换成电量，再进行频率量测。钢弦的激振方式通常有两种：间歇式激振和连续等幅激振。

钢弦式压力盒，作为一种弹性受力元件，具有性能稳定，便于远距离、多点观测，受温度与其他外界条件干扰小的优点。但它也存在着工作条件与标定条件不一致的弱点，还存在着与埋设介质间的刚度匹配、压力盒的边缘效应等问题。近年来，为了克服上述缺点，将单膜改为双膜式压力盒，双膜式压力盒结构见图 6-15。

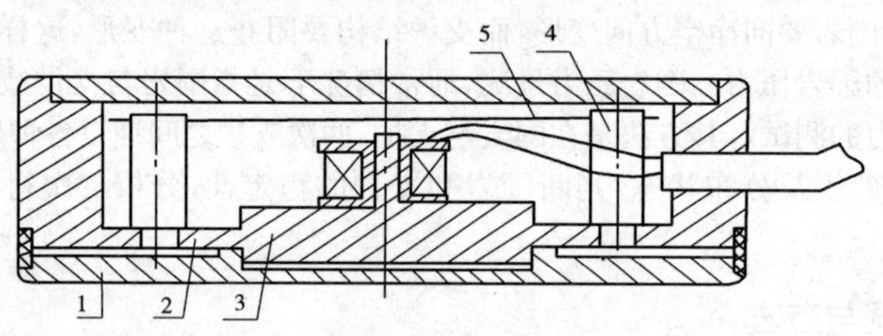


图 6-15 钢弦式双膜压力盒构造图

1-刚性板；2-弹性板；3-传力轴；4-弦夹；5-钢弦

2.钢弦式压力盒的性能试验

压力盒的性能好坏，直接影响压力测量值的可靠性和精确度。对于具有一定灵敏度的钢弦压力盒，应保证其工作频率，特别是初始频率的稳定；压力与频率关系的重复性好，故应用前应对其进行各项性能试验。

(1)钢弦抗滑性能试验

钢弦通常用销钉夹紧装置安装并经过热处理。进行抗滑性试验时，将压力盒放在频率为 50 周/s 的电振动台上持续振动 10～15s，然后检查其结构的初频变化情况。此外，还应作锤击试验。用小木槌以 15 次/min 的速度垂直敲打压力盒承压膜，持续 2min 再测量其初频变化；若初频变化在±10Hz 以内，则可认为性能良好，否则必须卸下钢弦重新安装。

(2)密封防潮试验

试验时，将压力盒放在专设的压力罐中，先让其在水中浸泡 7d，然后加 0.4MPa 的压力，恒压 6h 取出压力盒并启开，检查其密封质量；若无渗漏现象，则可以认为密封防潮良好，可以使用，否则应更换密封圈。压力盒密封试验装置如图 6-16 所示。

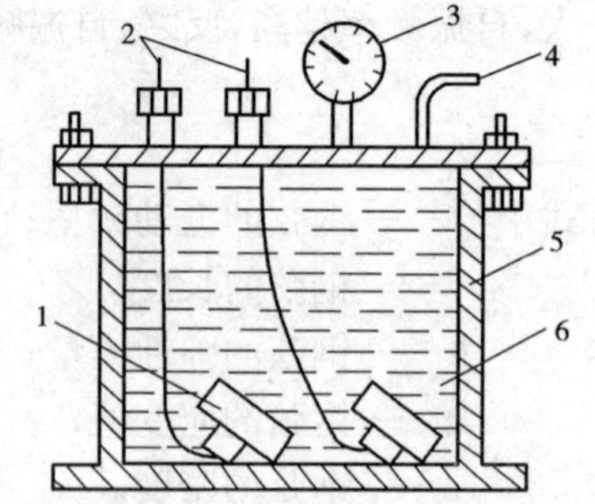


图 6-16 压力盒密封试验装置

1-压力盒；2-引线；3-压力表；4-压力泵接口；5-压力缸；6-水

(3)稳定性试验

稳定性试验是为了检查钢弦压力盒的初始频率在一段较长的时间内是否保持不变。其方法是把已经作过抗滑和密封防潮试验的压力盒在完全不受载荷的情况下静置 1 年，再测量其初始频率值；若仍在±10Hz 的频差范围内，可认为是稳定可靠的。

(4)重复性试验

压力盒的压力与频率重复性，系指在同一试验条件下，压力与频率对应关系的重复性能。压力盒重复性能好，其工作频率也一定稳定可靠。其试验方法与压力盒的标定方法相同。

3. 钢弦式压力盒的标定

压力盒标定，是指在室内测定每个压力盒频率与压力之间的对应关系，并绘出它们的关系特性曲线，以便现场测试使用。

标定是在压力缸或材料试验机上进行的，如图 6-17 所示。

标定前，应先将压力盒预压 3 次(反复由零加至设计最大负荷)，然后开始标定读数。每次读数压力间隔一般为最大压力的 1/8～1/10。标定读数重复进行 3 次，取其平均值，并绘制其压力与频率平方差的关系曲线，即 $p-(f^2-f_0^2)$ 曲线，如图 6-18 所示。

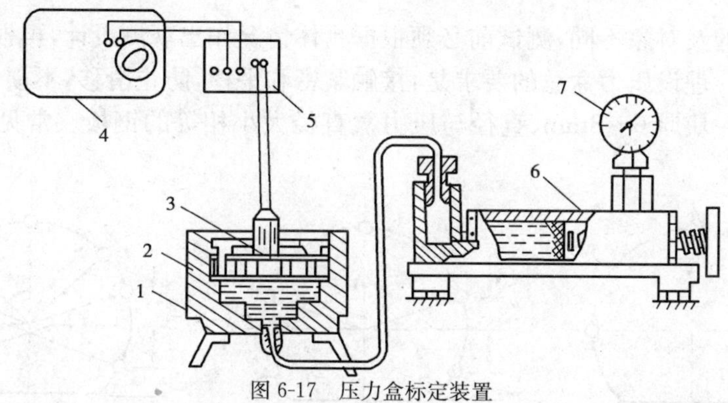

图 6-17　压力盒标定装置

1-油压罐；2-密封圈；3-压力盒；4-钢弦频率仪；5-激发放大器；6-压力泵；7-压力表

## 二、压力盒量程的选定

制订监控量测方案时，传感器量程的选定十分重要，若量程选得过大、过小，都会给量测带来额外误差，甚至测不出数据变化或导致传感器变形元件被拉压破坏。围岩压力传感器量程的选定可根据《公路隧道设计规范》(JTG D70—2004)，深埋隧道围岩松弛荷载(松动围岩压力)按下式计算：

$$q=0.45\times 2^{s-1}\gamma\omega \qquad (6\text{-}10)$$

式中：$q$——垂直均布压力，$kN/m^2$；

$s$——围岩级别；

$\gamma$——围岩重度，$kN/m^3$；

$\omega$——宽度影响系数，$\omega=1+i(B-5)$；

$B$——隧道开挖宽度，m；

$i$——$B$ 每增减 1m 时的围岩压力增减率，以 $B=5m$ 的围岩垂直均布压力为准，当 $B<5m$ 时，取 $i=0.2$；当 $B<5m$ 时，取 $i=0.1$。

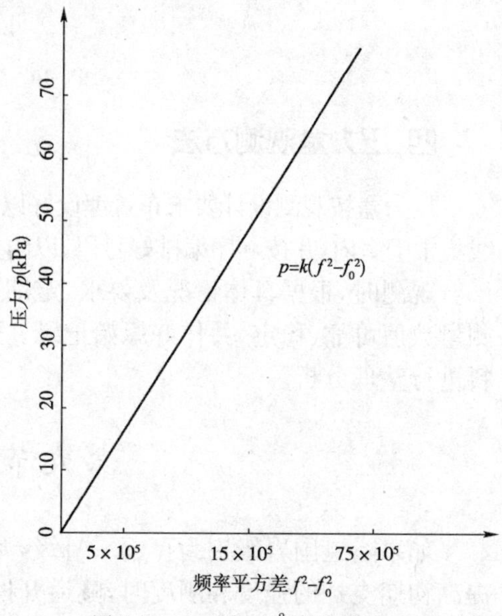

图 6-18　$p$-$(f^2-f_0^2)$标定曲线

在围岩级别确定后，根据上式计算得出垂直与水平围岩压力值，可以大致确定压力传感器的量程，表 6-8 给出了两车道隧道按照围岩级别选定的压力传感器的量程选用值。

两车道隧道围岩压力量测中压力盒量程的选取　　表 6-8

| 围岩级别 | Ⅲ | Ⅳ | Ⅴ | Ⅵ |
|---|---|---|---|---|
| 量程(MPa) | 0.2 | 0.3 | 0.4 | 0.5 |

目前，关于初期支护和二次衬砌荷载分担比例问题争议较大，尚未有明确的结论。建议两车道隧道初期支护与二次衬砌间的接触压力传感器量程的选定可参照表6-9选用。

初期支护与二次衬砌间接触压力传感器的量程选取　表6-9

| 围岩级别 | Ⅳ | Ⅴ | Ⅵ |
|---|---|---|---|
| 量程(MPa) | 0.2 | 0.3 | 0.4 |

## 三、压力盒的布置与埋设

由于测试目的及对象不同，测试前必须根据具体情况作出观测设计，再根据观测设计来布置与埋设压力盒。埋设压力盒总的要求是：接触紧密和平稳，防止滑移，不损伤压力盒及引线，并且需在上面盖一块厚6～8mm、直径与压力盒直径大小相等的钢板。常见压力盒的布置方式如图6-19所示。

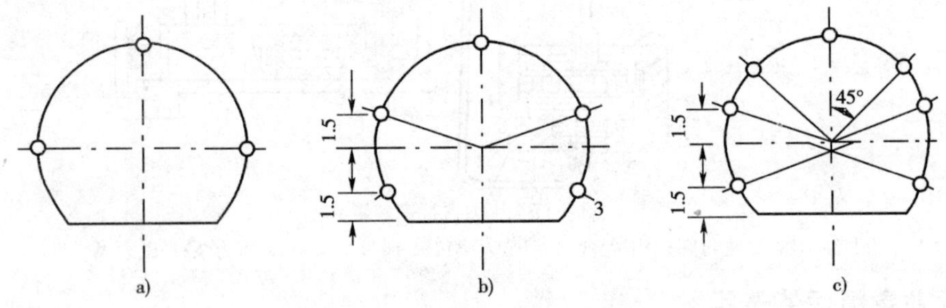


图6-19　压力盒的布置(尺寸单位：m)

## 四、压力盒观测方法

压力盒按观测设计要求布置埋设好以后，应根据实际情况设立观测室，将每个压力盒的电缆引线集中于室内，并按顺序编排好号码，以防弄混。电缆线铺设一定要得当，切不可被压断、拉断。

观测时，根据具体情况及要求，定期进行测量；每次每个压力盒的测量应不少于3次，力求测量数值可靠、稳定，并作好原始记录。这样，通过一段时间现场观测，就可以根据所获得的资料进行整理分析。

# 第九节　钢架应力量测

如果隧道围岩级别为Ⅳ、Ⅴ、Ⅵ级，尤其在浅埋、偏压隧道中，早期围岩压力增长较快，需要提高初期支护的强度和刚度时，隧道开挖后常采用各种钢架进行支护。一般在Ⅴ、Ⅵ级围岩中常采用型钢钢架；Ⅳ级围岩中常采用格栅钢架。通过对钢架的应力量测，可知钢架的实际工作状态，从钢架的性能曲线上可以确定在此压力作用下钢架所具有的安全系数，视具体情况确定是否需要采用加固措施。

## 一、量测目的

(1)了解钢架应力的大小，为钢架选型与设计提供依据。

(2)根据钢架的受力状态，判断围岩和支护结构的稳定性。

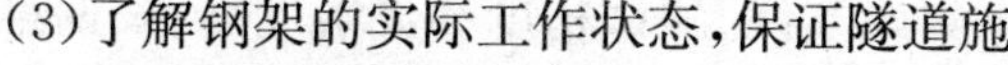

(3)了解钢架的实际工作状态,保证隧道施工安全。

## 二、量测仪器与方法

目前型钢钢架应力量测多采用钢弦式表面应变计,格栅钢架应力量测多采用钢弦式钢筋应力计。钢弦式表面应变计和钢筋应力计均属于电测法,其原理与第八节压力盒的原理基本相同。目前国内已经有使用光纤光栅传感器的表面应变计和钢筋计。这种传感器具有体积小,重量轻,对被测介质影响小,灵敏度和分辨率高,响应速度快,结构简单灵活、安装方便等特点,相信在以后的测试中将得到进一步的应用。

1.型钢钢架应力量测

在型钢拱架的上、下缘分别安装钢弦式表面应变传感器,量测钢架受力后所发生的应变值,然后通过计算获得钢架的应力值。这种方法的优点是:①传感器安装在型钢拱架的表面,由于两者之间连接紧密,从而传感器和型钢拱架的变形相一致,能够比较真实地反映钢架的应变和受力;②传感器内部采用波纹管或弹簧,而波纹管和弹簧灵敏度很高,则钢架产生的微小变形也能被传感器量测;③传感器安装完毕后,在表面覆盖一薄皮铁盒,这不仅可以避免表面应变传感器敏感部位与喷射混凝土直接接触而遭到损坏,而且还可以避免传感器和钢架共同变形时受到喷射混凝土的阻力,确保测量数据的准确;④传感器安装时只要将底座用电焊机直接焊接在被测钢架上即可,现场操作方便快捷;⑤传感器具有一般钢弦式传感器的普遍优点,即长距离测试方便、测试精度和灵敏度高、长期稳定性好、电缆不受潮湿影响等。

工程实践中,也有将钢筋应力传感器直接焊在型钢拱架内缘上,来量测型钢拱架的变形。这种方法用弦的变化来代替圆弧拱的变化。钢筋应力传感器一般采用优质钢材,其强度较高,焊接后对所测部位的型钢拱架起到了加固作用,故所量测的变形值并不是型钢拱架本身受力的变形值,而是两者共同受力产生的变形值。此外,喷射混凝土后,钢筋应力计被包裹在喷射混凝土中,测试结果会受到影响,尤其是喷射混凝土凝固过程中水化热产生的温度效应,使得测试数据偏高。

长安大学对以上两种量测方法进行了对比研究,结果表明,钢筋应力传感器与钢弦式表面应变传感器相比,其刚度很大,焊接后对所测部位的型钢拱架起到了加固作用,力学计算结果表明,其所量测的变形值并不是型钢拱架本身受力的变形值,而是两者共同受力产生的变形值;有限元模拟结果表明,由于钢筋应力计的存在,增加了型钢拱架的截面面积,使得钢拱架在焊有钢筋应力计部位的轴力减小了20%左右;弯矩减小了10%~20%;钢弦式表面应变传感器内部采用波纹管或弹簧,灵敏度很高,能够比较真实地反映钢架的应变和受力。推荐采用钢弦式表面应变计量测型钢拱架应力。

由于型钢钢架在隧道工程中一般都受压,而钢材的屈服极限应变在1 700~1 800$\mu\varepsilon$,根据这一屈服极限应变乘以1.5的安全系数(含传感器弹性元件长期荷载只用到量程的75%),即可得量测型钢钢架应力的表面应变传感器量程(−1 000~2 700$\mu\varepsilon$)。

2.格栅钢架应力量测

格栅钢架由于是采用钢筋焊接而成的,在进行应力量测时,可以采用钢弦式钢筋应力传感器。钢筋应力传感器的选择,应该确保传感器与格栅主筋的直径相同。安装时,按照钢弦式钢筋传感器的长度将格栅主筋截开一段,然后将其焊接上去。由于该方法属于钢弦式传感器,因此具有钢弦式传感器普遍的优点，即具有长距离测试方便、测试精度和灵敏度高、长期稳定性好、环境影响小等特点。

量测格栅钢架应力的钢筋应力传感器量程选定，要与格栅主筋的设计参数相匹配，即采用与主筋直径相同的钢筋应力传感器。

### 三、应力、应变计的布置与埋设

钢架应力量测前必须根据具体的围岩情况做出监测设计，再根据监测设计来布置应变计或钢筋计。在Ⅴ、Ⅵ级围岩中，钢架常采用型钢钢架，监测时，在横断面上，根据钢架的长度和围岩的具体情况选择不同的测点进行监测，一般在某一测点位置的上下缘布设一对表面应变计，固定在固定座上时，拉压螺栓要适当；在Ⅳ级围岩中，常采用格栅钢架，监测时，选择与格栅主筋直径相同的钢筋计焊接到适当的部位，监测钢架应力、应变的变化。应力、应变计在隧道周边的布置与压力盒基本相同。在应力、应变计安装时，应尽量使应力计与钢筋同心，防止钢筋计偏心或应变计受扭而影响元件的使用和读数的准确性；此外，将钢筋计焊接在格栅主筋时，要注意给钢筋计降温，以防温度过高烧坏钢筋计的钢弦。

在埋设时，应注意对测试元件、测线的保护，防止由于埋设不当而使元件不能正常工作，或者埋设后测线被扯断。

### 四、应力、应变计的观测方法

应力、应变计的观测与同一断面压力盒的观测频率相同，一般埋设初期观测频率较高，后期观测频率较低。

观测时，根据具体情况及要求，定期进行测量；每次每个测点的测量应不少于 3 次，力求测量数值可靠、稳定，并作好原始记录。这样，通过一段时间现场观测，就可以根据所获得的资料进行整理分析。

## 第十节　混凝土应力量测

混凝土应力量测包括喷射混凝土和二次衬砌模筑混凝土应力量测。其目的是了解混凝土层的变形特性以及混凝土的应力状态；掌握喷层所受应力的大小，判断喷射混凝土层的稳定状况；判断支护结构长期使用的可靠性以及安全程度；检验二次衬砌设计的合理性；积累资料。

### 一、量测仪器与方法

混凝土应力量测包括初期支护喷射混凝土应力量测和二次衬砌模筑混凝土应力量测，对于应力的量测是将量测元件(装置)直接安装于喷层或二次衬砌中，在围岩逐渐变形过程中由不受力状态逐渐过渡到受力状态。为了使量测数据能直接反映混凝土层的变形状态和受力的大小，要求量测元件材质的弹性模量应与混凝土层的弹性模量相近，从而不致引起混凝土层应力的异常分布，以免量测出的应力(应变)失真，影响评价效果。

目前，用于量测混凝土应力的方法主要有应力(应变)计量测法、应变砖量测法。

1. 应力(应变)计量测法

混凝土应变计是量测混凝土应力的常用仪器，量测时将应变计埋入混凝土层内，通过钢弦频率测定仪测出应变计受力后的振动频率，然后从事先标定出的频率—应变曲线上求出作用在混凝土层上的应变，然后再转求应力。图6-20为钢弦式混凝土应变计结构图。

图 6-20　钢弦式混凝土应变计结构图

混凝土应变传感器的量程选定最好是预计压力的 2 倍或按混凝土强度等级确定。

2. 应变砖量测法

应变砖量测法，也称电阻量测法。所谓应变砖，实质上是由电阻应变片，外加银箔防护做成银箔应变计，再用混凝土材料制成(50～120)mm×40mm×25mm 的矩形立方块(外壳形如砖)，由于可测出应变量故名应变砖。

量测时应变砖直接埋入混凝土内，混凝土在围岩应力的作用下，由不受力状态逐渐过渡到受力状态，应变砖也随着产生应力，由于应变砖和混凝土基本上是同类材料，埋入混凝土的应变砖不会引起应力的异常变化，所以应变砖可直接反应混凝土层的变形与受力的大小，这是应变砖量测较其他量测方法较优之处。

采用电阻应变仪量测出应变砖应变量的大小，然后从事先标定出应变砖的应力—应变曲线上可求出混凝土层所受应力的大小。

## 二、测试断面的布置

混凝土应力量测在纵断面上应与其他选测项目的布置基本相同，一般布设在有代表性的围岩段，在横断面上除了要与锚杆受力量测测孔相对应布设外，还要在有代表性的部位布设测点，在实际量测中通常有三测点、六测点、九测点等多种布置形式，在二次衬砌内布设时，一般应在衬砌的内外两侧进行布置，有时也可在仰拱上布置一些测点，测点布置如图 6-21 所示。

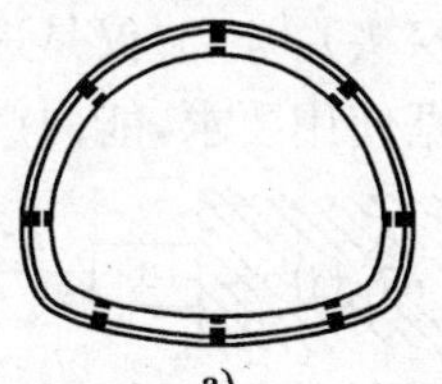
a)

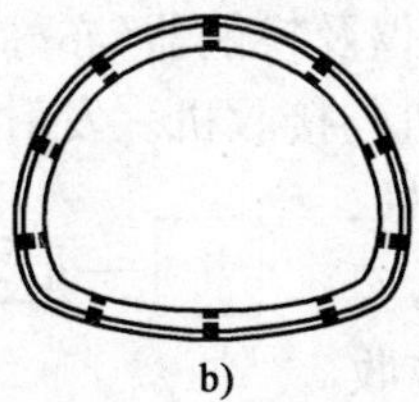
b)

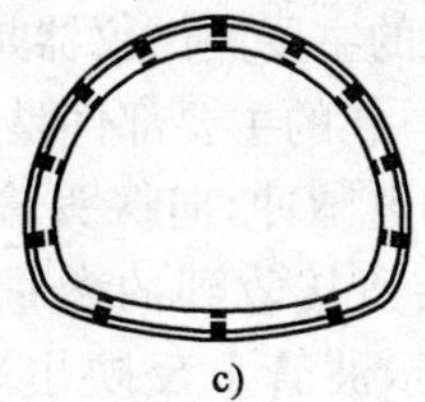
c)

图 6-21　混凝土应力量测点布置图

a)八测点；b)十测点；c)十二测点

## 三、混凝土应力量测及频率

测定混凝土应力时，不论采用哪一种量测法，均要根据现场的具体情况及量测要求，定期进行量测，每次对每一应力计、应变计的量测应不少于 3 次，力求量测数据可靠、准确。取其量测的平均值作为当次的数据，并做好记录。量测频率与其他选测项目量测频率相同。

随着量测数据的积累，应绘制喷层混凝土应力随开挖面变化的关系曲线，以便掌握试验断面处喷层混凝土应力随开挖工作面前进距离变化的关系；此外，还应绘制喷层混凝土应力随时间变化的关系曲线，以便掌握量测断面处不同部位喷层混凝土应力随时间的变化关系。

# 第十一节 围岩声波测试

围岩声波测试，是地球物理探测方法中的一种，通常泛指声波（频率2～20kHz）和超声波（20kHz以上）测试，因目前国内岩体测试中激发的弹性波频率大都在声波范围内，故一般称为声波测试。声波测试，具有快速、简易、经济等特点，在地下工程测试中，被广泛地用来测定岩体物理性质（动弹性模量、岩体强度、完整性系数等），判别围岩稳定状态，提供工程围岩分类的参数。

## 一、基本原理

岩体声波测试，是借助于对岩体（岩石）施加动荷载，激发弹性波在介质中的传播，来研究岩体（岩石）的物理力学性质及其构造特征，一般用波速、波幅、频谱等参数进行表征。岩体虽非理想弹性介质，但如果作用应力小且持续时间短，所产生的质点位移量也非常小，一般不超过其弹性变形范围，在这种特定条件下，则可把岩体视为弹性介质，这是用弹性波法对岩体进行测试的基础。目前在声测指标中应用较普遍的是纵波速度，次之为横波速度和波幅变化的观测。在岩体中，波的传播速度与岩体的密度及弹性常数有关，受岩体结构构造、地下水、应力状态的影响，一般说来有如下规律：①岩体风化、破碎、结构面发育，则波速低衰减快，频谱复杂；②岩体充水或应力增加，则波速增高，衰减减少，频谱简化；③岩体不均匀性和各向异性使波速与频谱的变化也相应地表现出不均一性和各向异性。

利用上述原理，在岩体中造成一小扰动，根据所得的弹性波（声波）在岩体中的传播特性与正常情况相比，即可判定岩体受力后的形态。

## 二、测试仪器

声波测试的主要测试仪器是声波仪及换能器（亦称声测探头）。声波仪是进行声波测试的主要仪器设备，它的主要部件是发射机与接收机。发射机根据使用要求，能向声波测试探头输出一定频率的电脉冲，向探头输出能量。接收机将探头所接收到的微量信号，经过放大，并在示波管上反映出来。接收机不仅要求能够正确显示声波波形，而且要求在测得声波时能直接测得发射探头发射后到达接收探头的时间间隔，以便计算波速。纵波与横波主要根据起始波到达的时间及其波形特性辨别。目前国内应用的声波仪主要有SYC-Z岩石参数测定仪及YB4—四线岩体波速仪等。图6-22示出了声波测试仪器的工作原理。

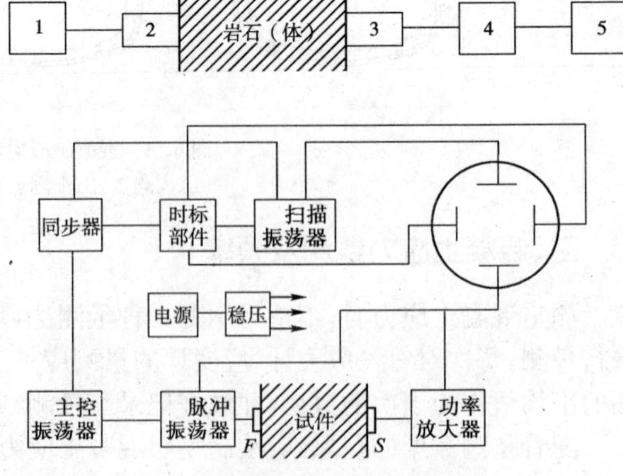


图6-22 声波测试仪器工作原理图

1-振荡器；2-发射换能器；3-接受换能器；4-放大器；5-显示器

声波测试探头（换能器），按其功能

可分为发射换能器和接收换能器，其主要元件都是压电陶瓷，主要功能是将声波仪输出的电脉冲变为声波能，或将声波能变为电信号输送给接收机。

发射换能器要求具有较高的发射能量(效率)，接收换能器要求具有较高的灵敏度。两种换能器通常是专用的，各用其长，但有时可互相使用。国内换能器种类较多，按其结构可分为增压式、喇叭式和弯曲式等。增压式主要用于岩体钻孔测试中，其优点是在较宽的频带内有较高的灵敏度，但由于钢管侧面有缝，使径向振动声场分布不均匀，方向性很强；喇叭式(夹心式)主要用于岩体(岩石)表面测试或岩柱的透测测试中，弯曲式则主要用于室内小试件高频超声测试。

## 三、围岩声波测试项目及其测试方法

1.测试项目

地下工程岩体中可采用声波测试的项目很多，主要有：①地下工程位置的地质剖面检测(声波测井)，用以划分岩层，了解岩层破碎情况和风化程度等；②岩体力学参数如弹性模量、抗压强度等的测定；③围岩稳定状态的分析，如测定围岩松动圈大小等；④判定围岩的分级，如测定岩体波速和完整性系数等。后两者是围岩声测中的两个重要项目。

2.测试方法

(1)围岩松动圈的测定。围岩松动圈是设计地下工程和评定围岩稳定性的重要参数之一。测定松动圈的原理，主要是声波传播速度决定于岩体完整性程度。完整岩体的波速一般较高，而在应力下降、裂隙扩张的松动区波速相对下降，因而在围岩压密区(应力升高区)和松动区之间会出现明显的波速变化。应当指出，松动区不等于塑性区，它是塑性区中岩体松弛部分。

测试方法有单孔法(图 6-23)和双孔法(图 6-24)。

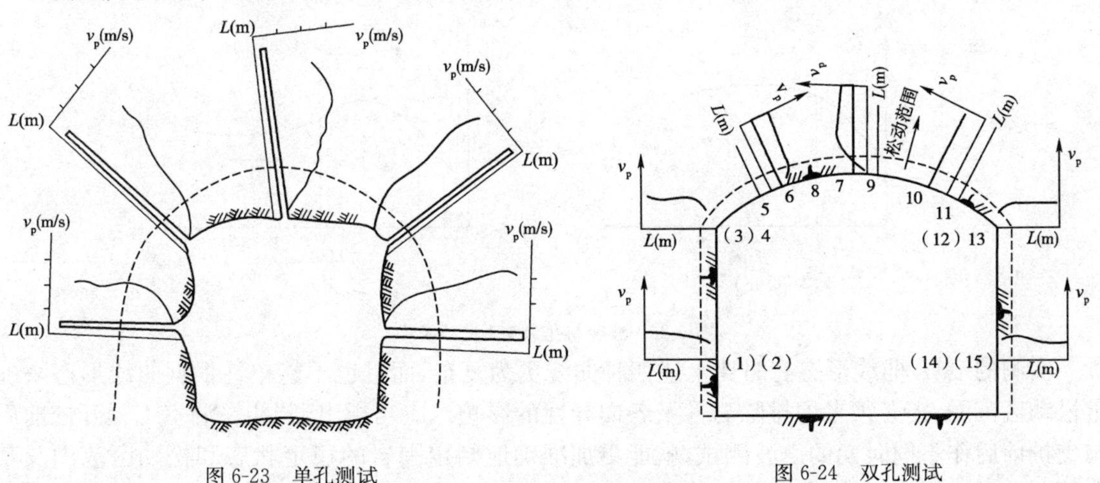


图 6-23 单孔测试

图 6-24 双孔测试

单孔测量是用风钻在岩体中打一小孔，将发射换能器和接收换能器组装在一起，放入充满液体的测孔中。换能器的组装方式有一发一收，一发二收、二发二收等。通常采用一发二收，如图 6-25 所示，该组合由一个发射换能器和两个接收换能器组成，固定三组相对位置，以两个接收换能器为实测距离。观察顺序为，发射后，先读取至“收$_2$”的纵、横波传播的时间 $t_{p2}$ 和 $t_{s2}$，再读取至“收$_1$”的 $t_{p1}$ 和 $t_{s1}$。不难证明下式：

$$v_p=\frac{df}{t_{p2}-t_{p1}}=\frac{df}{\Delta t_p}=\frac{ec}{\Delta t_p} \tag{6-11}$$

$$v_s=\frac{df}{t_{s2}-t_{s1}}=\frac{df}{\Delta t_s}=\frac{ec}{\Delta t_s} \tag{6-12}$$

测试时，不断移动换能器，即可获得孔深与波速的关系曲线。

双孔测试是目前应用较广的方法，它受局部岩体的影响小，一般采用双孔同步、单发单收的方式。在测试断面的测试部位，打一对小孔，孔间距离一般为 1～1.5m，在一孔中放入发射换能器，另一孔中放入接收换能器，平行移动这两个换能器，即可得声波与孔深的曲线关系。

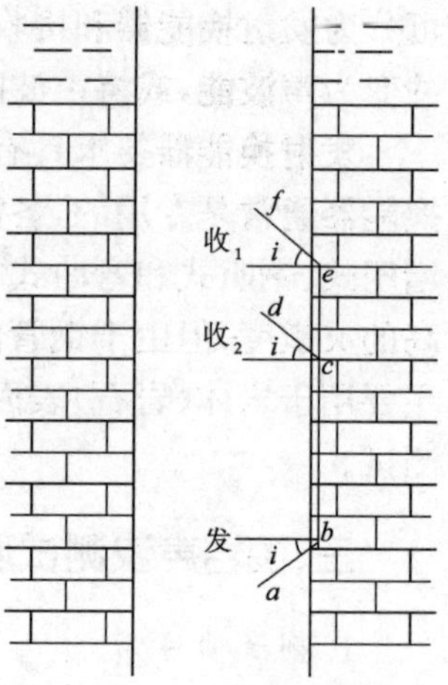

根据实测资料，波速与孔深关系曲线类型大致可归纳为四种类型，如图 6-26 所示。

图 6-25 一发二收示意图

①“—”形，无明显分带，表示围岩较完整。

②“/”形，无松弛带，有应力升高，表示围岩较坚硬。

③“ ┌”形，无应力升高带，有松弛带，但应分清是爆破松动还是围岩进入塑性松动。

④“凸”形，松弛带、应力升高带均有。

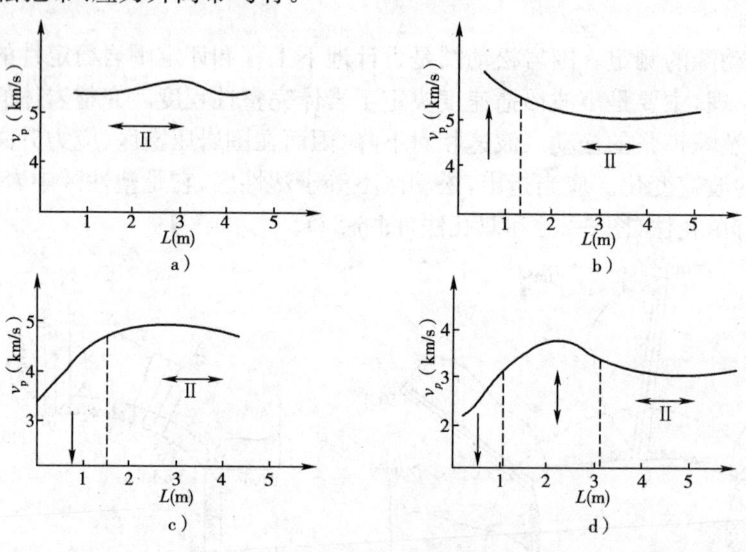


图 6-26 波速与孔深关系曲线类型

实测的 $v_p$-$L$ 曲线形态有时比上述四种曲线更为复杂，而且也不能单纯根据曲线形态来确定松动区范围，还必须考虑排除岩性及各向异性的影响。应当指出，若能在洞室工程开挖前后与支护前后作不同时期的声波测试，就能更加准确地判定围岩的稳定状态和松动区范围及其发展过程。

(2)围岩分类的声波测试。在当前国内外的围岩分类中，常引用岩体纵波速度以及岩体与岩块波速比的平方作为围岩分类的判据。通常，岩体的波速越高，表明岩体越坚硬，弹性性能越强，结构越完整，所含较弱的结构面减少。但有时波速并不反映岩体完整性好，如有些破碎硬岩的波速高于完整性较好的软岩，因此还要采用岩体完整性系数 $K_v=\left(\frac{v_{mp}}{v_{rp}}\right)^2$ 来反映岩体的完整性，$v_{mp}$为岩体纵波速度，$v_{rp}$为岩块纵波速度，$K_v$ 越接近于 1，表示岩体越完整。

在软岩与极其破碎的岩体中，有时无法取出完整而扰动不严重的岩块，不能测取岩块的纵波速度，这时可用相对完整系数 $K_x=\left(\frac{v_{mp}}{v_{zp}}\right)^2$ 代替 $K_v$ 进行判断，$v_{zp}$为岩体纵波速度最大值，在具体工程中，要结合岩体结构、岩体应力状况分析应用，如软弱完整岩体应力高的情况下，测出的 $v_{zp}$偏高，$K_x$ 值偏小。若岩体极破碎，岩体应力又小的情况下，测出的 $v_{zp}$偏低，$K_x$ 值偏高。

围岩分类中声波测试方法，除采用钻孔法外，还可采用锤击法。锤击法受开挖影响较明显，测得波速比用钻孔法测得的偏低。在围岩分类中，必须考虑不同情况下测取波速的差异，而应分别采用不同的标准。

(3)动弹性模量的测试。动弹性模量是用弹性波法求得的，在无限介质条件下，

$$E_d=\rho v_p^2\frac{(1+\mu)(1-2\mu)}{1-\mu} \text{ 或 } E_d=\rho v_s^2\frac{3v_p^2-4v_s^2}{2v_p^2-v_s^2} \tag{6-13}$$

式中：$v_s$、$v_p$——分别为横波与纵波的波速。

在有限介质条件下：

①棒[$\lambda\geqslant(5\sim10)d, l/d>3$]：$E_d=\rho v_b^2$，$v_b$ 为细长杆的纵波波速，$\lambda$ 为波长，$d$ 为棒的直径，$l$ 为棒的长度。

②板[$\lambda\leqslant0.1l, \lambda>10\delta$]：$E_d=\rho v_e^2(1-\mu^2)$，$v_e$ 为板中的纵波速度，$\lambda$ 为波长，$l$ 为板的长度，$\delta$ 为板的厚度。

## 第十二节 量测数据处理及应用

### 一、量测数据的处理

1. 量测数据处理的目的

由于现场量测所得的原始数据，不可避免地具有一定的离散性，其中包含着测量误差甚至测试错误。不经过整理和数学处理的量测数据一时难以直接利用。数学处理的目的是：

(1)将同一量测断面的各种量测数据进行分析对比、相互印证，以确认量测结果的可靠性；

(2)探求围岩变形或支护系统的受力随时间变化规律、空间分布规律，判定围岩和支护系统稳定状态。

2. 量测数据处理的内容及方法

量测数据的整理尽量采用微机管理，可用 Excel 软件进行管理。其主要内容包括：

(1)绘制位移、应力、应变随时间变化的曲线—时态曲线；

(2)绘制位移速率、应力速率、应变速率随时间变化的曲线；

(3)绘制位移、应力、应变随开挖面推进变化的曲线—空间曲线；

(4)绘制位移、应力、应变随围岩深度变化的曲线；

(5)绘制接触压力、支护结构应力在隧道横断面上的分布图。

由于量测误差所造成的离散性，按实测数据所绘制的位移等物理量随时间或空间变化的散点图上下波动，很不规则，难以用来分析。因此，需要采用数学处理的方法，将实测数据整理成实验曲线或经验公式。

回归分析是目前量测数据处理的主要方法，通过对量测数据回归分析可以预测最终值和各阶段的变化速率。常用的回归曲线方程有以下几种：

(1)对数函数

$$u=A+B\ln(1+t) \tag{6-14a}$$

$$u=\ln[(B+T)/(B+t_0)] \tag{6-14b}$$

(2)指数函数

$$u=Ae^{-B/t} \tag{6-15a}$$

$$u=A(e^{-Bt_0}-e^{-BT}) \tag{6-15b}$$

(3)双曲函数

$$u=t/(A+Bt) \tag{6-16a}$$

$$u=A\{[1/(1+Bt_0)]^2-[1/(1+BT)]^2\} \tag{6-16b}$$

式中：$u$——位移值，mm；

$A$、$B$——回归系数；

$t$——量测时间，d；

$t_0$——测点初读数时距开挖时的时间，d；

$T$——量测时距开挖时的时间，d。

3.回归分析的方法与步骤

(1)在以时间为横坐标、位移为纵坐标的坐标系中，标出由量测值确定的各对应的实测点，即得所谓散点图，如图6-27所示。

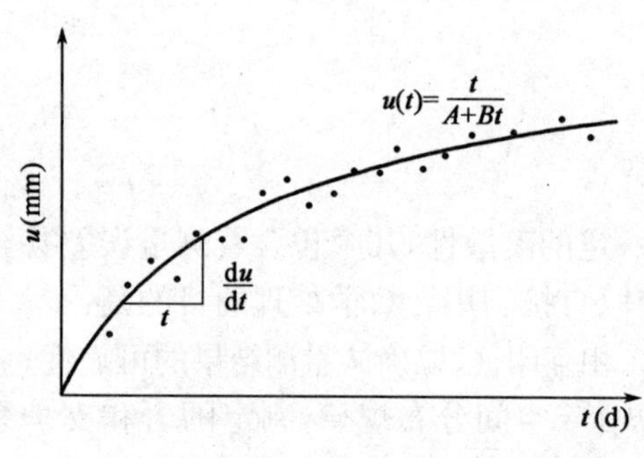


图6-27 位移时态曲线

(2)根据实测点描绘出光滑的试验曲线。它一般不可能通过所有实测点，但应注意使曲线尽量接近所有实测点，并使实测点分布在试验曲线的两边，如图6-27所示。

(3)根据所描绘的试验曲线形状选择回归函数。一般来说，位移时态曲线都是非线性的。在位移随时间渐趋稳定的情况下，可选择常用的对数函数、指数函数或双曲线函数。函数中的待定系数可以按量测数据，通过最小二乘法求得。

设有一组实测数据：

$$t_1、t_2、t_3、\cdots、t_i、\cdots、t_n，$$

$$u_1、u_2、u_3、\cdots、u_i、\cdots、u_n。$$

选择双曲线函数 $u=t/(A+Bt)$ 作为回归函数，求 $A$、$B$ 值。由于上述函数是非线性的，通常都需先将其线性化。如将上式改写为：

$$1/u=A/t+B \tag{6-17}$$

令 $y=1/u,x=1/t$，则得：

$$y = Ax + B \tag{6-18}$$

则各试验点与它的偏差为：

$$d_i = Ax_i + B - y_i = \frac{A}{t_i} + \mathrm{B} - \frac{1}{u_i} \tag{6-19}$$

根据最小二乘法原理，$A$、$B$ 应满足下面条件：

$$\sum_{i=1}^{n} d_i^2 = \sum_{i=1}^{n} (Ax_i + B - y_i)^2 = \min \tag{6-20}$$

为满足式(6-20)应有：

$$\partial(\sum_{i=1}^{n} d_i)/\partial A = \sum_{i=1}^{n} 2(Ax_i + B - y_i)x_i = 0 \tag{6-21}$$

$$\partial(\sum_{i=1}^{n} d_i)/\partial B = \sum_{i=1}^{n} 2(Ax_i + B - y_i) = 0 \tag{6-22}$$

联立以上方程可得：

$$A = (n\sum_{i=1}^{n} x_i y_i - \sum_{i=1}^{n} x_i \sum_{i=1}^{n} y_i)/[n\sum_{i=1}^{n} x_i^2 - (\sum_{i=1}^{n} x_i)^2] \tag{6-23}$$

$$B = (\sum_{i=1}^{n} x_i^2 \sum_{i=1}^{n} y_i - \sum_{i=1}^{n} x_i \sum_{i}^{n} x_i y_i)/[n\sum_{i=1}^{n} x_i^2 - (\sum_{i=1}^{n} x_i)^2] \tag{6-24}$$

将 $x_i = 1/t_i$，$y_i = 1/u_i$ 代入。即可求得 $A$，$B$，并可以按下式求得回归精度。

$$S = \sum_{i=1}^{n} (Ax_i + B - y_i)^2/(n-2) \tag{6-25}$$

求得回归函数后，可以进一步修改原先所描绘的试验曲线。

(4)根据上述的回归函数可以预测最终的位移值($t=\infty$)：$u_\infty = 1/B$ 以及 $\mathrm{d}u/\mathrm{d}t$，$\mathrm{d}^2u/\mathrm{d}^2t$，都是判断稳定性的重要指标。如果位移曲线始终保持 $\mathrm{d}^2u/\mathrm{d}^2t < 0$，说明位移速率不断下降，这是稳定的标准。若出现 $\mathrm{d}^2u/\mathrm{d}^2t \geqslant 0$，说明位移速率维持不变或不断增大，表明围岩进入危险状态。

## 二、量测数据的应用

量测所得到的信息目前可通过理论计算(反分析)和经验方法两种途径来实现反馈。用有限元、边界元等和反分析技术结合的理论分析方法，计算结果可起到定性的作用。由于岩体结构的复杂性和多样性，在计算理论上做了近似和简化，另一方面理论计算的输入参数不易取得，理论计算分析还未达到定量标准。当前广泛采用经验方法来实现反馈。根据“经验”(包括调研及必要的理论分析)建立一套判断准则，然后根据量测结果(经过处理的)判断围岩稳定性及支护系统的可靠性，以便及时调整设计参数和进行施工决策。下面重点介绍以位移为基础的判断准则和施工管理标准。

1.根据位移值进行施工管理

(1)根据极限位移值进行施工管理

按照《公路隧道施工技术细则》(JTG/T F60—2009)规定，实测位移值不应大于隧道的极限位移，并按表6-10位移量测数据管理等级进行量测管理和指导施工。一般情况下，宜将隧道设计的预留变形量(见表6-11)作为极限位移，而设计预留变形量应根据监测结果不断修正。

位移量测数据管理等级 表 6-10

| 管理等级 | 管理位移值 | 施工状态 |
| --- | --- | --- |
| Ⅲ | $u<u_n/3$ | 可以正常施工 |
| Ⅱ | $u_n/3\leqslant u\leqslant 2u_n/3$ | 应加强支护 |
| Ⅰ | $u>2u_n/3$ | 应采取特殊的措施 |

注：$u$-实测位移值；$u_n$-预留变形量。

设计预留变形量 表 6-11

| 围岩级别 | 预留变形量(mm) | | 围岩级别 | 预留变形量(mm) | |
| --- | --- | --- | --- | --- | --- |
| Ⅰ | 两车道 | — | Ⅳ | 两车道 | 50～80 |
| | 三车道 | — | | 三车道 | 80～120 |
| Ⅱ | 两车道 | — | Ⅴ | 两车道 | 80～120 |
| | 三车道 | 10～50 | | 三车道 | 100～150 |
| Ⅲ | 两车道 | 20～50 | Ⅵ | 两车道 | 现场量测确定 |
| | 三车道 | 50～80 | | 三车道 | |

注：1. 围岩破碎取大值，围岩完整取小值。

2. 有明显流变和膨胀性岩体，应根据量测信息反馈计算分析选定。

①当量测位移 $u<u_n/3$，表明围岩稳定，可以正常施工。

②当量测位移 $u_n/3\leqslant u\leqslant 2u_n/3$ 时，表明围岩变形偏大，应密切注意围岩动向，可采取一定的加强措施，如加密、加长锚杆等。

③当量测位移 $u>2u_n/3$ 时，表明围岩变形很大，应先停止掘进，并采取特殊的加固措施，如超前支护、注浆加固等。

④实测最大位移值或预测最大位移值不大于 $2u_n/3$ 时，可认为初期支护达到基本稳定。

(2) 根据位移速率进行施工管理

①当位移速率大于 1mm/d 时，表明围岩处于急剧变形阶段，应密切关注围岩动态。

②当位移速率在 1～0.2mm/d 之间时，表明围岩处于缓慢变形阶段。

③当位移速率小于 0.2mm/d 时，表明围岩已达到基本稳定，可以进行二次衬砌作业。

(3)根据位移时态曲线进行施工管理

①当位移速率很快变小，时态曲线很快平缓，如图 6-28a)所示，表明围岩稳定性好，可适当减弱支护。

②当位移速率逐渐变小，即 $d^2u/dt^2<0$，时态曲线趋于平缓，如图 6-28b)所示，表明围岩变形趋于稳定，可正常施工。

③当位移速率不变，即 $d^2u/dt^2=0$，时态曲线直线上升，如图 6-28c)所示，表明围岩变形急剧增长，无稳定趋势，应及时加强支护，必要时暂停掘进。

④当位移速率逐步增大，即 $d^2u/dt^2>0$，时态曲线出现反弯点，如图 6-28d)所示，表明围岩已处于不稳定状态，应停止掘进，及时采取加固措施。

(4)二次衬砌的施作条件

二次模筑混凝土衬砌的施工，应根据监控量测结果，在围岩和初期支护变形基本稳定后进行。当围岩条件差，变形较大，不稳定，并出现明显流变特性时，二次衬砌承受因围岩流变产生的压力和松散压力，须根据设计要求加强初期支护并及早施作仰拱和二次衬砌。

2. 支护效果判别准则

(1)围岩压力及初期支护与二次衬砌间接触压力

应将量测压力先换算成结构内力，再按《公路隧道设计规范》(JTG D70—2004)第 9.2.4 条规定的安全系数进行判定。

(2)钢架应力

可根据钢材的抗拉、抗压极限强度来判别型钢钢架的受力安全性，依据《型钢混凝土组合结构技术规程》(JGJ 138—2001)中规定，HPB235(Q235)钢材的屈服强度为 235MPa，抗拉极限强度为 375MPa；HRB335(20MnSi)钢材的屈服强度为 340MPa，抗拉极限强度为 520MPa。

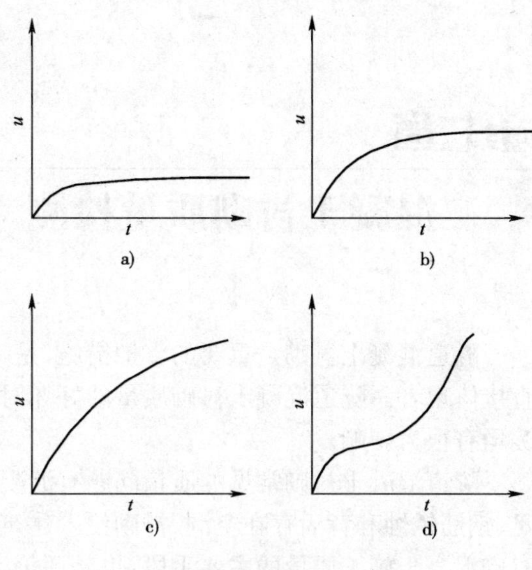


图 6-28　典型位移时态曲线

(3)锚杆应力

锚杆应力应小于钢材的屈服强度，HPB235(Q235)钢材的屈服强度为 235MPa；HRB335(20MnSi)钢材的屈服强度为 340MPa。

(4)喷混凝土内力

按《公路隧道设计规范》(JTG D70—2004)第 9.2.4 条规定的安全系数进行判定。

(5)二次衬砌

① 周边位移判别标准

关于二次衬砌长期稳定性判别，目前国内外尚无具体标准。根据我国铁路部门在下坑隧道、大瑶山隧道、金家岩隧道和柴家坡隧道等几座铁路隧道长期观测的结果得出：当位移速率小于 1～2mm/年时，认为二次衬砌是稳定的。

②二次衬砌内力

按《公路隧道设计规范》(JTG D70—2004)第 9.2.4 条规定的安全系数进行判定。

# 第七章

# 混凝土衬砌质量检测

隧道混凝土衬砌是重要的支护措施，是隧道防水工程的最后一道防线，也是隧道外观美的直接体现者。隧道混凝土衬砌质量的好坏对隧道的长期稳定、使用功能的正常发挥以及外观美均有很大影响。

隧道混凝土衬砌常见的质量问题有混凝土开裂和内部缺陷、混凝土强度不够、衬砌厚度不足、钢筋锈蚀和背后存在空洞、衬砌侵入建筑限界等。因此，混凝土衬砌质量检测不仅是控制衬砌混凝土施工质量的主要手段，也是评价运营隧道衬砌现状所必需的。

混凝土衬砌质量检测的内容与衬砌结构的形式、施工方法直接相关。从结构形式上，隧道混凝土衬砌可以分为：复合式衬砌结构中的喷射混凝土和模筑混凝土、整体式衬砌、明洞衬砌。按施工方法，可以分为：喷射混凝土、模筑现浇混凝土、预制拼装混凝土衬砌三种。根据围岩条件和隧道结构特征的不同，部分衬砌需要设置仰拱，并根据衬砌受力特点，确定是否需要配筋及配筋率大小。

混凝土衬砌质量检测方法的选择取决于：①检测目的及内容；②衬砌结构形式；③经济技术条件；④检测人员的素质和管理水平等。对于常用的检测方法，按照检测内容可以分为：衬砌混凝土强度、厚度、钢筋、混凝土缺陷和几何尺寸检测等。根据检测与施工工序的时间关系，可以分为施工检测和工后或运营检测。

## 第一节　施 工 检 查

加强对衬砌混凝土各道施工工序的检查，是防止混凝土出现局部裂缝、内部缺陷、厚度和强度不足等质量问题的有效措施。依据《公路隧道施工技术规范》(JTG F60—2009)、《公路隧道施工技术细则》(JTG/T F60—2009)和《公路工程质量检验评定标准》(JTG F80/1—2004)，衬砌混凝土施工期间的质量检查包括以下五个方面。

### 一、衬砌施工的条件

1. 整体式衬砌的开挖轮廓线要求

隧道开挖后，围岩壁面凹凸不平。如果出现超、欠挖，或是围岩变形较大，使隧道轮廓局部严重凹凸不平，壁面不够平顺，若不予处理，就会造成衬砌混凝土厚度不足或衬砌背后出现不密实区。所以在衬砌混凝土浇筑之前，或用尺量，或用隧道断面仪对衬砌施工前的隧道毛洞实际轮廓进行检测。如果凸出部分基面已侵入衬砌断面，则应在浇筑前进行处理，以保证衬砌混凝土厚度。

围岩超、欠挖的要求同第三章中开挖质量检测中的有关内容。

2.隧道围岩稳定性要求

(1)复合式衬砌采用仰拱超前时,应根据对围岩和支护变形规律的监控量测结果确定二次衬砌的施作时间。

(2)在一般情况下,二次衬砌应在围岩和初期支护变形基本稳定后施作。变形基本稳定应符合隧道周边位移速度有明显减缓趋势。其中,Ⅰ～Ⅳ级围岩趋于稳定的参考值是:周边位移速率小于0.2 mm/d,拱顶下沉速率小于0.15 mm/d。当围岩变形较大,流变特性明显时,应加强初期支护或采用其他辅助工程措施。对已完成衬砌地段,应继续观察衬砌的稳定状态,注意变形、开裂、侵入净空等现象,及时记录。

(3)在特殊条件下(如松散堆积体、浅埋地段等)修建隧道,应及时施作二次衬砌。

3.基础地基承载能力要求

基础施工检查的重点是基坑及地基承载能力检查。首先基坑的基本尺寸应符合设计要求。在不良地质条件下,基坑开挖可能会遇到种种困难,这时应采用锚喷支护或其他措施,加强对外壁围岩的支护,保证基坑基本尺寸。其次,浇筑混凝土前,应清理基坑内的浮渣,排清基坑内的积水。当地质条件发生不利变化时,还应注意检查基底承载力。基础在浇筑前,还应检查排水管铺设情况是否畅通,外壁面上的防水板是否严密,止水带预埋位置是否准确,预留长度是否合适等。

## 二、衬砌混凝土浇筑施工检查

1.模板

衬砌模板的质量在一定程度上决定着隧道衬砌的外观质量,并影响着衬砌的内在质量,因此,在施工前和施工过程中都应进行严格的质量检查。

(1)模板及支架应有足够的刚度、强度和稳定性。拱架是模板的依托,一般说来其强度不会存在大的问题,但其整体刚度不足常常引起衬砌质量问题。拱架的刚度可由计算或试验方法来检验,拱架的整体刚度通过单个拱架的钢架型号或架间距来调整。

(2)拱架应有规整的外形。拱架在使用前应先在样台上试拼,各架间的轮廓径向尺寸差不宜大于10mm;前后两端的拱架外形应尽量一致,最大径向尺寸差不大于5mm,以免前后两环衬砌间出现错台。

(3)模板长度和宽度均不宜过大。模板长度过大容易造成板块刚度不足,宽度较大不利衬砌的弯曲过渡。其长度一般可取100cm,最大不应超过150cm;其宽度一般为50cm,并配若干块较窄的模板,宽为30cm。

(4)拱架和模板设置位置应准确。架设时应按隧道中线和高程就位,反复校核,在施工允许误差范围内尽量减小误差。拱架(包括模板)高程应预留沉落量。施工中应随时测量、调整。

(5)挡头板安装可靠,封堵严实。挡头板按衬砌断面制作,安装时要注意止水带两侧以及与初期支护或岩壁间应嵌堵密实,固定应可靠。施工缝挡头板应设预留槽成型条,并满足止水产品安设要求。

(6)浇筑模筑混凝土前应将模板内的杂物、积水和钢筋上的油污清除干净。钢模板应涂脱模剂,木模板应用水湿润,模板接缝不应漏浆。在涂刷模板隔离剂时,不得污染钢筋。

(7)隧道主洞模筑混凝土衬砌施工宜采用全断面衬砌模板台车。全断面衬砌模板台车就位应以隧道中线为准,按线路方向垂直架设。顶模设置通气孔、注浆管。全断面衬砌模板台车模板应留振捣窗,振捣窗间距纵向不宜大于3m,横向不宜大于2.5m,振捣窗不宜小于45cm×45cm。

(8)采用拼装模板施工时,应采用先墙后拱或全断面浇筑,不得采用先拱后墙浇筑。

(9)模板安装前应检查隧道中线、高程、断面和净空尺寸;检查防水板、排水盲管、预埋件等隐蔽工程,做好记录。

(10)模板安装施工质量应满足施工规范要求(表7-1)。

**衬砌模板安装质量要求** 表7-1

| 项 次 | 检查项目 | 规定值或允许偏差 | 检查方法和频次 |
|---|---|---|---|
| 1 | 平面位置及高程(mm) | ±15 | 尺量:全部 |
| 2 | 起拱线高程(mm) | ±10 | 水准仪测量:全部 |
| 3 | 拱顶高程(mm) | +10,0 | 水准仪测量:全部 |
| 4 | 模板平整度(mm) | 5 | 2m靠尺和塞尺:每3m测5点 |
| 5 | 相邻浇筑段表面错台(mm) | ±10 | 尺量:全部 |

2. 钢筋

(1)钢筋加工与连接

钢筋加工一般应采用冷加工,加工前应调直,表面污渍及锈迹应清除干净。钢筋加工后表面不应有削弱钢筋截面的伤痕。当采用冷拉方法矫直钢筋时,钢筋的矫直伸长率应满足:HPB级钢筋不得超过2%,HRB级钢筋不得超过1%。

(2)钢筋绑扎、连接

衬砌钢筋连接应满足:横向筋与纵向筋的每个节点均必须进行绑扎或焊接;受力主筋的搭接应采用焊接;相邻主筋搭接位置应错开,错开距离应不小于1 000mm;同一受力钢筋的两处搭接,距离应不小于1 500mm;箍筋连接点应在纵横向筋的交叉连接处,必须进行绑扎或焊接,以保证两层主筋之间的间距。

钢筋的绑扎、间距、数量、位置必须满足设计和施工规范要求(表7-2)。

**衬砌钢筋实测项目及要求** 表7-2

<table>
<tr><th>项 次</th><th colspan="3">检查项目</th><th>规定值或允许偏差</th><th>检查方法和频次</th></tr>
<tr><td>1</td><td colspan="3">主筋间距(mm)</td><td>±10</td><td>每20m检查5点</td></tr>
<tr><td>2</td><td colspan="3">两层钢筋间距(mm)</td><td>±5</td><td>每20m检查5点</td></tr>
<tr><td>3</td><td colspan="3">箍筋间距(mm)</td><td>±20</td><td>每20m检查5处</td></tr>
<tr><td rowspan="4">4</td><td rowspan="4">绑扎搭接长度</td><td rowspan="2">受拉</td><td>HPB级钢筋</td><td>30d</td><td rowspan="4">每20m检查3个接头</td></tr>
<tr><td>HRB级钢筋</td><td>35d</td></tr>
<tr><td rowspan="2">受压</td><td>HPB级钢筋</td><td>20d</td></tr>
<tr><td>HRB级钢筋</td><td>25d</td></tr>
<tr><td>5</td><td>钢筋加工</td><td colspan="2">长度(mm)</td><td>−10,+5</td><td>每20m检查2根</td></tr>
<tr><td>6</td><td>钢筋保护层</td><td colspan="2">厚度(mm)</td><td>+10,−5</td><td>两端、中间各量1处</td></tr>
</table>

(3)钢筋保护层厚度

保护层的厚度应满足设计要求,偏差满足表 7-2 的要求。工后用于钢筋直径和位置检测的方法有电磁感应法、雷达波反射法等。

3.衬砌混凝土材料

(1)混凝土拌制前,应测定砂、石含水率,并根据测试结果调整材料用量,提出施工配合比。冬季施工的防水混凝土,应掺用加气剂降低原有的水胶比,并按冬季施工有关要求施工。调制混凝土拌和物时,水泥质量偏差不得超过±1%,集料质量偏差不得超过±2%,水及外加剂质量偏差不得超过±1%。混凝土中总碱含量($Na_2O$+0.658 $K_2O$)不得大于 3kg/m³。

(2)衬砌混凝土应选用级配、质地良好的河砂。钢筋混凝土严禁采用海砂。素混凝土采用海砂时,砂中氯化物含量应小于 0.02%(以氯离子质量计)。砂中不得混有杂物,有害物质含量满足表 7-3 规定。天然砂采用硫酸钠溶液法进行坚固性试验时,砂样 5 次循环后的总质量损失应小于 8%。人工砂采用压碎指标法进行坚固性试验时,单级最大压碎指标应小于 25%。

衬砌混凝土用砂中有害物含量标准 表 7-3

| 项 目 | 规定值 | 项 目 | 规定值 |
|---|---|---|---|
| 含泥量(按质量计,%) | <3 | 硫化物及硫酸盐(按 $SO_3$ 质量计,%) | <0.5 |
| 其中泥块含量(按质量计,%) | <1.0 | 氯化物(以氯离子质量计,%) | <0.02 |
| 云母含量(按质量计,%) | <2 | 有机物含量(用比色法试验) | 合格 |
| 轻物质含量(按质量计,%) | <1 | 砂中如含有颗粒状的硫酸盐或硫化物,应进行混凝土耐久性试验,满足设计要求时方能使用 | |

(3)混凝土用粗集料(卵石和碎石)的级配应符合规定。粗集料最大粒径不应超过结构最小边尺寸的 1/4,且不应超过钢筋最小净距的 3/4,在两层或多层密布钢筋结构中不应超过钢筋最小净距的 1/2,并且不应超过 90mm。泵送混凝土粗集料最大粒径,对碎石不宜超过输送管径的 1/3,对于卵石不宜超过输送管径的 1/2.5。粗集料中不得混有杂物,粗集料中针片状颗粒含量,按质量计应小于 8%。其有害物质含量应符合表 7-4 的规定。施工前应对粗集料进行碱活性检验。粗集料采用硫酸钠溶液法进行坚固性试验时,样品 5 次循环后的总质量损失应小于 8%。卵石单级最大压碎指标应小于 16%,碎石单级最大压碎指标应小于 20%。

衬砌混凝土用粗集料中有害物含量标准 表 7-4

| 项 目 | 规定值 | 项 目 | 规定值 |
|---|---|---|---|
| 含泥量(按质量计,%) | <1 | 氯化物(以氯离子质量计,%) | <0.02 |
| 其中泥块含量(按质量计,%) | <0.5 | 有机物含量(用比色法试验) | 合格 |
| 硫化物及硫酸盐(按 $SO_3$ 质量计,%) | <1.0 | | |

(4)严禁使用含氯化物的水泥。素混凝土中,氯化物的含量不超过水泥含量的 2%;钢筋混凝土密实时,氯化物的含量不超过水泥含量的 0.3%。环境潮湿且含有氯离子时,氯化物的含量不超过水泥含量的 0.1%。

(5)拌制混凝土用的水应采用饮用水或符合表 7-5 要求的其他水源。

衬砌混凝土拌制用水标准 表 7-5

| 项 目 | 钢筋混凝土 | 素混凝土 |
| --- | --- | --- |
| pH 值 | ≥4.5 | ≥4.5 |
| 不溶物含量(mg/L) | ≤2 000 | ≤5 000 |
| 可溶物含量(mg/L) | ≤5 000 | ≤10 000 |
| $Cl^-$ 含量(mg/L) | ≤1 000 | ≤3 500 |
| $SO_4^{2-}$ 含量(mg/L) | ≤ 2000 | ≤2 700 |
| 碱含量(mg/L) | ≤1 500 | ≤1 500 |

注:碱含量按 $Na_2O+0.658K_2O$ 计算值来表示。采用非碱活性集料时,可不检验碱含量。

(6)泵送混凝土性能要求。由于采用混凝土泵输送混凝土拌和物,可一次连续完成垂直和水平运输,而且可以进行浇筑,因而生产效率高,节约劳动力。对于长及特长隧道,随混凝土浇筑的工作面远离隧道洞口,泵送混凝土浇筑工艺的优点尤为突出。泵送混凝土除了具备普通混凝土的强度和稳定性外,还必须具有相应的流动性。另外,泵送混凝土要求具有比一般灌注混凝土更好的流动性、可塑性、稳定性及和易性,这是与普通混凝土配合比设计的主要不同之处。如混凝土坍落度不稳定,黏聚性和保水性差,混凝土和易性差,轻集料吸水性大,外加剂不适合等,均可能造成的泵送管道堵塞。因此,对混凝土粗集料、细集料、水泥品种、外加剂的选择等都必须严格控制。满足《混凝土泵送施工技术规程》(JGJ/T 10—1995)要求。如选用保水性好、泌水性小的硅酸盐水泥和普通硅酸盐水泥,最少水泥用量宜为 300kg/m³;碎石的最大粒径与输送管内径之比,宜小于或等于 1:3,卵石则宜小于或等于 1:2.5;细集料级配中,细度模数为 2.3～3.2,粒径在 0.315mm 以下的细集料所占的比例不应小于 15%;泵送混凝土的坍落度宜为 8～18cm,可以通过掺粉煤灰提高坍落度,泵送混凝土的水灰比一般宜在 0.4～0.70。

4. 衬砌混凝土浇筑

(1)衬砌混凝土配合比、强度和坍落度等检查根据有关规范进行。其中,混凝土抗压强度按以下方法评定。

试样按边长 150mm 立方体标准养生 28d,3 件为 1 组。每单元结构应制取 2 组,或 80～200m³ 制取 2 组。

抗压强度(MPa)合格标准按试件组数 $n\geqslant10$ 采用数理统计评定,或 $n<10$ 时同批 $n$ 组混凝土试件强度($R_n$)满足 $R_n\geqslant1.15R$,且 $n$ 组试件强度的最小值 $R_{min}\geqslant0.95R$。试样强度采用数理统计评定时需满足 $R_n-K_1S_n\geqslant0.9R$,$R_{min}\geqslant K_2R$,其中,$S_n$ 为同批 $n$ 组试件强度的标准差(MPa),$K_1$ 和 $K_2$ 取值根据试样组数按表 7-6 确定。

**$K_1$ 和 $K_2$ 取值** 表 7-6

| 组数 $n$ | 10～14 | 15～24 | ≥25 | 组数 $n$ | 10～14 | ≥15 |
| --- | --- | --- | --- | --- | --- | --- |
| $K_1$ | 1.7 | 1.65 | 1.60 | $K_2$ | 0.9 | 0.85 |

(2)混凝土浇筑应采用混凝土输送泵输送入模。混凝土应采用混凝土搅拌运输车,应确保混凝土在运送中不产生离析、撒落及混入杂物,并在混凝土初凝前浇筑。

(3)混凝土的入模温度应在 5～32℃ 区间。灌筑前,应除去喷射混凝土或防水层表面灰粉并洒水润湿。

(4)灌筑混凝土应振捣密实,防止收缩开裂,振捣时不应破坏防水层。特别要加强角落部位、钢筋密度大部位和拱顶部位的振捣检查。

(5)二次衬砌宜采用全断面一次或先墙后拱法浇筑混凝土。采用拼装模板施工时,边墙基础宜结合边墙一次施工完成。边墙基础与边墙分次浇筑时,边墙基础顶面应凿毛、清洗。

(6)按封顶工艺施作,确保拱顶混凝土密实。二次衬砌背后需填充注浆时,应预留注浆孔。拱部衬砌浇筑时应预留注浆孔,注浆间距不得大于3m,且每模台车范围内的预留孔应不少于4个。拱顶注浆应在衬砌混凝土强度达到100%后进行,注浆压力应小于0.1MPa。

(7)衬砌混凝土的施工质量应满足表7-7要求。

衬砌混凝土施工质量标准 表7-7

| 序号 | 检查项目 | 规定值或允许偏差 | 检查方法和频率 |
|---|---|---|---|
| 1 | 混凝土强度 | 在合格标准内 | 试件强度试验报告 |
| 2 | 边墙平面位置(mm) | ±10 | 尺量:全部 |
| 3 | 拱部高程(mm) | +30,0 | 水准仪测量(按桩号) |
| 4 | 初砌厚度 | 不小于设计值 | 激光断面仪或地质雷达随机检查 |
| 5 | 边墙、拱部表面平整度(mm) | 15 | 2m直尺、塞尺:每侧检查5处;或断面仪测量 |

5. 仰拱和底板

(1)仰拱施工前,必须将隧底虚渣、杂物、积水等清除干净,超挖在允许范围内应采用与衬砌相同强度等级混凝土浇筑,超挖大于规定时,应按设计要求回填。仰拱充填采用片石混凝土时,片石应距模板50mm以上,片石间距应大于粗集料的最大粒径,并应分层摆放。

(2)仰拱填充时严禁侵入衬砌断面(或仰拱断面),仰拱以上的混凝土或片石混凝土应在仰拱混凝土达到设计强度的70%后方可施工。

(3)仰拱宜超前拱墙衬砌施工,其超前距离宜保持3倍以上衬砌循环作业长度。

(4)仰拱施作应优先选择各段一次成型,避免分部浇筑。

(5)仰拱施工缝和变形缝处应作防水处理,其工艺按有关规定办理。

(6)底板施工前应清除隧底虚渣、杂物和积水。

(7)底板坡面应平顺,确保水流畅通。

(8)仰拱和底板混凝土强度达到设计强度100%后方可允许车辆通行。

6. 明洞和洞门

(1)隧道洞门应在隧道开挖的初期完成。

(2)基础必须置于稳固的地基上,混凝土浇筑前必须将虚渣、杂物、风化软层和水泥清除干净。边墙基础完成后应及时回填。

(3)洞门端墙的砌筑不得对衬砌产生偏压。

(4)明洞、洞门衬砌完成后,其上方仰坡脚受破坏时,应及时处理。

(5)洞门混凝土的施工质量应满足表7-8要求。

## 三、拆模板检查

在衬砌混凝土达到一定强度之后才能拆除衬砌模板。施工中常常为了加快工程进度而提前拆模,造成低强度混凝土过量承载,致使衬砌出现裂缝。适宜的拆模时间应根据实际采用的混凝土的强度—时间(龄期)关系曲线确定。

洞门混凝土施工质量标准 表7-8

| 序号 | 项　目 | 规定值或允许偏差(mm) | 检验方法 |
|---|---|---|---|
| 1 | 强度 | 在合格标准内 | 同衬砌混凝土 |
| 2 | 平面位置 | 50 | 仪器测量:每边不少于4处 |
| 3 | 断面尺寸 | 不小于设计值 | |
| 4 | 顶面高程 | ±20 | |
| 5 | 底面高程 | ±50 | |
| 6 | 表面平整度 | 5 | 2m靠尺测量:拱部不少于2处,墙部不少于4处 |
| 7 | 竖直度或坡度(%) | 0.5 | 吊垂线:每边不少于4处 |

《公路隧道施工技术规范》(JTG F60—2009)规定拆除拱架、墙架和模板,应符合以下要求:

(1)不承受外荷载的拱、墙,混凝土强度应达到5.0MPa。

(2)承受围岩压力的拱、墙以及封顶和封口的混凝土应达到设计强度,满足设计要求。

## 四、明洞回填

明洞衬砌完成后,应及时进行回填,并符合下列要求。

1.明洞墙背回填施工

(1)当墙背垂直开挖,超挖数量较小时,应采用与边墙相同的材料同时灌注;超挖数量较大时,应用浆砌片石回填。

(2)由墙底起坡开挖或在已成路堑增建明洞时,必须按设计要求办理,不应任意抛填土石。

(3)墙后有排水设施时,应与回填同时施工,并保证能使渗水顺畅排出。

2.明洞拱背回填施工

(1)拱圈灌筑完成,在外模拆除后应立即施作防水层,随即回填拱背。

(2)拱圈混凝土达到设计强度70%且拱顶回填高度达到0.7m以上时,方可拆除拱架。

(3)拱背回填必须对称分层夯实,每层厚度不宜大于0.3 m,其两侧回填的土面高差不得大于0.5 m;回填至拱顶后亦应分层填筑。

(4)拱形明洞防水层施工时,施工前应用水泥砂浆将衬砌外表涂抹平顺;防水卷材应与拱背粘贴紧密,并适当向洞内延伸。

(5)墙后有排水设施时,应与回填同时施工。明洞结构的防水应符合第五章的有关规定。

## 五、养护

(1)混凝土拆模后应立即养护。普通混凝土7d,掺外加剂的14d。采用硅酸盐水泥、普通硅酸盐水泥或矿渣硅酸盐水泥拌制的混凝土养护时间不得少于7d,有抗渗要求的混凝土养护时间不得少于14d。

(2)覆盖或洒水养护。

(3)在寒冷地区,应做好衬砌保温工作。混凝土内部温度与环境温度差不得超过20℃;混凝土的降温速率最大不应超过3℃/d。

## 第二节　回弹法检测混凝土强度

现场混凝土测强的检测方法很多，如钻芯法、拔出法、压痕法、射击法、回弹法、超声法、回弹超声综合法、超声衰减综合法、射线法、落球法等。回弹法、回弹超声综合法是应用最广的无损检测方法。这些方法的基本原理是：混凝土试块的抗压强度与无损检测的参数（超声声速值、回弹值、拔出力等）之间建立起来的关系曲线，称为测强曲线，它是无损检测推定混凝土强度的基础。测强曲线根据材料来源，分为统一测强曲线、地区测强曲线和专用（率定）测强曲线三类。

### 一、检测原理及特点

利用回弹仪检测普通混凝土结构构件抗压强度的方法简称回弹法。回弹仪是一种直射锤击式仪器。

（1）原理

回弹法的原理是：由于混凝土的抗压强度与其表面硬度之间存在某种相关关系，而回弹仪的弹击锤被一定的弹力打击在混凝土表面上，其回弹高度（通过回弹仪读得回弹值）与混凝土表面硬度呈一定的比例关系。因此以回弹值反映混凝土表面硬度，根据表面硬度则可推求混凝土的抗压强度。

（2）特点

用回弹法检测混凝土抗压强度虽然检测精度不高，但是设备简单、操作方便、测试迅速，以及检测费用低廉，且不破坏混凝土的正常使用，故在现场直接测定中使用较多。

该方法影响因素较多，如操作方法、仪器性能、气候条件等都会影响测定结果，产生较大误差，必须掌握正确的操作方法，注意回弹仪的保养和校正，这样可以减小测量误差。

在《回弹法检测混凝土抗压强度技术规程》（JGJ/T 23—2011）中规定，回弹法检测混凝土的自然养护龄期为14～1 000d，抗压强度为10～60MPa，不适用于表层及内部质量有明显差异或内部存在缺陷的混凝土构件和特种成型工艺制作的混凝土检测。这大大限制了回弹法的检测范围，例如不适用于既有建筑中混凝土龄期超过3年，以及遭受火灾、冻害、化学腐蚀等混凝土的强度检测。解决这些问题的方法主要是采用钻芯法和回弹法相结合，对这两种方法的检测数据进行适当处理，基本上可以满足上述混凝土的强度检测，但不适用于内部存在缺陷的混凝土强度检测。

另外，由于高强混凝土的强度基数较大，即使只有15%的相对误差，其绝对误差也会很大而使检测结果失去意义。

### 二、仪器

量测回弹值使用的仪器为回弹仪。回弹仪的质量及其稳定性是保证回弹法检测精度的技术关键。

1. 类型

国内回弹仪的构造及零部件和装配质量必须符合现行国家标准《回弹仪》（GB/T 9138—

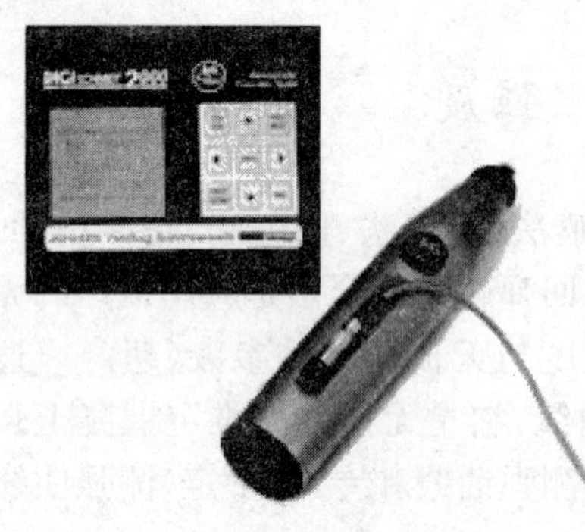

图 7-1 Digi-Schmidt2000 回弹仪

1988)的要求。回弹仪按回弹冲击能量大小分为重型、中型和轻型。普通混凝土强度等级≤C50 时通常采用中型回弹仪;混凝土强度等级≥C60 时,宜采用重型回弹仪。

传统的回弹仪检测是通过直接读取回弹仪指针所在位置读数—直读式。目前已有的新产品有:自记式、带微型工控机的自动记录及处理数据等功能的回弹仪。如 Digi-Schmidt 2000 混凝土数显式回弹仪(图 7-1)通过液晶显示屏显示,自动删除最大值、最小值,直接读取混凝土强度 $f^{c}_{cu}$,智能,便捷,与微机连接存取数据和打印。

2. 检测性能影响因素

影响回弹仪检测性能的主要因素有:①回弹仪机芯主要零件的装配尺寸,包括弹击拉簧的工作长度、弹击锤的冲击长度以及弹击锤的起跳位置等;②主要零件的质量,包括拉簧刚度、弹击杆前端的球面半径、指针长度和摩擦力、影响弹击锤起跳的有关零件;③机芯装配质量,如调零螺钉、固定弹击拉簧和机芯同轴度等。

所采用的回弹仪除应符合现行国家标准《回弹仪》(GB/T 9138—1998)的规定外,还应符合下列标准状态的要求:①水平弹击时,在弹击锤脱钩的瞬间,回弹仪弹击锤的冲击能量应为 2.207J;②弹击锤与弹击杆碰撞的瞬间,弹击拉簧应处于自由状态,检定器上指针滑块刻线应置于“0”处;③回弹仪使用时,环境温度应为−4～40℃。另外,对于数字式回弹仪,应带有指直读示值系统,且数字显示的回弹值与指针直读值相差不超过 1。

3. 钢砧率定作用

我国规定,在洛氏硬度 HRC 为 60±2 的钢砧上,回弹仪的率定值应为 80±2。如率定试验不在 80±2 的范围内,应对仪器进行保养后再率定,如仍不合格应送检定单位检定。率定试验不在 80±2 范围内的仪器,不得用于测试。

回弹仪率定应在室温(5～35℃)下进行。在符合标准的钢砧上,分 4 个方向进行,每个方向弹击前,弹击杆应旋转 90°。每个方向的平均值应为 80±2。

由上述影响回弹仪检测性能的主要因素可知,仅以钢砧率定方法作为检验合格与否往往是欠妥的。只有在仪器三个装配尺寸和主要零件质量合格的前提下,钢砧率定值才能够作为检验合格与否的一项标准。

当回弹仪出现弹击次数超过 2 000 次或在钢砧上的率定值不合格或对检测值有怀疑等情况之一时,应进行保养。

## 三、检测强度值的影响因素

回弹法是表面硬度法的一种,其基本原理是根据混凝土结构表面约 6mm 厚度范围的弹塑性性能,间接推定混凝土的表面强度,并认为在一般情况下,构件竖向侧面的混凝土表面强度与内部一致。因此,混凝土构件的表面状态直接影响推定值的准确性和合理性。

1. 原材料

(1)水泥

水泥品种对回弹法测强的影响，还存在争议。一种观点认为，只要考虑了碳化深度的影响，可以不考虑水泥品种的影响。

(2)集料

已有的研究表明，普通混凝土用细集料的品种和粒径，只要符合《普通混凝土用砂、石质量及检验方法标准》(JGJ 52—2006)的规定，对回弹法测强的影响不显著。

(3)粗集料

粗集料品种的影响，目前还没有一致的认识。一般在制定地方测强曲线时，结合具体情况予以考虑。

2. 外加剂

在普通混凝土中，外加剂对回弹法测强的影响不显著。掺有外掺剂的混凝土测强曲线比不掺者的强度偏高 1.5～5MPa。这对于采用统一测强曲线进行的回弹法检测，所得混凝土强度的安全性是可以接受的。

3. 成型方法

总体上，不同强度等级、不同用途的混凝土混合物，应有各自相应的最佳成型工艺。但是只要混凝土密实，其影响一般较小。但是喷射混凝土和表面通过特殊物理、化学方法成型的混凝土，统一测强曲线的应用要慎重。

4. 养护方法及湿度

混凝土在潮湿的环境或水中养护时，由于水化作用较好，早期和后期强度均比在干燥条件下养护的高，但表面硬度由于被水软化而降低。不同的养护方法产生不同的湿度对混凝土强度及回弹值都有很大的影响。

标准养护与自然养护的混凝土含水率不同，强度发展不同，表面强度也不同，在早期，这种差异更明显。

湿度对混凝土的强度影响较大，但随强度的增加，湿度的影响逐渐减小。

5. 碳化及龄期

水泥一经水化游离出大约 35%的氢氧化钙，它对混凝土的硬化起了重大作用。已经硬化的混凝土表面受到二氧化碳作用，使氢氧化钙逐渐变化，生成硬度较高的碳酸钙，即发生混凝土的碳化现象，它对回弹法测强有显著影响。

碳化使混凝土表面硬度增加，回弹值 $R$ 增大，但对混凝土强度 $f_{cu}$ 影响不大，从而影响“$f_{cu}$-$R$”相关关系。不同的碳化深度对其影响不一样，对不同强度等级的混凝土，同一碳化深度的影响也有差异。

消除碳化影响的方法，有不同的方法。国外的做法是磨去混凝土碳化层或不允许对龄期较长的混凝土进行测试。我国的研究表明，用碳化深度作为一个测强参数来反映碳化的影响。

虽然回弹值随碳化深度的增加而增大，但碳化深度达到 6mm，这种影响基本不再增长。

6. 泵送混凝土

根据福建建筑研究院的试验研究，对于泵送混凝土用测区混凝土强度换算得出的换算强度值 $f_{cu}^{c}$ 普遍低于混凝土的实际抗压强度(试件强度)值 $f_{cu}$。换算强度值 $f_{cu}^{c}$ 越低，误差越大，且正偏差居多。当 $f_{cu}^{c}$ 在 50MPa 以上时，影响减小。误差修正可以按表 7-9 执行。

泵送混凝土误差影响修正值 $K$　　表 7-9

| 碳化深度(mm) | 换算强度值(MPa) | | | | |
|---|---|---|---|---|---|
| $d_m=0$<br>$d_m=0.5$<br>$d_m=1.0$ | $f_{cu}^{c}$(MPa) | ≤40.0 | 45.0 | 50.0 | 55.0～60.0 |
| | $K$(MPa) | +4.5 | +3.0 | +1.5 | 0.0 |
| $d_m=1.5$<br>$d_m=2.0$ | $f_{cu}^{c}$(MPa) | ≤30.0 | 35.0 | 40.0～60.0 | |
| | $K$(MPa) | +3.0 | +1.5 | 0.0 | |

7. 混凝土表面缺陷

根据检测经验，构件混凝土局部表面偶尔出现异常状态，强度异常低，在分析排除施工或材料异常的情况下，应考虑存在混凝土表面与内部强度差异较大的可能。造成表面强度局部异常的常见原因有施工振捣过甚，表面离析，砂浆层太厚，局部混凝土表面潮湿软化，构件表面粗糙，检测前未按要求认真打磨等操作失误或测区划分错误。混凝土表层强度几乎不影响构件的承载力和刚度，因此若仍按规程以测区强度最小值来推定，必然过于保守，可能导致错误决策，故有必要先进行异常值的判断，当判定属于数据异常时，有条件的可采取钻芯法进一步检测。

8. 混凝土结构中表层钢筋对回弹值的影响

采用回弹仪所测得的回弹值只代表混凝土表面层 2～3 cm 厚的质量。因此，在实际工作中，钢筋对回弹值的影响要视钢筋混凝土保护层厚度、钢筋直径及疏密程度而定。如果在工程施工中，按规定混凝土中钢筋保护层厚度普遍大于 20 mm，用回弹仪进行对比回弹，混凝土回弹值波动幅度不大，可视为没有影响。通常情况下，混凝土保护层厚度基本大于规范规定值，在回弹检测混凝土强度过程中，对钢筋的影响可忽略不计。

## 四、检测方法

1. 数据采集

(1)工程资料

用回弹法检测前，应全面、正确了解被测结构的情况。如混凝土设计参数、混凝土实际所用混合物材料、结构名称、结构形式。

(2)抽检

混凝土强度检测可按单个构件或按批量进行。其中，单个构件检测应符合以下规定：

①一般构件检测区数不少于 10 个。当受检构件数量大于 30 个且不需要提供单个构件推定强度或受检构件某一方向尺寸不大于 4.5m 且另一方向尺寸不大于 0.3m 时，每个构件的测区数量可以适当减少，但不应少于 5 个。

②测区宜布置在构件的两个对称的侧面上。测区面积不宜大于 $0.04m^2$，相邻两测区的间距不应大于 2m。

③测区距构件端部或施工缝的距离不宜大于 0.5m，且不宜小于 0.2m。

④测区表面应为混凝土原浆面，应清洁、平整。

对于同强度、配合比、生产工艺和养护条件的一批同类混凝土构件，应按批量检测，随机抽取构件。抽取构件的数量不宜少于同批构件总数的30%,且不宜少于10件。当检验批构件数量大于30个时,在满足相关规定的前提下可以适当减少。

(3)测区回弹值

测区的选定采用抽检的办法,在不超过0.2m×0.2m的范围内,测点均匀分布。所选测区相对平整和清洁,不存在蜂窝和麻面,也没有任何破损,如裂缝和裂纹、剥落和层裂现象等。按照利用回弹仪进行无损检测的规范,即根据《回弹法检测混凝土抗压强度技术规程》(JGJ/T 23—2011)的规定,在每一个检测区测取16个回弹值。每一个读数都精确到1。测点间距不小于20mm,测点距检测泵道混凝土强度时,测区应是在混凝土浇筑侧面。构件边缘不小于30mm。在检测时,回弹仪的轴线始终垂直于被检测区的测点所在面。同一测点不得重复测读。

(4)碳化深度

在有代表性的测区进行碳化深度测定。测点数不少于构件测区数的30%,并以平均值作为该构件测区值。当碳化深度极差值大于2.0mm时,应在每个测区进行碳化深度测定。读数应精确至0.25mm,三次测量平均值均应精确至0.5mm。

2.强度计算

(1)回弹值计算

从每一个测区所得的16个回弹值中,剔除3个最大值和3个最小值后,将余下的10个回弹值按下列公式计算平均值:

$$R_{m}=\frac{\sum_{i=1}^{10}R_{i}}{10} \tag{7-1}$$

式中:$R_m$——测区平均回弹值,精确至0.1;

$R_i$——第$i$个测点的回弹值。

(2)回弹值修正

①对于回弹仪非水平方向检测混凝土浇筑侧面时,回弹值按下式进行校正。

$$R_{m}=R_{m\alpha}+R_{a\alpha} \tag{7-2}$$

式中:$R_{m\alpha}$——非水平方向检测时测区的平均回弹值,精确至0.1;

$R_{a\alpha}$——非水平方向检测时测区平均回弹值的修正值,按表7-10取值。

回弹仪非水平方向检测修正值 表7-10

| | 向上 | | | | 向下 | | | |
|---|---|---|---|---|---|---|---|---|
| | 90 | 60 | 45 | 30 | −30 | −45 | −60 | −90 |
| 20 | −6 | −5 | −4.0 | −3.0 | 2.5 | 3.0 | 3.5 | 4.0 |
| 30 | −5 | −4 | −3.5 | −2.5 | 2.0 | 2.5 | 3.0 | 3.5 |
| 40 | −4 | −3.5 | −3.0 | −2.0 | 1.5 | 2.0 | 2.5 | 3.0 |
| 50 | −3.5 | −3 | −2.5 | −1.5 | 1.0 | 1.5 | 2.0 | 2.5 |

②将回弹仪水平方向检测混凝土浇筑表面时得到的回弹值,或相当于水平方向检测混凝土浇筑面时的回弹值,按下式进行修正。

$$R_m = R_m^t + R_a^t, R_m = R_m^b + R_a^b \tag{7-3}$$

式中：$R_m^t$、$R_m^b$——水平方向（或相当于水平方向）检测混凝土浇筑表面、底面时，测区的平均回弹值，精确至0.1；

$R_a^t$、$R_a^b$——混凝土浇筑表面、底面时，测区回弹值的修正值，按表7-11取值。

回弹仪非水平方向检测修正值 表7-11

| 测试面 | 顶面 | 底面 | 测试面 | 顶面 | 底面 |
|---|---|---|---|---|---|
| 20 | 2.5 | −3.0 | 40 | 0.5 | −1.0 |
| 25 | 2.0 | −2.5 | 45 | 0 | −0.5 |
| 30 | 1.5 | −2.0 | 50 | 0 | 0 |
| 35 | 1.0 | −1.5 | | | |

（3）碳化深度计算

对于抽检碳化深度的计算，用数理统计方法计算，以平均值作为测区碳化深度。

（4）测强曲线应用

对于没有可以利用的地区和专用混凝土回弹测强曲线，测区混凝土强度的求取，可以按规范附录中所提供的“测区混凝土强度换算表”换算。

各测区的混凝土强度换算值按下列公式计算得出混凝土的强度平均值和标准差：

$$\overline{R}_m = \frac{1}{n}\sum_{i=1}^{n} R_{mi} \tag{7-4}$$

$$S = \sqrt{\frac{1}{n-1}\left[\sum_{i=1}^{n} R_{mi}^2 - n(\overline{R}_m)^2\right]} \tag{7-5}$$

式中：$R_{mi}$——构件测区强度换算值，MPa，精确至0.1MPa；

$\overline{R}_m$——混凝土强度换算值的平均值，MPa，精确至0.1MPa；

$n$——被抽取构件测区之和；

$S$——构件混凝土强度换算值的标准差，MPa，精确至0.01MPa。

3.异常数据分析

混凝土强度不是定值，它服从正态分布。混凝土强度无损检测属于多次测量的试验，可能会遇到个别误差不合理的可疑数据，应予以剔除。根据统计理论，绝对值越大的误差，出现的概率越小，当划定了超越概率或保证率时，其数据合理范围也相应确定。因此可以选择一个“判定值”去与测量数据比较，超出判定值者则认为包含过失误差而应剔除。

4.强度推定

（1）按批量检测，其混凝土强度推定值按下式计算：

$$R_m = \overline{R}_m - 1.645S \quad (\text{MPa，精确至0.1MPa}) \tag{7-6}$$

对于按批量检测的构件，当该批构件混凝土强度标准差出现下列情况之一时，则该批构件应全部按单个构件检测：

①该批构件混凝土强度平均值小于25MPa时：$S>4.5$MPa。

②该批构件混凝土强度平均值不小于25MPa且不大于60MPa时：$S>5.5$MPa。

（2）构件的混凝土强度推定值按以下规定执行：

①当构件数量少于10个时，$R=R_{m,min}$，$R_{m,min}$为构件中最小的测区混凝土强度换算值。

②当构件的测区强度值中出现小于10.0MPa时，则推定构件强度值小于10.0MPa。

③当构件测区数不少于10个时，混凝土强度推定值按下式计算。

$$R_m = \bar{R}_m - 1.645S \quad (\text{MPa，精确至}0.1\text{MPa}) \tag{7-7}$$

## 第三节　超声回弹综合法检测混凝土强度

### 一、概述

所谓综合法，就是采用两种或两种以上的测试方法同混凝土强度建立关系。超声回弹综合法是其中的一种，是应用回弹法和超声法综合检测混凝土抗压强度的方法，由罗马尼亚建筑及建筑经济科学院于1966年首先提出。我国于1988年实施《超声回弹综合法检测混凝土强度技术规程》(CECS 02:88)。目前采用《超声回弹综合法检测混凝土强度技术规程》(CECS 02：2005)。

超声法和前述的回弹法，是根据混凝土的两个不同性质来检测混凝土强度的，前者是依据混凝土的密度，而后者是依据混凝土的表面硬度。回弹值只反映混凝土表层的情况，而超声测强也有一定的局限性，其声速只反映材料的弹性性质，不能全面反映混凝土强度牵涉的多种材料的指标。有资料表明，若以95%可信度水平来衡量现场混凝土强度预测的最大精度，超声法误差约为±20%，而回弹法约为±25%。

"回弹超声"综合法建立在回弹值和超声波传播速度与混凝土的抗压强度之间相互联系的基础之上，即用回弹值和声波的传播速度综合反映混凝土的抗压强度。综合法可以减弱或消除单一方法使用时的某些因素。例如，混凝土的龄期和混凝土的湿度对于回弹法来说，随混凝土龄期的增长其表面会硬化，加上混凝土表面碳化结硬，使回弹值偏高；对于湿混凝土，则表面硬度降低，回弹值偏低。而对于超声法来讲，情况则相反，随着龄期的增长，混凝土内部趋于干燥，传播速度偏低；对于湿混凝土，声波的传播速度要比在干燥混凝土中快得多。采用综合法后，混凝土龄期和湿度的影响可以减弱，因此对于已失去混凝土组成原始资料的长龄期混凝土构件，采用综合法评定其混凝土抗压强度有较好效果。但是对于因冻害、化学侵蚀、火灾、高温等已造成表面疏松、剥落的混凝土，该方法不适用，只能做定性评价。

### 二、超声波法检测混凝土强度原理及特点

超声波法就是利用超声波的传播特性来评定混凝土的抗压强度。

1.原理

超声波检测原理：在混凝土中传播的超声波，其速度和频率反映了混凝土材料的性能、内部结构和组成情况，那么混凝土的弹性模量和密实度与波速和频率密切相关，即强度越高，其超声波的速度和频率也越高。因此，通过测定混凝土声速来确定其强度。

混凝土是由固相、液相和气相随机地交织在一起的非均匀的各向异性材料。通过大量的研究表明，当超声波在混凝土中传播时，其纵波速度的平方与混凝土的弹性模量成正比，与混凝土的密度成反比，而混凝土强度等级的高低又与其密度相关。因此，根据超声波传播速度即可推定混凝土的强度。一般来说，混凝土声速越大其强度越高。

国内外采用统计方法建立超声检测强度的经验公式。国内 $v$ -$f^c_{cu}$相关曲线一般采用：$f^c_{cu}=AvB$和 $f^c_{cu}=AeBv$ 两种非线性的数学表达式。其中 $A$ 和 $B$ 为经验参数。

参数的确定首先应测定混凝土所用石子的声速 $v_g$，可以用直接测量法和拌入砂浆法测定。计算出超声波穿过混凝土试件时在石子所经历的声程 $l_g$，量测混凝土测点声程 $l$ 和声时 $t$，则混凝土中砂浆的声速利用关系式 $v_m=v_g(l-l_g)v_gt-l_g$ 计算出。然后利用 $v_m$ 与相应的混凝土强度 $f_{cu}$建立关系。由于该关系中排除了石子的影响，可以应用于多种配合比的混凝土。

如陕西省建筑科学院混凝土推定强度 $f^c_{cu}$(MPa)与砂浆换算声速 $v_m$(km/s)的回归方程为：

$$f^c_{cu}=0.958v_m^{2.88} \tag{7-8}$$

2.特点

超声检测可以利用单一声速参数推定混凝土的强度，具有重复性好的优点。在混凝土中，水泥石的强度及其与集料的黏结能力对混凝土强度起决定作用。但是水泥石所占比例不占绝对优势，导致原料及配合比不同时，声速与强度关系发生明显变化，制约其普遍应用。

3. 混凝土超声波检测仪器

目前，应用于混凝土的超声波检测仪有模拟式和数字式两类。前者接受信号为连续模拟量，可由时域波形信号测读声时参数；数字式接收信号转化为离散数字量，具有采集、储存数字信号，测读声学参数和对数字信号处理的智能化功能。

(1)技术要求

超声波检测仪技术要求如下：①超声波检测仪应通过技术鉴定，并必须具有产品合格证；②仪器的声时最小分度值为 0.1μs，具有最小分度值为 1dB 的信号幅度调整系统；③仪器应具有良好的稳定性，声时显示，调节在 20～30μs 范围内时，2h 内声时显示的飘移不得大于±0.2μs；当采用自动测读时，在同一测试条件下，在 1h 内每 5min 测读一次声时的差异不超过±0.1μs；④接收放大器频响范围 10～500kHz，总增益不小于 80dB，接收灵敏度(信噪比 3∶1时)不大于 50μV；⑤具有手动游标和自动整形两种声时测读功能。显示应清晰稳定，数字显示稳定，声时调节在 20～30μs 范围内，连续静置 1h 数字变化不超过±0.2μs。若采用整形自动测读，混凝土超声测距不得超过 1m，在同一测试条件下，在 1h 内每 5min 测读一次声时值的差异不超过±0.2μs；⑥仪器应能在温度为 0～40℃、相对湿度不大于 80%、电源电压波动范围在标称值±10%情况下正常工作。

换能器宜采用厚度振动形式压电材料，换能器的频率宜在 50～100kHz 范围以内，换能器实测频率与标称频率相差应不大于±10%。

超声波检测仪的校准按声时计量检测，应按《超声回弹综合法检测混凝土强度技术规程》(CECS02：2005)附录 E 的"时－距"法进行，且应定期保养。

(2)影响因素

超声波检测混凝土的强度主要是通过测量在一定测距内超声传播的平均声速来推定的。影响声速的因素主要有以下 7 方面。

①横向尺寸效应

通常，纵波速度是在无限大介质中测得，随试件横向尺寸减小，纵波速度可能向杆、板的声速或表面波速转变，即声速比无限大介质中纵波速度小。

当横向尺寸 $d \geqslant 2\lambda$（$\lambda$ 为波长）时，传播速度与大块体中纵波速度相当；当 $\lambda < d < 2\lambda$ 时，可能使传播速度降低 2.5%～3.0%；当 $0.2\lambda < d < \lambda$ 时，传播速度变化较大，降低 6%～7%，此时估计强度的误差可能达到 30%～40%。

②温度和湿度

a.温度。混凝土环境温度处于 5～30℃时，温度影响不明显；环境温度处于 40～60℃时，声速值约降低 5%；温度为 0℃以下，由于冰的声速为 3.5km/s，大于自由水的声速 1.45km/s，使脉冲波速增加。对于温度在－4～60℃，温度影响可以用有关数据修正。

b.湿度。由于超声波在水中的传播速度为 1.45km/s，在空气中仅为 0.34km/s，因此水中养护的混凝土比空气中养护的混凝土强度高。饱水混凝土含水率比一般混凝土增高约 4%，波速增高约 6%。

③混凝土结构中钢筋对超声法测强的影响

钢筋中超声传播速度 $v_s$ 约为普通混凝土中超声传播速度 $v_c$ 的 1.2～1.9 倍，在检测钢筋混凝土结构时，会遇到钢筋对声速的影响，从而影响了所测混凝土结构的强度。

a.钢筋垂直于声脉冲传播方向。钢筋垂直于声脉冲传播方向时，在一般配筋情况下，当混凝土体积较大时，这种影响很小，且往往被测量误差掩盖，可以忽略。

b.钢筋平行于声脉冲传播方向。钢筋平行于声脉冲传播方向时，如果能使探头与钢筋的距离增大，则钢筋对混凝土声速的影响逐渐减小。当探头离开钢筋的距离大于探头间距离 1/8～1/6时，就足以避免钢筋的影响。

④粗集料品种、粒径和含量

每立方米混凝土中集料用量的变化、颗粒组成的改变对混凝土强度的影响要比水灰比、水泥用量及强度等级的影响小得多，但是粗集料的数量、品种及颗粒组成对超声波传播速度的影响却十分显著。

比较水泥石、砂浆和混凝土三种试体的超声波波速，在强度相同的条件下，混凝土声速最高，砂浆次之，水泥石最低。这是因为声波在粗集料中的传播速度较混凝土高。

⑤水灰比和水泥用量

随着混凝土水灰比降低，混凝土强度、密实度及弹性提高，超声脉冲在混凝土中的传播速度也相应增大；反之，超声脉冲速度随水灰比增大而降低。

水泥用量的变化，实际上改变了混凝土的骨灰比。在相同混凝土强度的情况下，当粗集料用量不变时，水泥用量越低，超声声速越高。

⑥混凝土龄期

不同龄期混凝土的 $f_{cu}$-$v$ 关系曲线是不同的，当声速相同时，长龄期混凝土的强度较高。

⑦混凝土缺陷及损伤

采用超声检测和推定混凝土的强度时，只有混凝土强度波动符合正态分布的条件下，才能进行混凝土强度推定。

## 三、影响因素分析

“回弹超声”综合法的影响因素比声速或回弹单一参数法要少。各因素的影响如表 7-12 所示。

回弹超声综合法的影响因素 表 7-12

| 因 素 | 试验验证范围 | 影响程度 | 修 正 方 法 |
|---|---|---|---|
| 水泥品种及用量 | 普通水泥、矿渣水泥、粉煤灰水泥，200～450kg/m$^3$ | 不显著 | 不修正 |
| 细集料(砂子)品种及用量 | 山砂、特细砂、中砂，28%～40% | 不显著 | 不修正 |
| 粗集料(砂子)品种及用量 | 卵石、碎石、集灰比，1∶4.5～1∶5.5 | 显著 | 必须修正或指定不同的测强曲线 |
| 粗集料粒径 | 0.5～2cm；0.5～4cm；0.5～3.2cm | 不显著 | >4cm 应修正 |
| 外加剂 | 木钙减水剂、硫酸钠、三乙醇胺 | 不显著 | 不修正 |
| 碳化深度 | — | 不显著 | 不修正 |
| 含水率 | — | 有影响 | 尽可能在干燥状态 |
| 测试面 | 浇筑侧面与浇筑上表面及底面比较 | 有影响 | 对声速值和回弹值分别进行修正 |

## 四、检测方法

回弹法检测的检测数量与测区选择同前述“回弹法检测混凝土强度”。以下介绍超声波法检测。

1. 选择合适的换能器布置方式

常用的 3 种测试波速的换能器布置方式如下：

(1)对测法：最敏感，换能器直接在 2 个平行的测试面上相对布置。

(2)斜测法：2 个换能器布置在相互垂直的测试面上。用直角三角形斜边为测距，需要通过变化测距获取稳定的声速。

(3)平布式(平测法)：最不敏感，2 个换能器布置在同一测试面上。一般采用变动测距求出基本稳定的声速。

应尽可能将换能器布置在脱模混凝土表面，并采用对称布置方式。

2. 检测数量与测区

(1)如果把混凝土构件作为一个检测总体，要求在构件上均布划出不少于 10 个 200mm×200mm 的方网格，将每个网格视为一个测区。对同批构件，抽检 30%，且不少于 10 件构件，每个构件测区不少于 10 个。采用平测时测区面积宜为 400mm×400mm。

(2)对于某一方向尺寸不大于 4.5m 且另一方向尺寸不大于 0.3m 的构件，其测区数量可适当减少，但不应少于 5 个。

(3)测区应布置在构件混凝土浇筑方向的侧面，测面应清洁平整。

3. 超声测试及声速值计算

超声测点布置应在回弹测试的同一测区内，每个测区布置 3 个测点。测试时换能器辐射面应通过耦合剂与混凝土测试面良好耦合。

量测每对测点之间的直线距离，即声程，采集记录对应声时。目前，仪器一般可以自动计算出砂浆换算声速 $v_m$(km/s)。声时测量应精确到 0.1μs；超声测距测量应精确到 1.0mm，且测量误差不应超过±1%。

应用 RS-UT01C 声波检测仪进行强度检测可达到较高的精度，误差一般在 1～2 个强度等级之内，完全可以满足隧道状况评价的要求。根据隧道不同区段衬砌强度的差异，可布置多个测站，以便更客观地反映隧道的病害状况。同时为保证强度检测结果的可靠性，在同一测站中应布置不同的测点（比如3～5个），测区声速取其平均值，这样使检测结果更加准确。

测区声速由下式计算：

$$v=\frac{l}{t_{\mathrm{m}}},\qquad t_{\mathrm{m}}=\frac{(t_1+t_2+t_3)}{3} \tag{7-9}$$

式中：$v$——测区声速，km/s，精确至0.01；

$l$——测距，mm；

$t_1$、$t_2$、$t_3$——同一测区不同测点声时，μs；

$t_{\mathrm{m}}$——平均声时，μs。

(1)对测修正

在顶面和底面测试时，声速按 $v_{\mathrm{a}}=\beta v$，一般地 $\beta$ 取1.034。

(2)平测修正

一般平测声速比对测小，如表面光洁、平整、未受损伤，$v_{对}/v_{平}=1.00\sim1.03$；表面粗糙、疏松，$v_{对}/v_{平}=1.04\sim1.10$。

(3)斜测修正

没有统一的修正系数，一般通过现场测试得出对测与斜测的校正系数：$v_{对}/v_{角}$。

4. *混凝土强度推定*

《超声回弹综合法检测混凝土强度技术规程》(CECS 02：2005)给出的混凝土强度推定方法，适用于龄期7～2 000d、自然养护、抗压强度10～70MPa的普通混凝土。

(1)测区强度计算

①测强曲线

优先采用专用或地区测强或地区测强曲线推定。当无该类测强曲线时，经验证后也可按《超声回弹综合法检测混凝土强度技术规程》(CECS 02：2005)附录C的规定确定，或按下列公式计算。

a. 粗集料为卵石时：

$$f^{\mathrm{c}}_{\mathrm{cu,i}}=0.005\,6(v_{\mathrm{ai}})^{1.439}(R_{\mathrm{ai}})^{1.769} \tag{7-10}$$

b. 粗集料为碎石时：

$$f^{\mathrm{c}}_{\mathrm{cu,i}}=0.016\,2(v_{\mathrm{ai}})^{1.656}(R_{\mathrm{ai}})^{1.410} \tag{7-11}$$

式中：$f^{\mathrm{c}}_{\mathrm{cu,i}}$——第 $i$ 个测区混凝土强度换算值，MPa，精确至0.1MPa；

$v_{\mathrm{ai}}$——第 $i$ 个测区修正后的超声声速值，km/s，精确至0.01km/s；

$R_{\mathrm{ai}}$——第 $i$ 个测区修正后的回弹，精确至0.1。

②当结构所用材料与制定的测强曲线所用材料有较大差异时，须用同条件试块或从结构构件测区钻取的混凝土芯样进行修正，直径100mm的试件数量应不少于4个。此时，得到的测区混凝土强度换算值应乘以修正系数。

a. 有同条件立方试块时：

$$\eta=\frac{1}{n}\sum_{i=1}^{n}f^{\mathrm{o}}_{\mathrm{cu,i}}/f^{\mathrm{c}}_{\mathrm{cu,i}} \tag{7-12}$$

b. 有混凝土芯样试件时：

$$\eta=\frac{1}{n}\sum_{i=1}^{n}f_{cor,i}^{o}/f_{cu,i}^{c} \tag{7-13}$$

式中：$\eta$——修正系数，精确至小数点后两位；

$f_{cu,i}^{o}$——第 $i$ 个混凝土立方体试块抗压强度值，（以边长为 150mm 计）MPa，精确至 0.1MPa；

$f_{cu,i}^{c}$——对应于第 $i$ 个立方试块或芯样试件的混凝土强度换算值，MPa，精确至 0.1MPa；

$f_{cor,i}^{o}$——第 $i$ 个混凝土芯样试件抗压强度值，（以 $\phi$100mm×100mm 计），MPa，精确至 0.1MPa；

$n$——试件数。

(2)混凝土强度推定

结构或构件混凝土抗压强度推定值 $f_{cu,e}$，应按下列规定确定：

①当结构或构件的测区抗压强度换算值中出现小于 10.0MPa 的值时，该构件的混凝土抗压强度推定值 $f_{cu,e}$取小于 10MPa。

②当结构或构件中测区数少于 10 个时，$f_{cu,e}=f_{cu,min}^{c}$，其中，$f_{cu,min}^{c}$为结构或构件最小的测区混凝土抗压强度换算值(MPa)，精确至 0.1MPa。

③当结构或构件中测区数不少于 10 个或按批量检测时，$f_{cu,e}=m_{f_{cu}^{c}}-1.645s_{f_{cu}^{c}}$，其中，$m_{f_{cu}^{c}}$为结构或构件测区混凝土抗压强度换算值的平均值(MPa)，精确至 0.1MPa，$s_{f_{cu}^{c}}$为结构或构件测区混凝土抗压强度换算值的标准差(MPa)，精确至 0.01MPa，分别按下式计算。

$$m_{f_{cu}^{c}}=\frac{1}{n}\sum_{i=1}^{n}f_{cu,i}^{c} \tag{7-14}$$

$$S_{f_{cu}^{c}}=\sqrt{\frac{1}{n-1}\left[\sum_{i=1}^{n}(f_{cu,i}^{c})^{2}-n(mf_{cu}^{c})^{2}\right]} \tag{7-15}$$

式中：$f_{cu,i}^{c}$——第 $i$ 个测区混凝土强度换算值，MPa，精确至 0.1MPa；

$n$——测区数，对于单个检测的构件，取一个构件的测区数，对于批量检测的构件，取被抽检构件测区数的总和。

但是，当采用《超声回弹综合法检测混凝土强度技术规程》(CECS 02:2005)测强时，按批抽样检测推定强度，标准差已接近 4.50MPa（或 5.50MPa、6.50MPa），如果乘以大于 1.0 的修正系数后，就超过上述规程规定的限值，那么该批混凝土构件不能按批推定混凝土强度，应按单个构件检测推定强度。即对按批量检测的构件，当一批构件的测区混凝土抗压强度标准差出现下列情况之一时，该批构件应全部重新按单个构件进行检测。

①一批构件的混凝土抗压强度平均值 $m_{f_{cu}^{c}}<25.0$MPa，标准差 $s_{f_{cu}^{c}}>4.50$MPa。

②一批构件的混凝土抗压强度平均值 $m_{f_{cu}^{c}}=25.0\sim50.0$MPa，标准差 $s_{f_{cu}^{c}}>5.50$MPa；

③一批构件的混凝土抗压强度平均值 $m_{f_{cu}^{c}}>50.0$MPa，标准差 $s_{f_{cu}^{c}}>6.50$MPa。

## 第四节 钻芯法检测混凝土强度

钻芯法是利用钻机和人造金刚石空心薄壁钻头，从结构混凝土中钻取芯样以检测混凝土强度和检测混凝土内部缺陷的方法，是一种直观、可靠和准确的方法，但对结构会造成一定的损伤。

## 一、钻芯机

1. 类型

混凝土钻芯机分轻便型、轻型、重型和超重型四类，主要技术参数如表 7-13 所示。

不同类型混凝土钻芯机主要技术参数　　表 7-13

| 钻芯机类型 | 钻孔直径(mm) | 转速(r/min) | 功率(kW) | 机重(kg) | 钻芯机高度(mm) |
|---|---|---|---|---|---|
| 轻便型 | 12～75 | 600～2000 | 1.1 | 25 | 1 040 |
| 轻型 | 25～200 | 300～900 | 2.2 | 89 | 1 190 |
| 重型 | 200～450 | 250～500 | 4.0 | 120 | 1 800 |
| 超重型 | 330～700 | 200 | 7.5 | 300 | 2 400 |

2. 钻芯机组成

混凝土钻孔取芯机应满足《混凝土钻孔取芯机技术条件》(JT/T 118—1993)。钻机主要由底座、立柱、减速箱、输出轴、进给箱、进给手柄、电动机(汽油机)和冷却系统等组成(图 7-2)。

工作时将人造金刚石空心薄壁钻头安装在钻机输出轴上。

配套设备一般有：冲击钻、钢筋定位仪和芯样端部处理设备等。用于探测钢筋位置的定位仪最大探测深度不小于 60mm，探测位置偏差不大于±5mm。

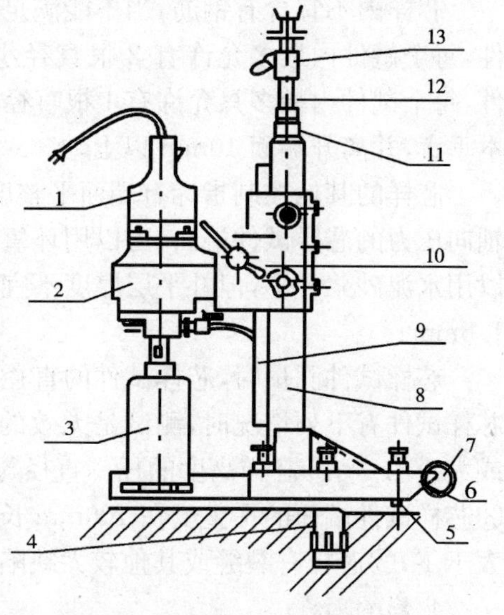

图 7-2　混凝土钻芯机构造示意图

1-电动机；2-变速箱；3-钻头；4-膨胀螺栓；5-支承螺钉；6-底座；7-行走轮；8-立柱；9-升降齿条；10-进给手柄；11-堵盖；12-支撑杆；13-紧固螺钉

3. 钻芯机的固定方式

钻取芯样时固定钻芯机的方法有：配重法、真空吸附法、顶杆支撑法和膨胀锚栓法。但是从经济适用的角度，隧道混凝土取芯一般采用膨胀锚栓法。

## 二、检测

检测按《钻芯法检测混凝土强度技术规程》(CECS 03：2007)执行。

1. 钻机选取

钻芯法检测混凝土强度以其直观准确而成为其他检测方法的校验依据。但钻芯法对构件的损伤较大，检测成本高，因而难以大量使用。为了克服这些缺点，采用小直径芯样进行检测成为发展方向。目前最小的芯样直径可以达到 25mm，但小直径芯样的强度试验数据离散较大，需要通过增加检测数量才能达到标准芯样的检验效果。规程要求芯样公称直径不小于粗集料直径的 3 倍。对于小直径芯样，芯样公称直径不小于 70mm，且不得小于最大集料直径的 2 倍。

2. 钻芯数量

取芯属半破损检测法，对结构的完整性有一定的影响，尤其对已经有一定破损的在役结构来说，取芯数量更应加以控制。《钻芯法检测混凝土强度技术规程》(CECS 03:2007）中规定，取芯数量应根据同一批构件的容量确定。

在确定检测批的混凝土强度推定值时，标准芯样试件的最小样本量不宜少于15个，小直径芯样试件的最小样本量应适当增加。

对于确定单个构件混凝土的强度时，芯样试件的数量≥3为宜，取芯位置应在整个结构上均匀布置。对于较小构件，芯样试件的数量可以为2个。

3. 芯样加工及测量

从钻孔中取出的芯样试件尺寸一般不满足尺寸要求，必须进行切割加工和端面修补后，才能够进行抗压强度试验。抗压芯样试件的高度($H$)与直径($d$)比值应为1.00。直径和高度均为100mm的圆柱体为标准试件。

芯样内不宜含有钢筋，当不能满足此项要求时，抗压试件应符合以下要求：①标准芯样试件，每个试件内最多允许有2根直径小于10mm的钢筋；②公称直径小于100mm的芯样试件，每个试件内最多只允许有1根直径小于10mm的钢筋；③芯样内的钢筋应与试件的轴线基本垂直，并离开端面10mm以上。

芯样的其他控制指标有端面平整度、垂直度、直径偏差等。芯样端面应做磨平处理。承受轴向压力的芯样试件端面，可以用环氧砂浆补平。对于抗压强度小于40MPa的芯样试件，可以用水泥砂浆补平，但补平层厚度不宜大于5mm；若采用硫磺胶泥补平，补平层厚度不宜大于1.5mm。

芯样试件测量时，芯样试件的直径精确至0.5mm，高度精确至1mm，垂直度精确至0.1°。芯样试件有下列情况时，测试是无效的：①试件的实际高径比($H/d$)小于要求高径比的0.95或大于1.05；②芯样高度的任一直径与平均直径(两互相垂直方向测值平均)相差大于2mm；③芯样试件端面的平整度在100mm长度内大于0.1mm；④芯样试件端面与轴线的不垂直度大于1°；⑤芯样有裂缝或其他较大缺陷。

4. 影响因素

由于钻芯法的测定值就是圆柱状芯样的抗压强度，即参考强度或现场强度。所以，钻芯法的关键问题是如何用适当的机具钻取合格的芯样。

混凝土芯样的抗压强度除了受到钻机、锯切机等设备的质量和操作工艺的影响外，还受到芯样本身各种条件的影响。如芯样直径的大小、高径比、端面平整度、端面与轴线间的垂直度、芯样的湿度等。

另外，还有一个不可忽略的因素，即芯样中钢筋对抗压强度的影响。

芯样在进行抗压试验时，其轴线方向承受压力，因此，不允许存在与轴线相互平行的钢筋，这一点在《钻芯法检测混凝土强度技术规程》(CECS 03:2007)中非常明确。但对于与轴线垂直的钢筋，各国有各自的标准规定。有关试验表明，当难于避开钢筋时，芯样最多只允许有2根直径小于10mm的钢筋存在，否则，将会影响到抗压强度。

由于钢筋直径小且数量少，影响程度被强度本身的变异性所掩盖。含有钢筋的芯样强度比不含钢筋的芯样强度稍高一点，影响并不显著。但当芯样中部存在钢筋，影响就会大些。另外，当芯样周边存在一小段钢筋时，由于钢筋与砂浆间的黏结力不如砂浆和粗骨料间的黏结力强，降低芯样强度。

5. 芯样试件抗压强度试验及强度计算

(1)试验

芯样试件抗压强度试验分潮湿状态和干燥状态两种。压力机精度不低于±2%。试件的破坏荷载为压力机全量程的20%～80%。加载速率一般控制在0.3～0.8MPa/s。

(2)计算

芯样试件抗压强度为试件破坏时的最大压力除以截面积。芯样试件的混凝土换算强度$f^{c}_{cor,i}$(MPa)按下式计算：

$f^{c}_{cor,i}=\alpha\dfrac{4F}{\pi d^2}$，其中$\alpha$、$F$、$d$分别为不同高($h$)径芯样试件混凝土换算强度的修正系数、芯样试件抗压试验最大压力(N)、芯样试件的平均直径(mm)。

修正系数按$\alpha=\dfrac{x}{ax+b}$，$x=\dfrac{h}{d}$，$a=0.617\ 49$，$b=0.379\ 67$计算。

6. 芯样抗压强度推定

(1)单个构件

单个构件取标准芯样试验抗压强度换算值的最小值为芯样抗压强度推定值。

(2)检验批混凝土抗压强度的推定

强度推定应给出抗压强度推定区间，并一般应以推定区间的上限作为推定值。推定区间的上、下限$f_{cu,e1}$、$f_{cu,e2}$分别按下式计算：

$$f_{cu,e1}=f_{cor,m}-K_1S;f_{cu,e2}=f_{cor,m}-K_2S \tag{7-16}$$

式中：$f_{cor,m}$、$S$——分别为芯样试件强度换算算术平均值(MPa)和芯样试件强度换算值的标准差(MPa)，精确至0.1MPa；

$K_1$、$K_2$——分别为检验混凝土强度上、下限推定系数(按规程CECS 03:2007附录B取值)。

$f_{cu,e1}$、$f_{cu,e2}$所构成的推定区间的置信度为0.85，上、下限值之差不宜大于5.0MPa和0.1$f_{cor,m}$中的较大值。这时，宜以上限值$f_{cu,e1}$作为批混凝土强度的推定值。

## 第五节　衬砌厚度检测

混凝土的厚度如达不到设计要求，将会影响结构的整体强度及其耐久性，造成工程隐患，甚至引起严重工程事故，所以用无损检测方法测试结构混凝土的厚度是有重要意义和实用价值的。

常用的衬砌厚度检测方法有：冲击—回波法、超声发射法、激光断面仪法、地质雷达法和直接测量法等。对于新建公路隧道，混凝土衬砌厚度采用激光断面仪法或地质雷达法检查，每40m检查一个断面。

### 一、冲击—回波法

为了检测只存在单一测试面的结构混凝土厚度及其内部缺陷，如已建隧道的衬砌结构，从

20 世纪 80 年代中期开始研究一种新的无损检测方法——冲击—回波法。冲击—回波法应用于混凝土构筑物无损检测，可以探测结构混凝土厚度，具有简便、快速、设备轻便、干扰小、可重复测试等优点。

冲击—回波仪在隧道衬砌混凝土检测中主要用于：①检查混凝土灌注质量；②测试表面开放裂缝深度；③测试密集的裂缝、空隙和蜂窝缺陷等。

1. 原理

冲击—回波法是基于瞬态应力波应用于无损检测的一种技术。利用一个短时的机械冲击(用一个小钢球或小锤轻敲混凝土表面)产生低频的应力波，应力波传播到结构内部，被缺陷和构件底面反射回来，这些反射波被安装在冲击点附近的传感器接收下来(图 7-3)，并被送到一个内置高速数据采集及信号处理的便携式仪器。将所记录的信号进行幅值谱分析，谱图中的明显峰正是由于冲击表面、缺陷及其他外表面之间的多次反射产生瞬态共振所致，它可以被识别出来并被用来确定结构混凝土的厚度和缺陷位置，其计算公式如下：

$$h=\frac{v_p}{2f} \tag{7-17}$$

式中：$v_p$——声波在混凝土中的传播速度；

$f$——频谱分析得出的峰值频率。

2. 仪器

冲击—回波测试系统一般由冲击器(为可更换系列)、接收器、采样分析系统(主机、可与计算机连接)等组成。如南京水利科学研究院研制的 IES-A 型冲击反射测试系统，Docter 冲击—回波测试系统(丹麦)、便携式冲击—回波混凝土测试仪 PIES 和 O5-Docter 型冲击—回波测试仪等。

目前，也有利用超声测厚的设备，如武汉岩海公司比较了国际上超声测厚的两种常用方法：脉冲反射法测厚(时域法)和冲击—回波法测厚(频域法)，在 RS-ST01C 超声检测仪的基础上成功研制了 RS 回波法频域超声测厚仪。利用波多次反射的特点，RS-ST01C 使用快速傅里叶算法处理测量信号获得频谱，频谱会方便地转换成厚度频谱在屏幕上显示。

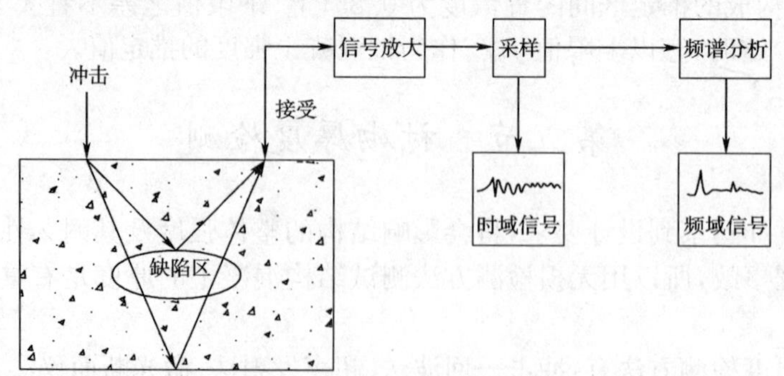


图 7-3 冲击—回波法原理示意图

3. 检测中应注意的问题

(1)表面处理

在检测之前，一定要对表面进行处理，用砂轮将待测点周围磨平，至少将“拉毛”层磨掉，保证传感器与待测表面耦合良好。

(2)传感器的设计

用于测厚的传感器必须具有较宽的频带范围，以适应不同厚度混凝土的检测，另外，传感器还必须有适宜的灵敏度，使得有用信号突出，干扰信号减低到最低限度，从而提高信号质量，使测试结果更精确。

(3)冲击器的选择

对于不同厚度的混凝土结构，其瞬态共振频率是不一样的：对于较厚的混凝土结构，此频率值较低，对于较薄的混凝土结构，此频率值较高，应选择一种能产生相应频率应力波但又有足够能量的冲击器，使得混凝土板能产生瞬态共振，接收信号较强且质量较高。

(4)声速的测量

在冲击回波法测厚时，声速的测量也是至关重要的，声速越精确，所得的测厚结果就越精确。在实际应用中，可用超声平测法测量混凝土的声速。

4. 隧道二次衬砌厚度检测实例

某隧道结构为一次喷护 15cm 厚混凝土和二次模筑 30cm 厚混凝土复合衬砌形式，两次混凝土之间有一柔性防水层。用超声平测法测得超声波速为 4 200m/s。用冲击—回波法测定其平均峰值频率为 6.8kHz。利用前述公式 $h=\frac{v_p}{2f}$ 计算得其平均厚度为 30.8cm，满足设计厚度要求。

## 二、激光断面仪法

基于隧道激光断面仪能快速检测各类隧道界限(内轮廓线)，并根据衬砌浇筑前的初期支护内轮廓线或围岩开挖轮廓线的检测结果实现自动数据比较，快速指导施工决策或验收。

显然，利用该方法必须满足以下条件：

(1)衬砌浇筑前的初期支护内轮廓线或围岩开挖轮廓线的实测结果，可作为衬砌外轮廓线的测试结果。

(2)衬砌背后不存在孔洞或离缝。

(3)必须将衬砌外轮廓线的测试结果与内轮廓线的测试结果换算至同一坐标系中。

该方法所用仪器及其测试原理，见第三章中有关内容。

## 三、地质雷达法

地质雷达可检测混凝土衬砌背后的空洞、衬砌厚度的变化、衬砌内部钢拱架和钢筋的分布等。

地质雷达检测属电磁波检测范围。在隧道内通过电磁波发射器向隧道衬砌发射高频宽频带短脉冲。其电磁波的频率一般为 $8\times10^7\sim1\times10^9$ Hz，电磁波经衬砌介面或空洞的反射，再返回到接收天线。如衬砌介质的传播速度和介电常数已知时，按电磁波传播时间，即可求得反射介面的深度。电磁波穿透隧道结构的深度受频率、反射和电导率三个因素的影响。

隧道衬砌厚度检测，可设不同的测线，从而分别测出拱顶、拱腰、拱脚及边墙位置的衬砌厚度，必要时也可测出仰拱的厚度。

当天线在隧道内运动，由于电磁波反射角和传播时间的改变，传播时间曲线就可绘制出来，从而检测出不同深度的缺陷和异常及厚度。

但是当检测钢筋混凝土衬砌时,检测缺陷将更困难,需要较高频率的雷达发射器($9\times10^8\sim10\times10^8$ Hz)。然而,频率越高,波长越短,穿透深度就越浅。

具体的仪器及操作方法见第三章。

### 四、直接量测法

直接量测法就是在混凝土衬砌中打孔或凿槽,从而直接量测衬砌的厚度。该方法是量测衬砌混凝土厚度最直接、最准确的方法。不足之处在于该方法具有破坏性,会损伤衬砌及复合式衬砌结构中的防排水设施。

目前常用的方法有两种:冲击钻孔取芯量测法和钻打孔量测法。

1. 钻孔取芯量测法

钻孔取芯量测法也是衬砌混凝土缺陷检测的主要方法之一,二者往往是同时进行的。通过量测混凝土芯样的长度,便可以准确地获得该处衬砌混凝土的厚度。

钻孔取芯的设备与前述钻芯法检测混凝土强度是一致的,但多选用小直径钻头。

2. 冲击钻打孔量测法

对于普查性检测,采用钻孔取芯量测法成本高,且费时、费力,一般选用冲击钻打孔量测法。

具体做法是先在待检测部位用普通冲击钻打孔,然后量测衬砌混凝土中的孔深。为提高量测精度,可以采用已知长度为 $L_0$ 的用带直角钩的高强度铁丝深入钻孔中至孔底,平移铁丝并缓慢向孔壁移动,使直角钩挂在衬砌混凝土外表面。量测铁丝外露部分长度 $L_i$,则衬砌厚度为:$L=L_0-L_i$。

如果铁丝直钩不能够挂在衬砌混凝土外表面,则表明衬砌背后无孔洞或较大离缝,直接量测铁丝外露部分即可。

## 第六节 混凝土缺陷检测

衬砌混凝土在施工和使用过程中所生成的缺陷有裂缝、孔洞、蜂窝和层状破坏等。根据缺陷的部位,隧道衬砌缺陷检测内容可以分为:外观表面缺陷检测和内部缺陷检测两部分。

内部缺陷检测是检测的难点和重点,常用的检测方法有:水压法、超声波法、钻孔取芯法、地质雷达法、红外成像法、冲击—回波法和敲击回声法等。其中地质雷达法、钻孔取芯法在厚度检测中已经介绍过了,只是检测内容不同。这里仅简要介绍超声波法检测混凝土裂缝、冲击—回波法和红外成像法。

### 一、外观缺陷检测

隧道衬砌混凝土的外观缺陷检测包括:裂缝、蜂窝麻面、平整度和几何轮廓等。衬砌平整度和内轮廓线检测的基本要求及检测方法前已述及,此处不再重复。

衬砌混凝土颜色应均匀一致。轮廓线顺直、规整。混凝土表面应密实,每延米的隧道面积中,蜂窝、麻面和气泡面积不超过 0.5%。蜂窝、麻面深度不应超过 5mm,深度超过 10mm 者应处理。

衬砌表面应无裂缝。裂缝检测采用刻度放大镜和塞尺。

(1)刻度放大镜

刻度放大镜也称为裂缝显微镜。操作方法是将物镜对准待观测裂缝,通过旋转显微镜侧面的旋钮可将图像聚焦,目镜可以读出裂缝的宽度。

目前,部分裂缝显微镜具有自动测读裂缝宽度的功能,具有很高的分辨率,显微镜连有一个在任何工作条件下都能提供清晰图像的可调光源。如 Wexham 裂缝显微镜(图 7-4)是一种性能优越的产品,用来测试混凝土和其他材料中的裂缝宽度;目镜分度镜可以360°旋转,以达到与所测裂缝平行。量程为 4mm,被 0.2mm 的刻度格分割,0.2mm 刻度格又被 0.02mm 的小刻度分割。

图 7-4　Wexham 裂缝显微镜

(2)塞尺

塞尺由标有厚度的数个薄钢片组成,可以量测裂缝的宽度和厚度。根据插入裂缝的钢片厚度和深度,得出宽度较大的裂缝的宽度和深度。

## 二、超声波法

采用超声脉冲法探测混凝土内部缺陷的基本依据为:①低频超声遇到缺陷产生绕射现象;②超声波在缺陷界面产生散射,抵达接收探头时能量明显衰减;③超声脉冲各频率成分在遇到缺陷时衰减程度不同,接收波频谱与反射波频谱产生差异;④超声波在缺陷处的波形转换和叠加造成接收波形畸变等。所以在探伤时所测量的物理量是声程、声时、衰减量、接收波形及其频谱。

利用超声仪可以较为精确地确定混凝土表面的裂缝开展深度及开展情况,方法主要包括双面检测法和单面检测法。但对于衬砌混凝土裂缝检测,一般可用的只有单面检测法。

1.检测原理

单面平测法的基本原理见图 7-5 所示。其基本假设为:①裂缝附近混凝土质量基本一致;②跨缝与不跨缝检测,其声速相同;③跨缝测读的首波信号绕裂缝末端至接收换能器。

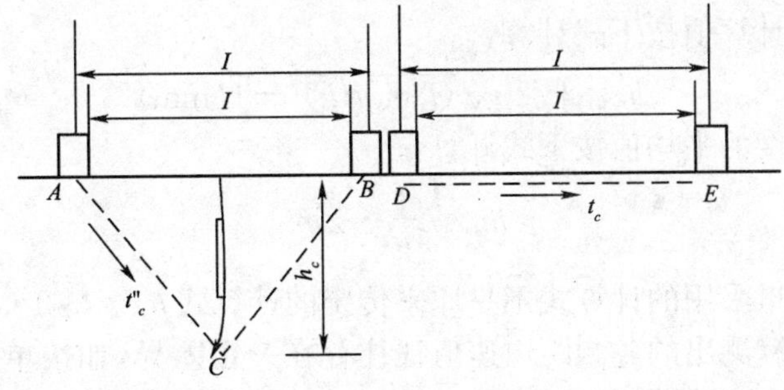


图 7-5　平测裂缝示意图

裂缝深度 $h_c$ 的计算公式为:

$$h_c=l/2\cdot\sqrt{(t_c^0/t_c)^2-1}=l/2\cdot\sqrt{(t_c^0 v/l)^2-1} \tag{7-18}$$

式中:$h_c$——裂缝深度;

$l$——超声测距；

$t_c$——不跨缝测量的混凝土声时；

$t_c^0$——跨缝测量的混凝土声时；

$v$——不跨缝测量的混凝土声速。

2. 检测步骤

(1)选择被测裂缝较宽且便于测试操作的部位。

(2)打磨清理混凝土表面。当被测部位不平整时应打磨、清理表面，以保证换能器与混凝土表面耦合良好。

(3)布置超声测点：所测的每一条裂缝在布置跨缝测点的同时，都应该在其附近布置不跨缝测点。测点间距一般可设 $l'_1=80\sim100\text{mm}$，$l'_2=2l'_1$，$l'_3=3l'_1$……如图 7-6 所示。

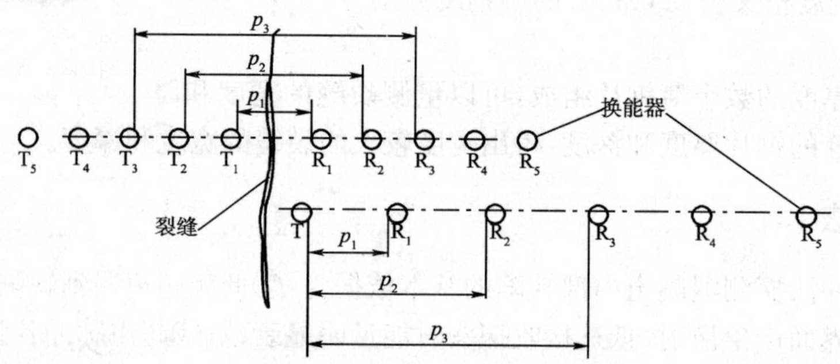


图 7-6 单面检测裂缝深度示意图

(4)分别作跨缝、不跨缝超声测试。跨缝测试过程中注意观察前波相位变化。

(5)记录首波反相时的测试距离 $l'_1$。在模拟试验和工程检测中，跨缝测试常出现首波相位翻转现象。

(6)求不跨缝各测点的声波实际传播距离 $l_i$ 及混凝土声速 $v$。

可以利用回归分析方法和绘制时距坐标图法得出：$l_i=a+bt_i$。其中 $a$，$b$ 为回归系数；混凝土声速 $v=b(\text{km/s})$，混凝土声速 $v=(l_n-l_1)/(t_n-t_1)$。

3. 裂缝深度计算

各测点裂缝深度计算值按下式计算：

$$h_{ci}=l_i/2\cdot\sqrt{(t_i^0\cdot v/l_i)^2-1}(\text{mm}) \tag{7-19}$$

测试部位裂缝深度的平均值按下式计算：

$$m_{hc}=\frac{1}{n}\cdot\sum_{i=1}^{n}h_{ci} \tag{7-20}$$

需要说明的是这里采用的计算式不是原来传统的计算式 $h_{ci}=l_i/2\cdot\sqrt{(t_{ci}^0/t_{ci})^2-1}$，其理由是：实际检测中，不跨缝测出的各测距声速值往往存在一定差异，如按单点声时值计算缝深会产生较大误差。因此取不跨缝测试的声速平均值，代入原计算式更为合理；跨缝测试出现首波反相时的测距不一定等于不跨缝测试的某测距。因此，先将不跨缝测试的混凝土声速 $v$ 求出来，再以 $t_i=l_i/v$ 代入原式，应用更为方便。

4. 裂缝深度的推定方法

(1)三点平均值法：跨缝测试在某测距发现首波反相时，用该测距及其两个相邻测距的声

时测量值分别计算 $h_{ci}$，取此三点 $h_{ci}$ 的平均值作为该裂缝的深度 $h_c$。

(2)平均值加剔除法：当跨缝测量难以发现首波反相时，可先求出各测距计算深度 $h_{ci}$ 的平均值 $m_{hc}$。再将各测距 $l'_i$ 与 $m_{hc}$ 相比较，如 $l'_i < m_{hc}$ 和 $l'_i > 3m_{hc}$，剔除其 $h_{ci}$，取余下的 $h_{ci}$ 平均值作为该裂缝深度 $h_c$。

这里剔除 $l'_i < m_{hc}$ 和 $l'_i > 3m_{hc}$ 的数据，是因为从大量检测数据和模拟试验结果看出，按式 $h_{ci} = l_i/2 \cdot \sqrt{(t_i^0 \cdot v/l_i)^2 - 1}$ 计算的裂缝深度有随着 T、R 换能器距离增大而增大的趋势，当测距与裂缝深度相近时测得的裂缝深度较准确。测距过小或远大于裂缝深度声时测读误差较大，对裂缝深度计算产生较大影响，所以对 T、R 换能器的测距要加以限制。

此法是基于裂缝中完全充满空气，超声波只能绕过裂缝末端传播到接收换能器，当裂缝中填充了水或泥浆，超声波将通过水耦合层穿过裂缝直接到达接收换能器，不能反映裂缝的真实深度。因此，检测时裂缝中不得填充水和泥浆。

当有钢筋穿过裂缝时，如果 T、R 换能器的连线靠近该钢筋，则沿钢筋传播的超声波首先到达接收换能器，检测结果也不能反映裂缝的真实深度。因此，布置测点时应使 T、R 换能器的连线离开穿缝钢筋一定距离。实际工程中最好使 T、R 换能器连线与穿缝钢筋轴线保持一定夹角(如 40°～50°)。

## 三、冲击—回波法

冲击—回波法的基本原理在前面已有介绍，这里仅说明其在衬砌混凝土缺陷检测中的应用。

(1)密实衬砌

对于密实的混凝土衬砌，其反应波形如图 7-7a)所示。表明由冲击所产生的应力波首先沿衬砌的厚度传播，当遇到对面界面时立即返回。装在受冲击表面附近的接收器，监测反射波到达所产生的表面位移。最大位移由 P 波即疏密波所引起。当 P 波在板的前后表面之间来回反射，将发生共振的状态。该共振处可以观察到一个高峰振幅。这个峰值与板上、下表面之间 P 波的反射频率相对应。如果在混凝土内部 P 波速度为已知，衬砌的实测厚度 $h$ 并经标准化，可按下式计算：

$$h = (c_p/2f) \times (1/h_{max}) \times 100\% \tag{7-21}$$

式中：$c_p$——衬砌混凝土为 P 波在混凝土内的传播速度，m/s；

$f$——实测频率，kHz；

$h_{max}$——衬砌设计厚度，m。

对于复合式衬砌结构，二次衬砌外表面与质地软的防水材料接触，上述公式是有效的。这样，由混凝土衬砌所得到的反应特征为振幅谱包含一个明显的峰值，其对应于衬砌的厚度频率。

(2)背后存在孔洞的衬砌

对衬砌背后存在孔洞的混凝土，其反应如图 7-7b)所示。此种情况，也可以观察到一个高峰振幅，但是与同设计厚度的密实衬砌相比，该峰值出现在频率值较大处，而对应于设计厚度的频率值峰值不显著。

(3)内部存在缺陷的衬砌

在该谱中仍有一个大的振幅峰值，但由于应力波需绕过孔洞传播，与密实混凝土的厚度频

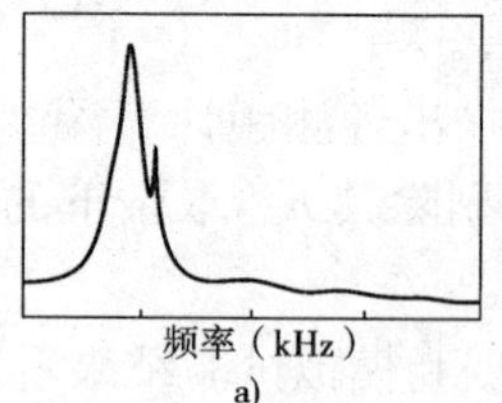

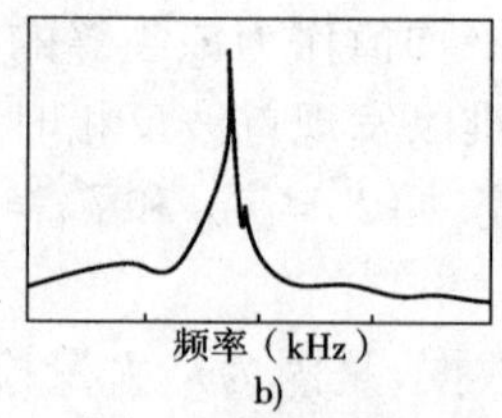

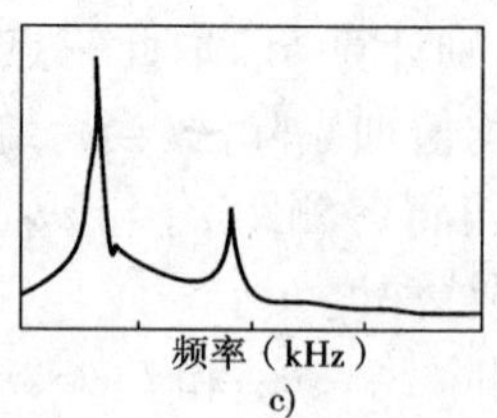


图 7-7 冲击—回波法检测衬砌缺陷原理

a)合格衬砌；b)背后有孔洞的衬砌；c)内部存在明显缺陷的衬砌

率相比略有偏移。因为传播的路径加长，故反射频率降低。此外，由于孔洞的反射作用，还形成一个较低的振幅峰值[图 7-7c)]，该峰值的频率则明显较大。

## 四、红外成像法

运用红外热像仪探测物体各部分辐射红外线能量，根据物体表面的温度场分布状况所形成的热像图直观地显示材料、结构物及其结合上存在不连续缺陷的检测技术，称为红外成像检测技术。由于在技术上可作上下左右对被测物非接触的连续扫测，也称红外扫描测试技术。

红外成像无损检测技术是依据被测物连续辐射红外线的物理现象，特别是它具有对不同温度场、广视阈的快速扫测和遥感检测的功能，因而，对已有的无损检测技术功能和效果具有很好的互补性。

红外成像检测技术的特点：红外线的探测器焦距在理论上为 20cm 至无穷远，因而适用于作非接触、广视阈的大面积的无损检测；探测器只响应红外线，只要被测物温度处于绝对零度以上，红外成像仪就不仅在白天能进行工作，而且在黑夜中也可以正常进行探测工作；现代的红外成像仪的温度分辨率高达 0.1～0.02℃，所以探测的温度变化的精确度很高；红外热像仪测量温度的范围在－50～2 000℃，其应用的探测领域十分广阔；摄像速度 1～30 帧/s，故适用静、动态目标温度变化的常规检测和跟踪探测。因而，也有把检测仪称为温度示踪仪。

红外检测技术用于隧道质量和功能检查评价尚处于起步阶段。但它具有快速、大面积扫测直观的优点，有当前其他无损检测技术无法替代的优点，因而在隧道运营诊断中研究推广红外无损检测技术将是十分必要的。

1. 红外检测技术基本原理

红外线是介于可见红光和微波之间的电磁波，它的波长范围为 0.76～1 000$\mu$m，频率为 $3\times10^{11}\sim4\times10^{14}$ Hz。在自然界中，任何高于绝对温度零度（－273℃）的物体都是红外辐射源。由于红外线是辐射波，被测物具有辐射的现象，所以，红外无损检测是测量通过物体的热量和热流来鉴定该物体质量的一种方法。当物体内部存在裂缝和缺陷时它将改变物体的热传导，使物体表面温度分布产生差别。利用红外成像的检测仪测量它的不同辐射，可以检查隧道衬砌的缺陷，进而监测其发展变化特征。

2. 红外成像仪

(1)原理

红外成像仪的工作原理如图 7-8 所示。被测物体上一点辐射的红外线能量入射到垂直和水平的光学扫描镜上，通过目镜聚集到红外线探测器上把红外线能量信号转换成温度信号，经放大器和信号处理器输出反映物体表面温度场热像的电子视频信号，在终端显示器上直接显示出来。

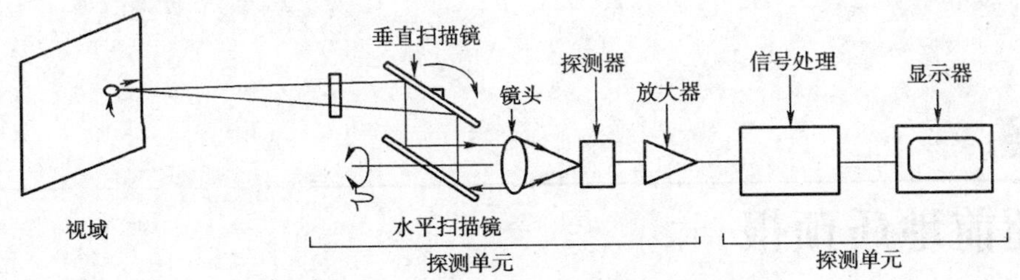


图 7-8　红外成像仪工作原理示意图

用垂直和水平扫描镜在被测物上的某一点进行扫描使采样与扫描同步，可以得到该点或视阈范围的图像数据。

(2)红外成像仪组成

当前，国内外使用先进的热像仪均是光学机械方法扫描的，其工作系统如图 7-9 所示，由光学系统、红外探测器和前置放大器、信号处理机、监视器等组成。

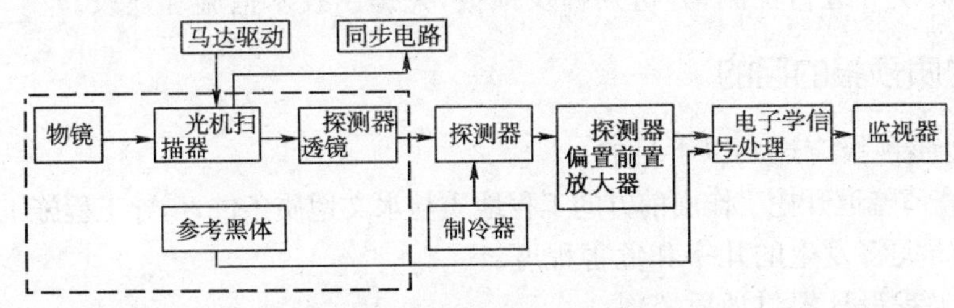


图 7-9　红外成像仪系统组成

常见的红外成像仪有：日本 NEC 红外成像仪系列，如 TH7102 红外成像仪、TH5104 红外成像仪、TH5102 红外成像仪和 TH3102 红外成像仪；美国 ISI 红外摄像仪和成像仪，如 IRSnapShotI 红外摄像仪、IR-InSight 红外热像仪和 IR-160；国产 841 型智能热像仪等。

3. 应用

对于隧道衬砌缺陷的检测，主要应用于以下两方面。

(1)衬砌渗漏水检查

隧道防水层失效和衬砌微裂缝所造成的地下水渗漏是一种普遍性的质量问题。这种缺陷用红外检测在国外已有成功的文献报道。衬砌渗漏、隐匿水层的部位，其水分的热容和导热性与质量正常的周边结构材料的热容和热传导性是不同的。缺陷部位在表面层的温度场分布与周边表层的温度分布有明显的差异，红外检测技术可以检出面层不连续性或渗水隐匿部位，从而也可以间接地评价衬砌施工、运营质量。

(2)衬砌因火灾、冻胀、侵蚀出现的缺陷评价

混凝土火灾、冻胀、侵蚀的结果均使混凝土表层变为疏松，其强度也随着疏松程度而下降。混凝土出现剥离破坏和局部疏松，均导致混凝土的导热性下降。在外部热照射后损伤部位的温度场分布与完好或周边混凝土的温度场分布产生明显的差异。从红外成像显示的“热斑”和“冷斑”比较容易分辨出火烧、侵蚀、冻融破坏的损伤部位。

同样，利用不同时段的测量结果，可以对衬砌的运营状况进行检测。

# 第八章

# 超前地质预报

## 第一节　概　　述

隧道超前地质预报是在分析既有地质资料的基础上，采用地质调查、物探、超前地质钻探、超前导坑等手段，对隧道开挖工作面前方的工程地质与水文地质条件及不良地质体的工程性质、位置、产状、规模等进行探测、分析判释及预报，并提出技术措施和建议。

### 一、超前地质预报的目的

隧道超前地质预报应达到以下目的：

(1)进一步查清隧道开挖工作面前方的工程地质与水文地质条件，指导工程施工的顺利进行。

(2)降低地质灾害发生的几率和危害程度。

(3)为优化工程设计提供地质资料。

(4)为编制竣工文件提供地质资料。

### 二、超前地质预报的原则

(1)隧道超前地质预报是保证隧道施工安全的重要环节和重要技术手段，应将其列为隧道施工的必要工序。

(2)隧道超前地质预报应进行地质复杂程度分级，确定重点预报地段，并遵循动态设计原则，根据预报实施工作中掌握的地质情况，及时调整隧道区段的地质复杂程度分级、预报方法和技术要求等。

(3)隧道超前地质预报可采用地质调查与勘探相结合、物探与钻探相结合、长距离与短距离相结合、地面与地下相结合、超前导坑与主洞探测相结合的方法，并对各种方法预报结果综合分析，相互验证，提高预报准确性。

(4)隧道设有平行导坑、正洞超前导坑或为线间距较小的两座隧道时，应充分利用平行超前导坑、正洞超前导坑、先行施工的隧道开展隧道超前地质预报工作。

### 三、超前地质预报的内容

超前地质预报应包括以下主要内容：

(1)地层岩性预测预报，特别是对软弱夹层、破碎地层、煤层及特殊岩土的预测预报。

(2)地质构造预测预报，特别是对断层、节理密集带、褶皱轴等影响岩体完整性的构造发育情况的预测预报。

(3)不良地质预测预报，特别是对岩溶、人为坑洞、瓦斯等发育情况进行预测预报。

(4)地下水预测预报，特别是对岩溶管道水及富水断层、富水褶皱轴、富水地层中的裂隙水等发育情况进行预测预报。

## 四、超前地质预报的工作程序

隧道地质预报的工作程序可按图 8-1 所示的工作程序进行。

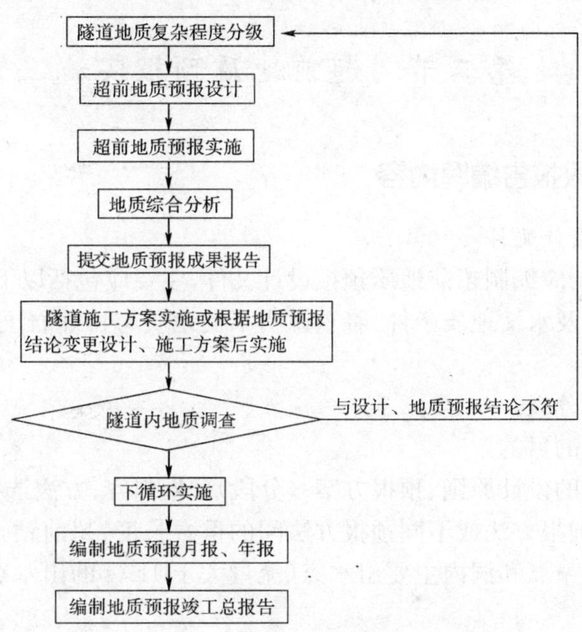


图 8-1 隧道地质预报的工作程序

## 五、超前地质预报的方法

超前地质预报可采用地质调查法、超前钻探法、物探法和超前导坑预报法。

地质调查法：包括隧道地表补充地质调查、洞内开挖工作面地质素描和洞身地质素描、地层分界线及构造线地下和地表相关性分析、地质作图等。

超前钻探法：包括超前地质钻探、加深炮孔探测及孔内摄影。

物探法：包括弹性波反射法(地震波反射法、水平声波剖面法、负视速度法和陆地声呐法等)、电磁波反射法(地质雷达探测)、红外探测、高分辨率直流电法等。

超前导坑预报法：包括平行超前导坑法、正洞超前导坑法等。

超前地质预报可采用长距离预报、中长距离预报和短距离预报，预报长度的划分和预报方法的选择可执行以下规定。

长距离预报：预报长度 100m 以上。可采用地质调查法、地震波反射法及 100m 以上的超前钻探法等。

中长距离预报：预报长度 30～100m。可采用地质调查法、弹性波反射法及 30～100m 的超前钻探法等。

短距离预报：预报长度 30m 以内。可采用地质调查法、弹性波反射法、电磁波反射法、红外探测及小于30m的超前钻探法等。

隧道超前地质预报设计前，应根据隧道的工程地质与水文地质条件、地质因素对隧道施工影响程度及诱发环境问题的程度等，对隧道分段进行地质复杂程度分级。隧道复杂程度分为复杂、较复杂、中等复杂和简单四级。

隧道超前地质预报应根据不同的地质复杂程度分级，针对不同类型的地质问题，选择不同的方法和手段进行，并贯穿于隧道施工全过程。

## 第二节　超前地质预报实施

### 一、超前地质预报报告编写内容

1.超前地质预报设计文件

超前地质预报设计应编制超前地质预报设计文件，主要应包括以下内容：

(1)隧道工程地质及水文地质条件，着重说明不良地质与特殊岩土、可能存在的主要工程地质问题及地质风险。

(2)地质复杂程度分级。

(3)超前地质预报的目的。

(4)超前地质预报的设计原则、预报方案、(分段)预报内容、方法选择及不同方法的组合关系、技术要求(同一种预报方法或不同预报方法间的重叠长度、超前钻孔的角度及长度等)，需要时应编制气象、重要泉点和洞内主要出水点(流量大于1L/s的出水点)、暗河流量等观测计划和观测技术要求等。

(5)超前地质预报实施工艺要求(必要时提出)。

(6)超前地质预报工作安全措施。

(7)超前地质预报工作量、占用工作面的时间。

(8)超前地质预报概预算。

(9)其他需要说明的问题。

2.编制超前地质预报实施大纲

实施超前地质预报应全面了解隧址区地质情况，分析和掌握存在的主要工程地质问题、主要地质灾害隐患及其分布范围等，核实地质复杂程度分级、超前地质预报方案的内容。应编制超前地质预报实施大纲，其内容应包括：

(1)编制依据。

(2)工程概况。

(3)地质概况：与地质预报相关的地形地貌、气象特征、地层岩性、地质构造、水文地质情况简述，着重说明不良地质与特殊岩土、可能存在的主要工程地质问题及地质风险。

(4)地质复杂程度分级。

(5)实施超前地质预报的目的。

(6)超前地质预报方案、分段预报内容及具体预报方法、技术要求、预报工作量，必要时应编制气象、重要泉点和洞内主要出水点(流量大于1L/s的出水点)、暗河流量等观测计划和观测技术要求。

(7)超前地质预报工艺流程及操作要点。

(8)超前地质预报组织机构设置及投入的人力、设备资源。

(9)质量要求。

(10)安全措施。

(11)成果资料编制的内容与要求。

(12)工作制度,包括与监理、勘察设计、建设单位的联系制度,地质预报成果报告提交的时限,信息传递方式等。

(13)地质预报成果的验证及技术总结的要求。

(14)其他需要说明的问题。

采用综合超前地质预报方法时,应将各预报手段所获得的资料进行综合分析与判断,并编制地质综合分析成果报告,内容应包括工作概况、采用的各种预报手段及预报结果、相互印证情况、综合分析预报结论、施工措施建议及下步预报工作计划等。

3. 编制超前地质预报报告

超前地质预报工作应编制各预报方法预测报告、地质综合分析报告、月报、年报、超前地质预报竣工总报告。

隧道超前地质预报竣工总报告应包括以下内容:

(1)工程概况。

(2)地质概况:包括原有地质资料的概略情况及其结论,施工开挖过程中揭示的不良地质、特殊岩土及存在的主要工程地质问题。

(3)设计预报方案和根据实际地质情况调整后的预报实施方案。

(4)统计各预报方法实际工程量,并与超前地质预报设计工作量进行对比,分析增减的原因。

(5)预报与施工验证对比情况,包括预报准确率统计结果,对预报绩效进行评价。

(6)设计与施工地质资料对比情况,对勘察资料进行评价。

(7)施工过程中遇到的重大工程地质问题及其处理的经过、措施、效果,运营中应注意的事项。

(8)超前地质预报工作的经验与教训,采用新技术、新设备、新方法的情况及推广应用的建议。

(9)其他需要说明的问题。

(10)附图和附件。

①各种预报方法的预报报告及图件,其内容按有关章节要求编制。

②隧道及平行导坑洞身竣工工程地质纵断面图,内容包括设计与施工地质条件对比、分段围岩级别的对比、不良地质与特殊岩土发育部位与规模的对比及地质纵断面图常规项目(如地层岩性、褶曲、断裂的分布与产状,破碎带及坍塌和变形地段的位置、性质及规模,地下水出露的位置、水质、水量等),地质纵断面图的横向比例为 1∶500～1∶5 000,竖向比例为 1∶200～1∶5 000。

## 二、断层预报

断层预报应探明断层的性质、产状、富水情况、在隧道中的分布位置、断层破碎带的规模、物质组成等，并分析其对隧道的危害程度。

断层预报应以地质调查法为基础，以弹性波反射探测为主，必要时采用红外探测、高分辨直流电法探测断层带地下水的发育情况及超前钻探法验证。

当隧道施工接近规模较大的断层时，多具有明显的前兆，可通过地表补充地质调查、洞内地质调查、地表与地下构造相关性分析、断层趋势分析等手段预报断层的分布位置。

断层破碎带与周围介质多存在明显的物性差异，可采用弹性波反射法探测破碎带的位置及分布范围。

断层为面状结构面，可采用超前钻探法较准确地预报其位置、宽度、物质组成及地下水发育情况等。

断面预报可按以下步骤进行：

(1)根据区域地质资料、工程地质平面图与纵断面图以及必要的地表补充地质调查，进一步核实断层的性质、产状、位置与规模等。

(2)采用弹性波反射法确定断层在隧道内的大致位置和宽度。

(3)必要时采用红外探测法、高分辨直流电法探测断层带地下水的发育情况。

(4)必要时采用超前钻探预报断层的确切位置和规模、破碎带的物质组成及地下水的发育情况等。

(5)采用隧道内地质素描、断层趋势分析等手段预报断层的分布位置。

(6)地质综合判析，提交地质综合分析成果报告。

## 三、岩溶预报

岩溶是指可溶性岩石受水体以化学溶蚀为主、机械侵蚀和崩塌为辅的地质营力综合作用，以及由此所产生的地质现象的统称。

岩溶预报应探明岩溶在隧道内的分布位置、规模、充填情况及岩溶水的发育情况，分析其对隧道的危害程度。

岩溶预报应以地质调查法为基础，以超前钻探法为主，结合多种物探手段进行综合超前地质预报，并应采用宏观预报指导微观预报、长距离预报指导中短距离预报的方法。

岩溶预报可按以下步骤进行。

1.研究隧址区岩溶发育规律

充分收集、分析、利用已有区域地质和工程地质资料，辅以工程地质补充调绘，查明隧址区工程地质与水文地质条件，分析岩溶发育的规律，宏观掌握区域地质条件，指导超前地质预报工作。应着重查明和分析以下方面的内容。

(1)地层岩性：可溶性岩层与非可溶性岩层的分布与接触关系，可溶性岩层的成分、结构和溶解性，特别是强溶岩(质纯层厚的灰岩、盐岩)的地层层位和展位范围，及其与隧道线路中线的相互关系。

(2)地质构造：隧址区的构造类型、褶皱轴的位置、两翼岩层的产状；断裂带的位置、规模、性质、产状，特别是两条或两条以上断层交汇的位置(侵蚀性地下水的有利通道)；主要节理裂隙的性质、宽度、间距、延伸方向、贯通性及充填情况等；新构造运动的性质、特点等。分析上述构造与岩溶发育的规律及不同构造部位岩溶发育特征和发育程度的差异性，划分岩溶发育带；分析上述构造与隧道线路中线的相互关系。

(3)岩溶地下水：根据地下水的埋藏、补给、径流和排泄情况、水位动态及水力连通情况，分析隧道受岩溶地下水影响的程度。

(4)隧道处于岩溶垂直分带的部位：根据隧道线路高程、穿越山区地形、地表岩溶发育情况、区域和隧址区侵蚀基准面等，判断隧道处于岩溶垂直分带的部位。

(5)岩溶发育的层数：根据岩性、新构造运动和水文地质条件，结合地表测绘，查明岩溶发育的层数及与隧道的关系。

(6)依据岩溶发育的垂直分带性、隧道高程和地下水季节的变化，判断那些可能与隧道相遇的溶洞、暗河的含水量，或分析那些不与隧道相遇的有水溶洞或暗河对隧道施工的影响程度。

(7)岩溶形态：岩溶形态的类型、位置、大小、分布规律、形成原因及与地下水、地表水的联系，以及地表岩溶形态和地下岩溶形态的联系。

(8)结合有利于岩溶发育的岩层层位和构造位置。在大小封闭的洼地内、当地河流岸边或其他部位，查明大型溶洞或暗河的入口、出口的位置及高程，并结合可能成为暗河通道的较大断层或较紧闭背斜褶皱的核部位置、产状，推断暗河大致通道，确定能否与隧道相遇或与隧道的大概空间位置关系。

(9)根据褶皱轴、断层、节理密集带、可溶岩与非可溶岩接触带、陡倾角可溶性岩、质纯层厚可溶性岩层的位置与产状，用地表与地下相关性分析法，分析隧道内可能出现的大型溶洞、暗河位置。

2. 核查、领会设计中地质复杂程度分级和超前地质预报方案设计

根据区域地质和工程地质资料，结合前面的调查和分析，核查、领会设计文件中地质复杂程度分级和超前地质预报方案设计。

3. 隧道内地质素描

根据隧道内地质素描结果，验证、调整地质复杂程度分级和超前地质预报方案。

4. 物探探测

根据地质条件，可采用弹性波反射法进行长、中长距离探测，以探明断层等结构面和规模较大、可足以被探测的岩溶形态；采用高分辨率直流电法、红外探测进行中长、短距离探测，可定性探测岩溶水；采用地质雷达进行短距离探测，以查明岩溶位置、规模和形态。

5. 超前地质钻探

根据地质复杂程度分级、隧道内地质素描、物探异常带进行超前地质钻探预报和验证，对富水岩溶发育地段，超前地质钻探必须连续重叠式进行。超前钻探揭示岩溶后，应适当加密，必要时采用地质雷达及其他物探手段进行短距离的精细探测，配合钻探查清岩溶规模及发育特征。

6. 加深炮孔探测

岩溶发育区必须进行加深炮孔探测，其具体要求应符合本章第四节的要求。

7.地质综合判断,提交地质综合分析成果报告

各种预报手段的组合不是一成不变的,根据地质条件和各种预报手段的优缺点灵活运用,以达到预报目的和解决实际问题为宗旨。

## 四、煤层瓦斯预报

1)煤层瓦斯预报应探明煤层分布位置、煤层厚度,测定瓦斯含量、瓦斯压力、涌出量、瓦斯放散初速度、煤的坚固性系数等,判定煤的破坏类型,分析判断煤的自燃及煤尘爆炸性、煤与瓦斯突出危险性,评价隧道瓦斯严重程度及对工程的影响,提出技术措施和建议等。

2)煤层瓦斯预报应以地质调查法为基础,以超前钻探法为主,结合多种物探手段进行综合超前地质预报。

3)煤层瓦斯预报可按以下步骤进行:

(1)根据区域地质资料、工程地质勘察报告、工程地质平面图与纵断面图、煤层地表钻探资料和必要的地表补充调查,通过地质作图进一步核实煤层的位置与厚度等。

(2)采用物探法确定煤层在隧道内的大致位置和厚度。

(3)采用洞内地质素描,利用地层层序、地层厚度、标志层和岩层产状等,通过作图分析确定煤层的里程位置。

(4)接近煤层前,必须对煤层位置进行超前钻探,标定各煤层准确位置,掌握其赋存情况及瓦斯状况,并应符合以下规定:

①应在距煤层15~20m(垂距)处的开挖工作面上钻1个超前钻孔,初探煤层位置。

②在距初探煤层位置10m(垂距)处的开挖工作面上钻3个超前钻孔,分别探测开挖工作面前方上部及左右部位的煤层位置,并采取煤样和气样进行物理、化学分析和煤层瓦斯参数测定,在现场进行瓦斯及天然气含量、涌出量、压力等测试工作。

③按各孔见煤、出煤点计算煤层厚度、倾角、走向及与隧道的关系,并分析煤层顶、底板岩性。

④掌握并收集钻孔过程中的瓦斯动力现象。

(5)揭煤前应进行瓦斯突出危险性预测,并应符合以下规定:

①在瓦斯突出工区施工时,应在距煤层垂距5m处的开挖工作面打瓦斯测压孔,或在距煤层垂距不小于3m处的开挖工作面进行突出危险性预测。

②瓦斯突出危险性预测应从瓦斯压力法、综合指标法、钻屑指标法、钻孔瓦斯涌出初速度法、“R”指标法五种方法中选出两种方法,相互验证。石门揭煤可采用瓦斯压力法、综合指标法、钻屑指标法;煤巷掘进宜采用钻屑指标法、钻孔瓦斯涌出初速度法、“R”指标法。

③突出危险性涌出方法中有任何一项指标超过临界值表,该开挖工作面即为有突出危险工作面。其预测时的临界指标应根据实测数据确定,当无实测数据时,可参照表8-1中所列出的危险性临界值。

突出危险性预测指标临界值　表 8-1

| 序号 | 预测类型 | 预测方法 | 预测指标 | 突出危险性临界值 |
|---|---|---|---|---|
| 1 | 石门揭煤突出危险性预测 | 瓦斯压力法 | $P$(MPa) | 0.74 |
| | | 综合指标法 | $D$ | 0.25 |
| | | | $K$ | 20(无烟煤)、15(有烟煤) |
| | | 钻屑指标法 | $\Delta h_2$(Pa) | 160(湿煤)、200(干煤) |
| | | | $K_1[\mathrm{mL/(g \cdot min^{1/2})}]$ | 0.4(湿煤)、0.5(干煤) |
| 2 | 煤巷开挖工作面突出危险性预测 | 钻孔瓦斯涌出初速度法 | $Q$ | 4 |
| | | "R"指标法 | $R_m$ | 6 |
| | | 钻屑指标法 | $\Delta h_2$(Pa) | 160(湿煤)、200(干煤) |
| | | | $K_1[\mathrm{mL/(g \cdot min^{1/2})}]$ | 0.4(湿煤)、0.5(干煤) |
| | | | 最大钻屑量(kg/m) | 6 |

④钻孔过程中出现顶钻、夹钻、喷孔等动力现象时，应视开挖工作面为突出危险工作面。

(6)综合分析，提交地质综合分析成果报告。

4)煤层瓦斯超前钻孔应符合以下规定：

(1)每个钻孔均应穿透煤层并进入顶(底)板不小于0.5m。

(2)正式探测孔应取完整的岩(煤)芯，进入煤层后宜用干钻取样。

(3)各钻孔直径不宜小于76mm。

(4)钻孔过程中应观察孔内排出的浆液、煤屑变化情况，并做好记录。

5)开挖工作面出现煤与瓦斯突出前兆时，应立即报警，停止工作，撤出人员，切断电源，并上报有关部门。

6)隧道在煤系地层、压煤地段及其他可能含瓦斯地层开挖施工时，应加强瓦斯检测，瓦斯浓度超过规定指标时，应立即采取措施，确保安全，并上报有关部门，查明瓦斯来源，分析可能带来的危害程度，制订下一步地质预报工作的方案和措施，并做好瓦斯检测记录存档备查。

## 五、其他

(1)隧道涌水、突泥预报应探明可能发生涌水、突泥地段的位置、规模、物质组成、水量、水压等，分析评价其对隧道的危害程度。

(2)涌水、突泥预报应以地质调查法为基础，以超前钻探法为主，结合多种物探手段进行综合超前地质预报。

(3)在可能发生涌水、突泥的地段必须进行超前钻探，且超前钻探必须设有防突装置；隧道通过煤系地层、金属和非金属矿区中的采空区时，应查明在采及废弃矿巷与隧道的空间关系，分析评价其对隧道的危害程度。

(4)斜井工区、隧道反坡施工地段处于富水区时，超前钻探作业应做好钻孔突涌水处治方案，确保人员和设备的安全，避免淹井事故的发生。

(5)隧道施工应减少或避免塌方的发生。

## 六、临近隧道内不良地质体的前兆标志

1.临近大型溶洞水体或暗河的前兆标志主要有：

(1)裂隙、溶隙间出现较多的铁染锈或黏土。

(2)岩层明显湿化、软化,或出现淋水现象。

(3)小溶洞出现的频率增加,且多有水流、河砂或水流痕迹。

(4)钻孔中的涌水量剧增,且夹有泥沙或小砾石。

(5)有哗哗的流水声。

(6)钻孔中有凉风冒出。

2.临近断层破碎带的前兆标志主要有:

(1)节理组数急剧增加。

(2)岩层牵引褶皱的出现。

(3)岩石的强度明显降低。

(4)压碎岩、碎裂岩、断层角砾岩等的出现。

(5)临近富水断层前断层下盘泥岩、页岩等隔水岩层明显湿化、软化,或出现淋水和其他涌突水现象。

3.临近人为坑洞积水的前兆标志主要有:

(1)岩层明显湿化、软化,或出现淋水现象。

(2)岩层裂隙有涌水现象。

(3)开挖工作面空气变冷或发生雾气。

(4)有嘶嘶水声。

(5)临近煤层老窑积水的前兆是岩层中出现暗红色水锈或渗水中挂红。

4.大规模塌方的前兆标志主要有:

(1)拱顶岩石开裂,裂隙旁有岩粉喷出或洞内无故尘土飞扬。

(2)初支开裂掉块、支撑拱架变形或发出声响。

(3)拱顶岩石掉块或裂隙逐渐扩大。

(4)干燥围岩突然涌水等。

5.煤与瓦斯突出的前兆标志主要有:

(1)开挖工作面地层压力增大,鼓壁、深部岩层或煤层的破裂声明显,响煤炮,掉渣,支护严重变形。

(2)瓦斯浓度突然增大或忽高忽低,工作面温度降低,闷人,有异味等。

(3)煤层结构变化明显,层理紊乱,由硬变软,厚度与倾角发生变化,煤由湿变干,光泽暗淡,煤层顶、底板出现断裂、波状起伏等。

(4)钻孔时有顶钻、夹钻、顶水、喷孔等动力现象。

(5)工作面发出瓦斯强涌出的嘶嘶声,同时带有粉尘。

(6)工作面有移动感。

## 第三节 地质调查法

地质调查法是根据隧道已有勘察资料、地表补充地质调查资料和隧道内地质素描,通过地层层序对比、地层分界线及构造线地下和地表相关性分析、断层要素与隧道几何参数的相关性分析、临近隧道内不良地质体的前兆分析等,利用常规地质理论、地质作图和趋势分析等,推测开挖工作面前方可能揭示地质情况的一种超前地质预报方法。

地质调查法适用于各种地质条件下隧道的超前地质预报。地质调查法包括隧道地表补充地质调查和隧道内地质素描等。

## 一、隧道地表补充地质调查

隧道地表补充地质调查应包括以下主要内容：

(1)对已有地质勘察成果的熟悉、核查和确认。

(2)地层、岩性在隧道地表的出露及接触关系，特别是对标志层的熟悉和确认。

(3)断层、褶皱、节理密集带等地质构造在隧道地表的出露位置、规模、性质及其产状变化情况。

(4)地表岩溶发育位置、规模及分布规律。

(5)煤层、石膏、膨胀岩、含石油天然气、含放射性物质等特殊地层在地表的出露位置、宽度及其产状变化情况。

(6)人为坑洞位置、走向、高程等，分析其与隧道等空间关系。

(7)根据隧道地表补充地质调查结果，结合设计文件、资料和图纸，核实和修正超前地质预报重点区段。

## 二、隧道内地质素描

隧道内地质素描是将隧道所揭露的地层岩性、地质构造、结构面产状、地下水出露点位置及出水状态、出水量、煤层、溶洞等准确记录下来并绘制成图表，是地质调查法工作的一部分，分为开挖工作面地质素描和洞身地质素描。隧道内地质素描包括以下主要内容：

1.工程地质

(1)地层岩性：描述地层时代、岩性、层间结合度、风化程度等。

(2)地质构造：描述褶皱、断层、节理裂隙特征、岩层产状等，断层的位置、产状、性质、破碎带的宽度、物质成分、含水情况以及与隧道的关系，节理裂隙的组数、产状、间距、充填物、延伸长度、张开度及节理面特征、力学性质，分析组合特征、判断岩体完整程度。

(3)岩溶：描述岩溶规模、形态、位置、所属地层和构造部位，充填物成分、状态，以及岩溶展布的空间关系。

(4)特殊地层：煤层、沥青层、含膏盐层和含黄铁矿层等应单独描述。

(5)人为坑洞：影响范围内的各种坑道和洞穴的分布位置及其与隧道的空间关系。

(6)地应力：包括高地应力显示性标志及其发生部位，如岩爆、软弱夹层挤出、探孔饼状岩芯等现象。

(7)塌方：应记录塌方部位、方式、规模及其随时间的变化特征，并分析产生塌方的地质原因及其对继续掘进的影响。

(8)有害气体及放射性危害源的存在情况。

2.水文地质

(1)地下水的分布、出露形态及围岩的透水性、水量、水压、水温、颜色、泥沙含量测定，以及地下水活动对围岩稳定的影响，必要时进行长期观测。地下水的出露形态分为：渗水、滴水、滴水成线、股水(涌水)、暗河。

(2)水质分析,判定地下水对结构材料的腐蚀性。

(3)出水点和地层岩性、地质构造、岩溶、暗河等的关系分析。

(4)必要时进行地表相关气象、水文观测,判断洞内涌水与地表径流、降雨的关系。

(5)必要时应建立涌突水点地质档案。

3. 围岩稳定性特征及支护情况

记录不同工程地质、水文地质条件下隧道围岩稳定性、支护方式以及初期支护后的变化情况。发生围岩失稳或变形较大的地段,详细分析、描述围岩失稳或变形发生的原因、过程、结果等。

4. 进行隧道施工围岩分级

5. 影像

隧道内重要的和具代表性的地质现象应进行摄影和录像。

## 三、地质调查法工作要求及资料编制

地质调查法应符合以下工作要求:

(1)隧道地表补充地质调查应在实施洞内超前地质预报前进行,并在洞内超前地质预报实施过程中根据需要随时补充,现场应做好记录,并于当天及时整理。

(2)地质素描图应采用现场绘制草图、室内及时誊清的方式完成,必须在现场根据实际情况记录,不得回忆编制或室内制作。地质素描原始记录、图、表应当天整理。

(3)隧道地表补充地质调查和洞内地质素描资料应及时反映在隧道工程地质平面图和纵断面图上,并应分段完善、总结。

(4)标本应按要求采集,并及时整理。

地质调查法隧道超前地质预报,应编制以下资料:

(1)地质调查法预报报告。

(2)开挖工作面地质素描图,比例尺根据需要确定。

(3)隧道洞身地质展视图,比例为1:100～1:500。

(4)地层分界线及构造线隧道内和地表相关性分析预报图(必要时作),比例尺根据需要确定。

(5)地质复杂地段纵、横断面图,比例为1:100～1:500。

(6)地质监测与测试资料。

(7)有关影像资料。

# 第四节 超前钻探法

## 一、超前地质钻探

超前地质钻探是利用钻机在隧道开挖工作面进行钻探获取地质信息的一种超前地质预报方法。

超前地质钻探法适用于各种地质条件下的隧道超前地质预报,在富水软弱断层破碎带、富水岩溶发育区、煤层瓦斯发育区、重大物探异常区等地质条件复杂地段必须采用。

超前地质钻探主要采用冲击钻和回转取芯钻，二者应合理搭配使用，提高预报准确率和钻探速度，减少占用开挖工作面的时间。

一般地段采用冲击钻。冲击钻不能取芯，但可通过冲击器的响声、钻速及其变化、岩粉、卡钻情况、钻杆震动情况、冲洗液的颜色及流量变化等粗略探明岩性、岩石强度、岩体完整程度、溶洞、暗河及地下水发育情况等。

复杂地质地段采用回转取芯钻。回转取芯钻岩芯鉴定准确可靠，地层变化里程可准确确定，一般只在特殊地层、特殊目的地段、需要精确判定的情况下使用。比如煤层取芯及试验、溶洞及断层破碎带物质成分的鉴定、岩土强度试验取芯等。

1. 超前地质钻探技术要求

(1)孔数

①断层、节理密集带或其他破碎富水地层每循环可只钻一孔。

②富水岩溶发育区每循环宜钻 3～5 个孔，揭示岩溶时，应适当增加，以满足安全施工和溶洞处理所需资料为原则。

③煤层瓦斯预报超前钻探孔数应符合本章第二节的要求。

(2)孔深

①不同地段不同目的的钻孔应采用不同的钻孔深度。

②钻探过程中应进行动态控制和管理，根据钻孔情况可适时调整钻孔深度，以达到预报目的为原则；煤层瓦斯超前钻孔深度应符合本章第二节的要求。

③在需连续钻探时前后两循环钻孔应重叠 5～8m。

(3)孔径

钻孔直径应满足钻探取芯、取样和孔内测试的要求。

(4)富水岩溶发育区超前钻探应终孔于隧道开挖轮廓线以外 5～8m

2. 超前地质钻探工作要求

(1)实施超前地质钻探的人员应经技术培训和考核，经考核合格后方可上岗。

(2)钻探前地质技术人员应进行技术、质量交底。

(3)超前钻探过程中应在现场做好钻探记录，包括钻孔位置、开孔时间、终孔时间、孔探、钻进压力、钻进速度随钻孔深度变化情况、冲洗液颜色和流量变化、涌砂、空洞、振动、卡钻位置、突进里程、冲击器声音的变化等。

(4)超前钻探过程中应及时鉴定岩芯、岩粉，判定岩石名称，对于断层带、溶洞填充物、煤层、代表性岩土等应拍摄照片备查，并选择代表性岩芯整理保存，重要工程钻探过程监理应进行旁站。

(5)在富水地段进行超前钻探时必须采取防突措施；测钻孔内水压时，需安装孔口管，接上高压球阀、连接件和压力表，压力表读数稳定一段时间后即可测得水压。

(6)应加强钻进设备的维修与保养，使钻机处于良好状态；强化协调管理，各方应积极配合，减少和缩短施钻时间。

3. 钻孔质量控制措施

(1)采用系统的钻探程序

①测量布孔：施钻前按孔位设计图设计的位置用经纬仪准确测量放线，将开孔孔位用红油漆标注在开挖工作面上。

②设备就位:孔位布好后,设备就位,接通各动力电源和供风、供水管路。安装电路要有专业电工操作,确保安全,供风管路要连接紧密,无漏气现象。

③对正孔位,固定钻机:将钻具前端对准开挖工作面上的孔位,调整钻机方位,将钻机固定牢固。

④开孔、安装孔口管:孔口管必须安设牢固。

⑤成孔验收:施钻满足设计要求,经现场技术人员确认签收后方可停钻终孔。

(2)控制钻进方向

①钻机定位完毕后,对钻机进行机座加固,使钻机在钻进过程中位置不偏移,左导钻孔完毕钻机位置不变。在钻进过程中应定期检查机器的松动情况,及时调整固定。

②对钻具的导向装置尽可能加长,并且选用刚度较强的钻杆,从而提高钻具的刚度,减少钻具的下沉量,达到技术的要求。不得使用弯曲钻具。

当岩层由软变硬时应采用慢速、轻压钻进一定深度后,改用硬岩层的钻进参数。钻进中应减少换径次数。

本循环钻孔完毕后,根据测量结果总结出钻具的下沉量,下一循环钻探时通过调整孔深、仰俯角等措施控制下沉量在设计要求的范围内,达到技术要求的精度。

(3)准确鉴定岩性及其分布位置

超前钻探法应编制探测报告,内容包括工作概况、钻孔探测结果、钻孔柱状图,必要时应附钻孔布置图、代表性岩芯照片等。

## 二、加深炮孔探测

加深炮孔探测是利用风钻或凿岩台车等在隧道开挖工作面钻小孔径浅孔获取地质信息的一种方法。

加深炮孔探测适用于各种地质条件下隧道的超前地质探测,尤其适用于岩溶发育区。

加深炮孔探测应符合以下要求:

(1)孔深应较爆破孔(或循环进尺)深 3m 以上。

(2)孔径宜与爆破孔相同。

(3)孔数、孔位应根据开挖断面大小和地质复杂程度确定。

(4)在富水岩溶发育区每循环必须按设计认真实施,发现异常情况应及时反馈信息,严禁盲目装药放炮。

(5)钻到溶洞和岩溶水时,应视情况采用超前地质钻探和其他探测手段,查明情况,确保施工安全,为变更设计提供依据。

(6)加深炮孔探测严禁在爆破残眼中实施。

(7)揭示异常情况的钻孔资料应作为技术资料保存。

# 第五节 物 探 法

物探法包括弹性波反射法、电磁波反射法(地质雷达探测)、红外探测、高分辨率直流电法等。其中弹性波反射法是利用人工激发的地震波、声波在不均匀地质体中所产生的反射波特性来预报隧道开挖工作面前方地质情况的一种物探方法，它包括地震波反射法、水平声波剖面法、负视速度法和极小偏移距高频反射连续剖面法（简称“陆地声呐法”）等方法。在实际工作中，地震波反射法的应用相对普遍和成熟。

弹性波反射法适用于划分地层界限、查找地质构造、探测不良地质的厚度和范围。要求探测对象与相邻介质应存在较明显的波阻抗差异并具有足以被探测的规模；断层或岩性界面的倾角应大于35°，构造走向与隧道轴线的夹角应大于45°。

弹性波反射法的数据处理与资料解释要求符合以下规定：

(1)采用计算机处理的记录目的层反射波特性应明显、信噪比高、同相轴清晰、能进行追踪和相位连续对比。

(2)依据时间剖面图、瞬时振幅图结合地质资料进行分析，对比和追踪波组的相似性、波振幅的衰减程度、振动的同相性和连续性等特征，判释和确定反射波组对应的层位、被测地质体的接触关系、构造形态等。

(3)根据上行波和下行波视速度的差异，确定反射界面在隧道轴向前方的距离、反射界面与洞轴方向的夹角。

## 一、地震波反射法

隧道地震波法（Tunnel Seismic Prediction 简称 TSP），其原理是通过小药量爆破所产生的地震波信号沿隧道方向以球面波的形式传播，在不同岩层中地震波以不同的速度传播，在其界面处被反射，并被高精度的接收器接收。通过计算机软件分析前方围岩性质、节理裂隙分布、软弱岩层及含水状况等，最终显示屏上显示各种围岩构造界面与隧道轴线相交所呈现的角度及掌子面的距离，并可初步测定岩石的弹性模量、密度、泊松比等参数以供参考。该法适用于划分地层界线、查找地质构造、探测不良地质体的厚度和范围。但仪器在作业过程中对环境的要求较高，若噪声过大则会影响采集数据的准确性。TSP 预测原理见图8-2。

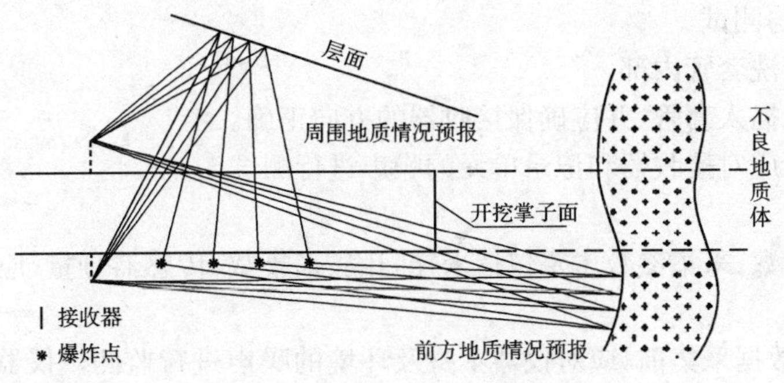


图 8-2 隧道地震波法（TSP）预测原理

### （一）预报距离

地震波反射法连续预报时前后两次应重叠 10m 以上，预报距离应符合以下要求：

(1)在软弱破碎地层或岩溶发育区，一般每次预报距离 100m 左右，不宜超过 150m。

(2)在岩体完整的硬质岩地层每次可预报 120～180m，但不宜超过 200m。

(3)隧道位于曲线上时，预报距离不宜太长。

(二)地震波反射法超前地质预报方法

1.观测系统设计

(1)收集隧道相关地质勘察和设计资料。

(2)根据隧道施工情况及地质条件,确定接收器(检波器)和炮点在隧道左右边墙的位置。

(3)接收器和炮点位置应在同一平面和高度上。

(4)隧道情况特殊或需要探测复杂地质隐患时,必须根据相关理论精心设计观测系统。

2.现场数据采集

(1)标志

在隧道现场,根据设计的观测系统,确定所有接收点和炮点的位置,并做出相应的标志。

(2)钻孔

①应按设计的要求(位置、深度、孔径、倾角等)钻孔。

②一般情况下,钻孔位置不应偏离设定的位置;特殊情况下,以设定的位置为圆心,可在半径 0.2m 的范围内移位。

③孔身应平直顺畅,能确保耦合剂、套管或炸药放置到位。

④在不稳定的岩层中钻孔时,采用外径与孔径相匹配的薄壁塑料管或 PVC 管插入钻孔,防止塌孔。

(3)安装套管

①用环氧树脂、锚固剂或加特殊成分的不收缩水泥砂浆作为耦合剂,安装接收器套管。

②用电子倾角测量仪测量接收器的几何参数,并做好记录。

(4)填装炸药

①填装炸药前,用电子倾角测量仪和钢卷尺测定炮孔的倾角和深度,并做好记录。

②炸药量的大小应通过试验确定。

③用装药杆将炸药卷装入炮孔的最底部。

④在激发前,炮孔应用水或其他介质填充,封住炮孔,确保激发能量绝大部分在地层中传播。

(5)仪器安装与测试

①用清洁杆清洗套管内部。

②将接收单元插入套管,并应确保接收器的方向正确。

③采集信号前应对接收器和记录单元的噪声进行测试。

(6)数据采集

①设置采集参数:采集参数主要包括采样间隔、采集数、传感器分量(应用 $X$、$Y$、$Z$ 三分量接受)以及接收器。

②噪声检查:数据采集前,应对仪器本身及环境的噪声进行监测。仪器工作正常,噪声振幅峰值小于−78dB 时,方可引爆雷管炸药,接收记录。

③数据记录:放炮时,准确填写隧道内记录,在放炮过程中应采用炮序号递增或递减的方式进行,确保炮点号正确。

(7)质量控制要求

通过检查显示地震道的特征,进行数据质量控制。

①在每一炮数记录后,应显示所记录的地震道,据此对记录的质量进行控制。

②用直达波的传播时间来检查放炮点的位置是否正确，以及使用的雷管是否合适。

③根据型号能量，检查信号是否过强或过弱，若直达波信号过强或过弱，应将炸药适当减少或增加。

④根据初至波信号的特性，对信号波形进行质量控制，若初至后出现鸣震，表明接收器单元没有与围岩耦合好或可能是由于套管内污染严重造成，这样，应清洁套管和重新插入接收器单元，直至信号改善为止。

⑤根据每一炮记录特征，了解存在的噪声干扰，必要时应切断干扰源，同时也可检查封堵炮孔的效果。

⑥对记录质量不合格的炮，应重新装炸药补炮，接收和记录合理的地震道。

3.采集信号的评价要求

(1)单炮记录质量评定

单炮记录质量评定分为合格、不合格两种。凡有以下缺陷之一的记录，应为不合格记录。

①$X$、$Y$、$Z$ 三分量接收器接收时，存在某一分量不工作或工作不正常。

②初至波时间不准或无法分辨。

③信噪比低，干扰波严重影响到预报范围的反射波。

④记录序号(放炮序号)与炮孔号对应关系错误。

除上述规定的不合格记录外的记录为合格记录。

(2)总体质量评定

总体质量评定依据所有的单炮记录，按偏移距大小重新排列显示(地震显示)进行。总体质量评定可分为合格、不合格两种。当符合以下要求时为总体合格：

①观测系统(炮点、接收点等设计)正确，采集方法正确。

②记录信噪比高，初至波清晰。

③单炮记录合格率大于 80%。

当有以下缺陷之一时，为总体不合格：

①隧道内记录填写混乱，记录序号(放炮序号)与炮孔号对应关系不清。

②采用非瞬发电雷管激发，或者初至波时间出现无规律波动(延迟)。

③连续 2 炮以上(含 2 炮)记录不合格或空炮，或者存在相邻的不合格记录或空炮。

④空炮率大于 15%。

4.资料分析与判释

(1)采用仪器配套的处理软件进行分析。

(2)总体质量不合格的资料不得用于成果分析。

(3)准确输入野外采集参数，包括隧道、接收器和炮点的几何参数等。

(4)剔除不合格的地震道，只有合格的才能参与处理。

(5)应根据预报长度选择合适的用于处理的时间长度；带通滤波参数合理，避免波形发生畸变；提取的反射波，应确保波至能量足够；速度分析时，建立与预报距离相适应的模型；反射层提取时，根据地质情况和分辨率选择提取反射层的数目。

(6)资料判释应结合隧道地质勘察资料、设计资料、施工地质资料、反射波成果分析显示图及岩体物理力学参数等进行。综合上述成果资料，推断隧道开挖工作面前方围岩的工程地质与水文地质条件，如软弱夹层、断层破碎带、节理密集带等地质体的性质、规模和位置等。结合岩体物理力学参数、围岩软硬、含水情况、构造影响程度、节理裂隙发育情况等资料，参照有关规范可对围岩级别进行初步评估。

(三)编制探测报告

地震波反射法超前地质预报应编制探测报告，内容主要包括：

(1)概括：隧道工程概括、地质概括、探测工作概括等。

(2)方法原理及仪器设备：方法原理及采用的仪器型号等。

(3)野外数据采集：观测系统、采集方法、数据质量等。

(4)数据处理：采用的软件及处理流程、参数选择说明、处理成果及质量等。

(5)资料分析与判释：采用地震波反射法时，应附上反射波分析成果显示图、物探成果地质解释剖面或平面图，必要时可附上分析处理波形图、频谱图、深度偏移剖面图及岩体物理力学参数表，以及地质判释、推理的地球物理准则；采用水平声波剖面法、负视速度法时，应附上原始记录波形图、经过处理用于解释的波形曲线、物探成果地质解释剖面或平面图等；采用陆地声呐法时，应附上原始记录波形图、经过处理用于解释的波形曲线、似 $t_0$ 时间剖面图及图上定性解释标示、预报平面图等。

(6)结论及建议：提出隧道开挖工作面前方的工程地质与水文地质条件，特别是影响施工方案调整、具有安全隐患的地质条件，以及施工过程中应采取的措施等结论和进一步开展预报工作的建议。

(7)其他需要说明的问题。

(四)地震波反射法探测资料地质判释经验

(1)反射波振幅越高，反射系数和波阻抗的差别越大。

(2)若横波S反射比纵波P强，则表明岩层饱含地下水。比较任何反射振幅必须小心，因为反射振幅易受随机噪声和数据处理的影响。

(3)$v_p/v_s$ 有较大的增加或泊松比突然增大，常常因流体的存在而引起。

(4)若 $v_p$ 下降，则表明裂隙密度或孔隙度增加。

(5)关于 $v_p/v_s$：

①固结的岩石 $v_p/v_s<2.0$，泊松比 $\mu<0.33$。

②当岩石的孔隙充满水时，$v_p/v_s$ 为1.4～2.0。

③当岩石的孔隙充满气时，$v_p/v_s$ 为1.3～1.7。

④水饱和的未固结地层，$v_p/v_s>2.0$。

当岩体中含流体时，$v_p$ 与孔隙度和孔隙中流体的性质有关，$v_p$ 会明显降低。$v_s$ 只与骨架速度有关，而与孔隙中流体无关，$v_s$ 不发生明显变化。

(6)关于沉积岩的泊松比 $\mu$：

①未固结的土层，往往具有非常高的泊松比 $\mu$(0.4以上)。

②泊松比常随孔隙度的减小及沉积物固结而减少。

③高孔隙度的饱和砂岩往往具有较高的泊松比 $\mu$(0.3～0.4)。

④气饱和高孔隙度砂岩往往具有较低的泊松比 $\mu$(如低到0.1)。

## 二、电磁波反射法

电磁波反射法超前地质预报主要采用地质雷达探测(Ground Penetrating Radar,简称GPR)。地质雷达探测是利用电磁波在隧道开挖工作面前方岩体中的传播及反射,根据传播速度和反射脉冲波走时进行超前地质预报的一种物探方法。

地质雷达探测采用电磁波反射原理探测浅层地层的划分、岩溶、空洞、不均匀体、仪器将发射天线和接收天线集于一体,具有快速、无损、连续检测、实时显示等特点,但在掌子面有水的情况下不宜使用。

1. 探测前提

(1)探测目的体与周边介质之间应存在明显介电常数差异,电磁波反射信号明显。

(2)探测目的具体,有足以被探测的规模。

(3)不能探测极高电导屏蔽层下的目的体。

2. 探测距离

地质雷达在完整灰岩地段预报距离宜在30m以内,在岩溶发育地段的有效探测长度则应根据雷达波形判定。连续预报时前后两次重叠长度应在5m以上。

3. 地质雷达探测仪表的技术指标

(1)系统增益不应低于150dB。

(2)信噪比应大于60dB。

(3)采样间隔不应大于0.5ns、模数转换器不应低于16位。

(4)具有可选的信号叠加、实时滤波、点测与连续测量、手动与自动位置标记等功能。

4. 地质雷达探测的数据采集要求

(1)通过试验选择雷达天线的工作频率,确定介电常数。当探测对象情况复杂时,应选择两种及以上不同频率的天线。当多个频率的天线均能符合探测深度要求时,应选择频率相对较高的天线。

(2)测网密度、天线间距和天线移动速度应反映出探测对象的异常,测线宜采用十字或网格形式布设。

(3)选择合适的时间窗口和采样间隔,并根据数据采集中的干扰变化和效果及时调整工作参数。

(4)采用连续测量的方式,不能连续测量的地段可采用测点。

(5)隧址区内不应有较强的电磁波干扰;现场测试时应清除或避开测线附近的金属物等电磁干扰物;当不能清除或避开时应在记录中注明,并标出位置。

(6)支撑天线的器材应选用绝缘材料,天线操作员应与工作天线保持相对固定的位置。

(7)测线上天线经过的表面应相对平整,无障碍,且天线易于移动;测试过程中,应保持工作天线的平面与探测面基本平行,距离相对一致。

(8)现场记录应注明观测到的不良地质体与地下水体的位置与规模等。

(9)重点异常区应重复观测,重复性较差时应查明原因。

地质雷达探测质量检查的记录与原探测记录应具有良好的重复性,波形一致,没有明显的位移。

5. 地质雷达探测的资料与解释

(1)参与解释的雷达剖面应清晰。

(2)解释前宜做编辑、滤波、增益等处理。情况较复杂时,还宜进行道分析、FK 滤波、正常时差校正、褶积、速度分析、消除背景干扰等处理。

(3)结合地质情况、电性特征、探测体的性质和几何特征综合分析。必要时应考虑影响介电常数的各种因素,制作雷达探测的正演和反演模型。

6. 探测报告

地质雷达法预报应编制探测报告,内容包括探测工作概况、采集及解释参数、地质解译结果、测线布置图(表)、探测时间剖面图等,其中时间剖面图中应标出地层的反射波位置或探测对象的反射波组。

## 三、红外探测

红外探测是根据红外辐射原理,即一切物质都在向外辐射红外电磁波的原理,通过接收和分析红外辐射信号,探测局部地温异常现象,判断地下脉状流、脉状含水带、隐伏含水体等所在的位置进行超前地质预报的一种物探方法。红外探水原理见图 8-3。

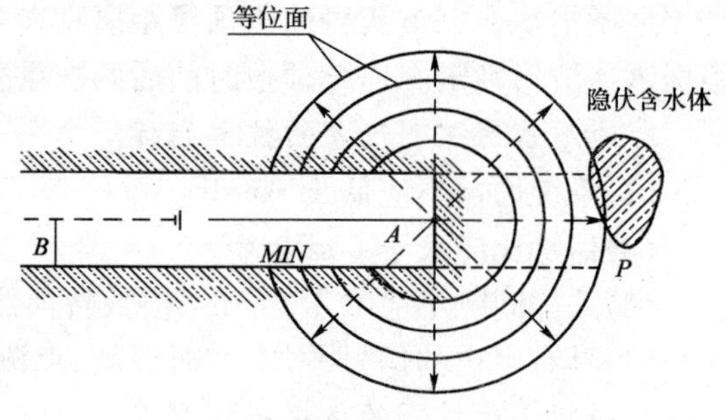


图 8-3 红外探水示意图

A-供电电极;M/N-测量电极;B-相对无穷远点(AB>300m);P-含水体接触点

红外探测适用于定性判断探测点前方有无水体存在及其方位,不能定量给出水量大小等参数。有效预报长度应在 30m 以内,连续预报时前后两次重叠长度应在 5m 以上。

红外探测技术要求和工作要求:

(1)探测时间:应选择在爆破及出渣完成之后进行。

(2)测线布置:

①全空间全方位探测地下水体时,需在拱顶、拱腰、边墙、隧底位置沿隧道轴向布置测线,测点间距一般为 5m,发现异常时,应加密点距;测线布置一般自开挖工作面往洞口方向布设,长度通常为 60m,不得少于 50m。

②开挖工作面测线布置一般为 3～4 条,每条测线布 3～5 个测点。

(3)应做好数据记录,并绘制红外探测曲线图。

(4)以下情况下所采集的探测数据为不合格:

①仪器已显示电池电压不足,未更换电池而继续采集的数据。

②开挖工作面炮眼、超前探孔等钻进过程中采集的数据。

③喷锚作业后水泥水化热影响明显的部位所采集的数据。

④爆破作业后测线范围内温差明显时所采集的数据。

⑤测线范围内存在高能热源场(如电动空压机等)时所采集的数据。

(5)探测数据和曲线的分析与判定要求。

①探测数据和曲线的分析与判定应以地质学为基础,并结合现场的工程地质和水文地质条件。

②通过探测与施工开挖验证，总结出正常场的特点，才能分辨出异常场。

③分析由探测数据绘制的探测曲线前，必须认真检查探测数据的可靠性。

④分析解释时应先确定正常场，再确定异常场，由异常场判定地下水的存在。

⑤在分析单条曲线的同时，还应对所有探测曲线进行对比，比如两边墙探测曲线的对比、顶底探测曲线的对比，依此确定隐蔽水体或含水构造相对隧道的所在空间位置。

⑥沿隧道轴向的红外探测曲线和开挖工作面红外探测数据最大差值应结合起来分析，在实践中不断总结经验，做出符合实际的分析判断。

(6)仪器的维护与保养要求。

①仪器应由专人保管。

②仪器受潮后，应放在通风处晾干，不应用碘钨灯或其他热源去烘烤。

③应保护好仪器不得进水，探头一旦进水，应把水倒出并在通风处晾干。

④不得用仪器去探测点燃的香烟头、通电的电炉丝、电焊的电火花等热源。

⑤仪器出现故障后应送至厂家维修、不应自行拆卸。仪器的辐射率出场时已调整好，使用者不应随意调整。

(7)红外探测预报应编制探测报告，内容包括探测工作概况、地质解译结果、开挖工作面探测数据图、左右边墙及拱顶等测线的探测曲线图。

## 四、高分辨直流电法

高分辨直流电法是以岩石的电性差异(电阻率差异)为基础，在全空间条件下建立电场，电流通过布置在隧道内的供电电极在围岩中建立起全空间稳定电场，通过研究电场或电磁场的分布规律预报开挖工作面前方储水、导水构造分布和发育情况的一种直流电法探测技术。

高分辨直流电法适用于探测任何地层中存在的地下水体位置及相应含水量大小，如断层破碎带、溶洞、溶隙、暗河等地质体中的地下水。

现场采集数据时必须布置三个以上的发射电极，进行空间交汇，区分各种影响，并压制不需要的信号，突出隧道前方地质异常体的信号，该方法也称为“三极空间交汇探测法”。

高分辨直流电法有效预报距离不宜超过80m，连续探测时应重叠10m以上。

1.现场数据采集要求

(1)开机检测仪器是否工作正常。

(2)发射、接收电极间距测量准确，误差应小于5cm。

(3)无穷远处电极大于4～5倍的探测距离。

(4)发射、接收电极接地良好。

(5)电池电量充足。

(6)数据重复测量误差应小于5%，否则应检测电极和仪器电源是否正常、工频干扰是否过大等。

2.资料处理与分析

(1)资料处理应使用仪器配套的处理软件系统。在数据处理过程中，应采用增强有效信号、压制干扰信号、提高信噪比等手段，使视电阻率等值线图能够清晰成像。

(2)地质异常体(储、导水构造)判断标准应以现场多次采集分析验证的数据为依据，总结规律，找出隧址区异常标准值。根据经验总结归一化值，视电阻率在 40～60 之间时多存在地质异常体（储、导水构造）。

高分辨直流电法预报应编制探测报告，内容包括探测工作概况、地质解译结果、视电阻率等值线图等。

## 第六节 超前导坑预报法

超前导坑预报法是将超前导坑中揭示的地质情况，通过地质理论和作图法预报正洞地质条件的方法。超前导坑预报法可分为平行超前导坑法和正洞超前导坑法。线间距较小的隧道可互为平行导坑，以先行开挖的隧道预报后开挖的隧道地质条件。

超前导坑预报法适用于各种地质条件。

1. 预报内容

根据超前导坑与隧道位置关系按一定比例作超前导坑预报隧道地质平面简图。由超前导坑地质情况推测未开挖地段隧道地质条件，预报内容主要包括以下各项：

(1)地层岩性、地质构造的分布位置及范围等。

(2)岩溶的发育分布位置、规模、形态、充填情况及其展布情况。

(3)在采及废弃矿巷与隧道的空间关系。

(4)有害气体及放射性危害源的分布层位。

(5)涌泥、突水及高地应力现象出现的隧道里程段。

(6)其他可以预报的内容。

2. 预报资料编制

超前导坑法地质预报应编制以下预报资料：

(1)地质调查法预测报告。

(2)采用的各种物探预报方法探测报告。

(3)超前钻探法探测报告。

(4)导坑地质展示图，比例为 1:100～1:500。

(5)导坑预测正洞预报报告，包括导坑预报正洞平面简图，比例为 1:100～1:500。

(6)导坑竣工工程地质纵断面图，包括地层岩性、褶皱、断裂的分布与产状，破碎带及坍塌和变形地段的位置、性质及规模，地下水出露的位置、水质、水量，分段围岩分等级，横向比例为 1:500～1:5 000，竖向比例为 1:200～1:5 000。

3. 注意事项

(1)超前导坑预报法对煤层、断层、底层分界线等面状结构面预报比较准确，对岩溶等有预报不准（漏报）的可能。在岩溶发育可能性较大地段可利用物探、钻探手段由导坑向正洞探测预报。

(2)超前导坑中探测正洞地质条件的物探方法可采用地质雷达探测、陆地声呐法、水平声波剖面法等，探测方法的有效探测长度应达到或超过隧道被探测的范围。

(3)隧道中出现的涌泥、突水、瓦斯爆炸等地质灾害在超前导坑施工中同样会发生，必须引起足够重视。超前导坑开挖过程中应做好超前地质预报，可采用地质调查、物探、钻探等方法，防止导坑地质灾害的发生。

# 第九章

# 通风检测

隧道通风可分为施工通风和运营通风。施工通风旨在将炮烟、运输车辆排放的废气以及施工过程中产生的粉尘排至洞外，为施工人员输送新鲜空气；运营通风之目的是用洞外的新鲜空气置换被来往车辆废气污染过的洞内空气，提高行车的安全性和舒适性，保护驾乘人员和洞内工作人员的身体健康。本章介绍隧道通风的检测方法，内容包括粉尘浓度测定、瓦斯检测、一氧化碳检测、烟雾浓度检测、隧道内风压测定、流速测定等。

## 第一节　粉尘浓度测定

山岭公路隧道所穿过的地层地质条件千变万化，施工中产生的粉尘危害性很大。一般的粉尘能引起职业病，危害职工的身体健康，特殊情况下在煤层内掘进时产生的煤尘还有爆炸危险，严重威胁着隧道的施工安全。随着隧道机械化施工水平的提高，粉尘的发生量也将不断增加，因此，必须重视粉尘检测与防治工作，改善劳动条件，确保施工安全。我国《公路隧道施工技术规范》(JTG F60—2009)规定隧道施工空气中各类粉尘容许浓度见表 9-1。

**工作场所空气中粉尘容许浓度**($mg/m^3$)　　表 9-1

| 编号 | 名　称 | TWA | STEL |
|---|---|---|---|
| 1 | 白云石粉尘<br>总尘<br>呼尘 | <br>8<br>4 | <br>10<br>8 |
| 2 | 沉淀 $SiO_2$(白炭黑)(总尘) | 5 | 10 |
| 3 | 大理石粉尘<br>总尘<br>呼尘 | <br>8<br>4 | <br>10<br>8 |
| 4 | 电焊烟尘(总尘) | 4 | 6 |
| 5 | 沸石粉尘(总尘) | 5 | 10 |
| 6 | 硅灰石粉尘(总尘) | 5 | 10 |
| 7 | 硅藻土粉尘(游离 $SiO_2$ 含量<10%)(总尘) | 6 | 10 |
| 8 | 滑石粉尘(游离 $SiO_2$ 含量<10%)<br>总尘<br>呼尘 | <br>3<br>1 | <br>4<br>2 |
| 9 | 煤尘(游离 $SiO_2$ 含量<10%)<br>总尘<br>呼尘 | <br>4<br>2.5 | <br>6<br>3.5 |
| 10 | 膨润土粉尘(总尘) | 6 | 10 |

续上表

| 编号 | 名　　称 | TWA | STEL |
|---|---|---|---|
| 11 | 石膏粉尘<br>总尘<br>呼尘 | <br>8<br>4 | <br>10<br>8 |
| 12 | 石灰石粉尘<br>总尘<br>呼尘 | <br>8<br>4 | <br>10<br>8 |
| 13 | 石墨粉尘<br>总尘<br>呼尘 | <br>4<br>2 | <br>6<br>3 |
| 14 | 水泥粉尘(游离 $SiO_2$ 含量<10%)<br>总尘<br>呼尘 | <br>4<br>1.5 | <br>6<br>2 |
| 15 | 炭黑粉尘(总尘) | 4 | 8 |
| 16 | 矽尘<br>总尘<br>含 10%～50%游离 $SiO_2$<br>含 50%～80%游离 $SiO_2$<br>含 80%以上游离 $SiO_2$<br>呼尘<br>含 10%～50%游离 $SiO_2$<br>含 50%～80%游离 $SiO_2$<br>含 80%以上游离 $SiO_2$ | <br><br>1<br>0.7<br>0.5<br><br>0.7<br>0.3<br>0.2 | <br><br>2<br>1.5<br>1.0<br><br>1.0<br>0.5<br>0.3 |
| 17 | 稀土粉尘(游离 $SiO_2$ 含量<10%)(总尘) | 2.5 | 5 |
| 18 | 萤石混合性粉尘(总尘) | 1 | 2 |
| 19 | 云母粉尘<br>总尘<br>呼尘 | <br>2<br>1.5 | <br>4<br>3 |
| 20 | 珍珠岩粉尘<br>总尘<br>呼尘 | <br>8<br>4 | <br>10<br>8 |
| 21 | 蛭石粉尘(总尘) | 3 | 5 |
| 22 | 重晶石粉尘(总尘) | 5 | 10 |
| 23 | 其他粉尘 | 8 | 10 |

注：1. TWA 为长时间加权平均容许浓度(8h)；STEL 为短时间接触容许浓度(15min)。

2. “其他粉尘”指不含有石棉且游离 $SiO_2$ 含量低于 10%，不含有毒物质，尚未制定专项卫生标准的粉尘。

3. “总尘”指直径为 40mm 的滤膜按标准粉尘测定方法采样所得的粉尘。

4. “呼尘”即呼吸性粉尘，指按呼吸性粉尘采样方法所采集的可进入肺泡的粉尘粒子，其空气动力学直径均在7.07 μm 以下，空气动力学直径 5μm 粉尘粒子的采样效率为 50%。

我国常采用质量法测定粉尘浓度，目前普遍采用滤膜测尘法。

## 一、滤膜测尘法的原理

用抽气装置抽取一定量的含尘空气，使其通过装有滤膜的采样器，滤膜将粉尘截留，然后根据滤膜所增加的质量和通过的空气量计算出粉尘的浓度。

## 二、主要器材

1. 滤膜

滤膜是用超细合成纤维制成的网状薄膜，孔隙细小，表面呈细绒状，具有电荷性、憎水性、耐酸碱等特点，还有阻尘率高、阻力小、质量轻等优点。

滤膜有直径为75mm和40mm两种规格。当粉尘浓度高于200mg/m$^3$时，用直径75mm的滤膜；当粉尘浓度低于200mg/m$^3$时，用直径40mm的滤膜。

2. 采样器

采样器是由采样滤斗和滤膜夹两部分构成的，如图9-1所示。进行呼吸性粉尘浓度测定时，应采用呼吸性粉尘采样器。在需要防爆的场所，采用防爆型采样器。

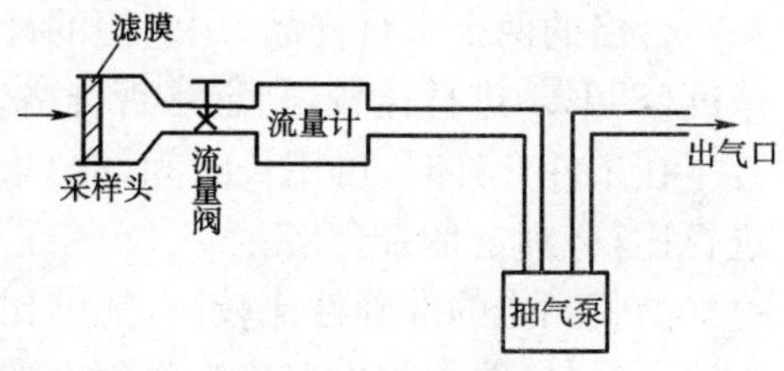


图9-1 采样器工作原理

3. 抽气装置

近几年，电动测尘仪得到广泛应用。它是以微型电池或蓄电池为动力，采用密闭触点开关，带动小型电动抽气机抽取含尘空气，使其通过装有滤膜的采样器及流量计，进行粉尘测定。

## 三、粉尘浓度测定过程

1. 准备滤膜

将待用滤膜置于玻璃干燥器中干燥，然后用镊子将其两面的衬纸取下，置于分析天平或扭力天平上称量，记下初值；再把称好的滤膜装入滤膜夹（直径40mm的滤膜平铺夹紧，直径75mm的滤膜折成漏斗形夹紧），把已装好的滤膜夹编号后放在样品盒内，以备采样。

2. 采样

掘进工作面可在风筒出口后面距工作面4～6m处采样，其他作业点一般在工作面上方采样。采样器进风口要迎着风流，距地板高度为1.3～1.5m。

采样时间应在测点粉尘浓度稳定以后，一般在作业开始30min后进行。采样持续时间以15min为宜。

为保证测尘的准确性，便于对比，要求在同一测点相同的流量下，同时采集两个样品。

## 四、计算

一般情况下，采样后的滤膜放在实验室干燥箱中放置30min后便可称重。如果在滤膜表面发现水珠，应放在干燥箱干燥，每隔30min称重一次，直到相邻两次质量差不超过0.1mg为止（计算时取其中最低的值）。然后按下式计算出粉尘浓度：

$$G=\frac{W_2-W_1}{QT} \tag{9-1}$$

式中：$G$——粉尘浓度，$mg/m^3$；

$W_1$——采样前滤膜质量，mg；

$W_2$——采样后滤膜质量，mg；

$Q$——流量计读数，$m^3/min$；

$T$——采样时间，min，以15min为宜。

两个平行样品分别计算之后，其偏差小于20%时，方属合格；若不小于20%，则需重测。平行样品的偏差值($P$)按下式计算：

$$P=\frac{2\Delta G}{G_1+G_2}\times 100\% \tag{9-2}$$

式中：$\Delta G$——平行样品计算结果之差，$mg/m^3$；

$G_1$、$G_2$——两个平行样品计算结果，$mg/m^3$。

合格的两个平行样品，用它们的计算结果平均值作为测点的粉尘浓度，与短时间接触容许浓度(STEL)进行比较，判定是否合格。

在条件允许时，可用长时间(8h)采样方法采样，计算结果与8h加权平均容许浓度(TWA)进行比较，判定是否合格。

滤膜测尘的准确性比较高，能够比较正确地反映粉尘状况，所以，我国目前普遍采用这一方法。但是，这种测尘方法操作程序多，需要时间较长，不能当时得出测定结果，因而还不能起到及时指导现场防尘工作的作用，同时也影响测尘工作的普遍开展。为了简化测尘过程，迅速获得测尘结果，国内外都在研究各种快速测尘仪器，如光电测尘仪、静电测尘仪、$\beta$射线测尘仪、全体粉尘采样器(由工人携带于身上，小流量长时间连续采样)等。我国煤炭系统研制的ACG-1型煤尘测定仪、ACH-1型呼吸性粉尘测定仪、ACS-1型水泥粉尘测定仪，均属光电型。这些新型测尘仪器的推广和应用将会极大地促进我国的防尘劳动保护工作。

## 第二节 瓦斯检测

隧道在掘进中有时穿过煤系地层，煤系地层经常富含瓦斯。瓦斯是多种可燃可爆气体的总称，其主要成分是甲烷($CH_4$)[在今后的讨论中，都用甲烷($CH_4$)代表瓦斯]。瓦斯爆炸是含有瓦斯与助燃成分的混合气体在火源引燃下，瞬间完成燃烧反应，形成高温高压产物的过程。由于反应过程很快，与时间成反比的功率就很大，所形成的瞬间压力对掘进中的隧道有很大的破坏力，对人员生命安全有很大威胁。因此，在隧道施工中必须对瓦斯进行严格检测。《公路隧道施工技术规范》(JTG F60—2009)规定：在低瓦斯工区任意处、局部通风机及电器开关20m范围内、竣工后洞内任意处甲烷($CH_4$)按体积计不得大于0.5%，开挖工作面风流中、煤层爆破后工作面风流中不得大于1.0%，钻孔排放瓦斯时回流中不得大于1.5%，局部瓦斯积聚(体积大于$0.5m^3$)不得大于2.0%。否则，必须按煤炭工业部现行的《煤矿安全规程》有关规定办理。

### 一、催化型瓦斯测量仪

在瓦斯和其他可燃性气体的检测中，最常用的是载体催化型的仪器，它使用的载体催化元件(以下简称元件),是一种热敏式瓦斯传感器。由于它具有体积小(典型尺寸为一个长 3mm,直径 1.2mm 的圆柱体)、质量轻(每个元件重 7mg)、构造简单、使用方便、消耗功率小、性能稳定等一系列优点,成为目前国内外自动检测瓦斯的主要传感器。

元件的构造见图 9-2。铂丝螺旋圈是元件的骨架,又是一个热敏电阻,通过一定电流后铂丝被加热,元件温度升高。载体的作用是使催化剂有良好的分散度,提供足够的反应面积。通常使用的是 K 型氧化铝($Al_2O_3$),经过良好处理的 K 型氧化铝($Al_2O_3$)是坚硬的多孔状材料,它具有每克几十平方米的比表面积。常用的催化剂是铂、钯、钍等铂族元素。

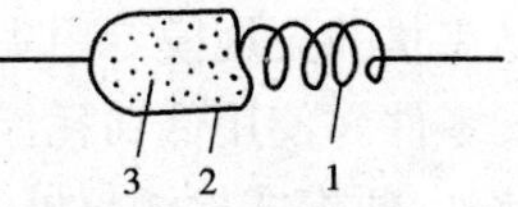


图 9-2 载体催化元件

1-铂丝螺旋圈;2-载体;3-催化剂

在催化剂的作用下,瓦斯与氧气在较低温度下发生强烈氧化(无焰燃烧),反应的化学方程式为:

$$CH_4 + 2O_2 \xlongequal{\text{催化}} CO_2 + 2H_2O + Q \tag{9-3}$$

根据催化理论,反应过程是由于催化剂 Pt、Pd 的存在,降低了瓦斯($CH_4$)和氧($O_2$)发生链反应的活化能,在催化剂表面的活化中心附近,被吸附的 $CH_4$ 分子内部结构离开了稳定状态而活化裂解,加速链反应的进行。$CH_4$ 与 $O_2$ 在 Pt、Pd 催化下的反应是一种多相反应,在这种反应中,气体在催化剂表面上的吸附与否与活化程度和催化反应密切相关。金属催化剂的吸附能力取决于金属和气体分子结构以及吸附条件。另外,催化剂的分散度对化学反应也有重要影响。

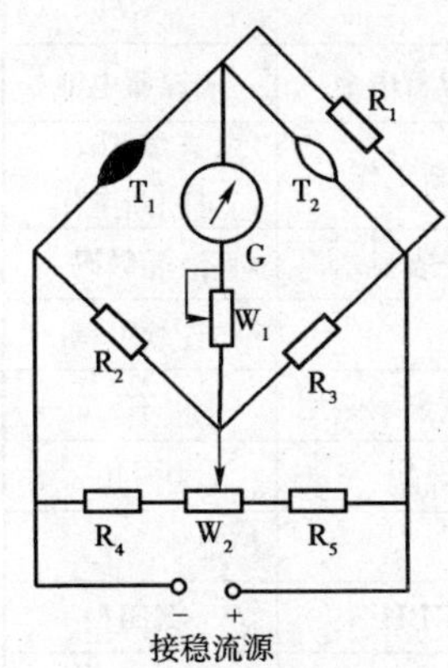


图 9-3 测量电桥

利用载体催化元件测量瓦斯浓度的原理如图 9-3 所示。这是一个简单的测量电桥,催化元件 $T_1$(黑元件)为工作元件,没有浸渍催化剂的元件 $T_2$(白元件)为补偿元件。无瓦斯时,通过 $W_2$ 的调整,可使电桥处于平衡状态,此时在工作电流加热下,元件温度为 500℃左右。当有瓦斯时,瓦斯与氧气在工作元件表面发生反应,放出反应热 Q。反应热被元件吸收引起温度升高。由于铂丝是电阻温度系数很高的热敏材料,元件的温度增量 $\Delta T$ 将引起电阻增量 $\Delta R$,从而使电桥不平衡,产生一个与瓦斯浓度成正比的输出信号。利用这个原理可以检测瓦斯浓度。如果把获得的信号放大传送到远处,就可以实现瓦斯浓度的遥测。

催化型瓦斯测量仪使用纯铂丝元件或载体催化元件作为传感器检测瓦斯浓度。不论是哪种元件,携带型瓦斯测量仪又分为两类:一类是由桥路输出直接推动电表指示;另一类是测量电桥的输出信号经过电子线路放大后,推动电表指示或推动数字显示电路指示瓦斯浓度。经放大后的信号还可以与声光显示单元连接,给出专门的停限指示或声光警报信号。

还有一类仪器,它们介于携带型测量仪与固定式连续检测仪器之间。这类仪器用表头指示或者数字显示瓦斯浓度,并将检测信号经放大整形后推动警报电路,当瓦斯超限时给出声光警报信号。抚顺煤矿安全仪器厂生产的 AQJ-9 型瓦斯指示警报器就属于这类仪器。这类仪器使用蓄电池供电,经过一次充电,一般可连续工作 8h。

由于在隧道掘进中人员比较分散,工作地点变动频繁,便携式瓦斯检测仪表具有十分重要的作用。为了适应不同条件,需要性能各异、规格不同的各式仪器仪表,它们各有特点,满足不同的要求。从技术上讲，不论哪种便携式仪器都必须保证三个基本方面的性能。第一，必须有性能稳定、功耗小的瓦斯传感元件。目前使用的都是低功耗的载体催化元件。第二，应有适于长期隧道内工作、性能可靠的较先进的电路设计。为了保证质量，减少耗电，一般都采用尽可能完整的大规模专用集成电路。第三，要有结构合理、体积小、质量轻的外壳及仪器的其他机械零件。使用低功耗传感元件可以使仪器除反应气室外，整机其他部分设计成为本质安全型。此外，便携式检测仪器还要解决好电池问题。

为了简明扼要地了解各种便携式瓦斯检测仪表的性能，现将国内研制成功并投产的部分品种列于表 9-2 中。

**便携式瓦斯检测器一览表** 表 9-2

| 性能指标＼型号 | JJ-1 | SJ-1 | SWJ-1 | SWJ-1 | DTX-2 | WS85-01 |
|---|---|---|---|---|---|---|
| 测量范围 | 0～2% $CH_4$ | 0～4% $CH_4$ | 0～8% $CH_4$ | 0～8% $CH_4$ | 0～4% $CH_4$ | 0～5% $CH_4$ |
| 基本误差 | ±0.2% $CH_4$ | 0～1% ±0.1%<br>1%～2% ±0.2%<br>2%～4% ±0.3% | 0～2% ±0.1%<br>2%～3% ±0.2%<br>3%～4% ±0.3%<br>4%～8% ±0.4% | 0～2% ±0.1%<br>2%～3% ±0.2%<br>3%～4% ±0.3%<br>4%～8% ±0.4% | 0～2% ±0.2%<br>2%～4% ±0.4% | 0～2% ±0.1%<br>2%～5% ±0.3% |
| 报警方式 | 声 光 | 红 光 | | | 声报警 | 声光 |
| 响应时间(s) | | ≤15 | ≤7 | ≤7 | | ≤7 |
| 供电方式 | 镉镍蓄电池 | 镉镍蓄电池 | 镉镍蓄电池 | 镉镍蓄电池 | 镉镍蓄电池 | 镉镍蓄电池 |
| 工作时间 | 12h | 连续 4h | 间断工作 | 间断工作 | 间断工作 | 连续 4h，可间断工作 |
| 显示方式 | 发光二极管 | 液晶数码 | 液晶数码 | 液晶数码 | 电子表显示 | 液晶数码 |
| 报警范围 | 两档可调 | | | | | 连续可调 |
| 计时器 | 无 | 无 | 有 | 有 | 与读数显示共用 | 有 |
| 环境温度(℃) | | 0～35 | 0～40 | 0～40 | | 0～40 |
| 相对湿度(%) | | ≤95 | ≤97 | ≤97 | | ≤98 |
| 防爆类型 | KBH | KBH | KBH | KBH | KBH | KBH |
| 尺寸(mm) | 77×146×30 | 80×161×47 | 76×134×37 | 76×134×37 | 93×150×40 | 80×133×27 |
| 质量(g) | 300 | 700 | 450 | 450 | 500 | 360 |

## 二、光干涉瓦斯检定器

与催化型瓦斯测量仪不同的另一类型的瓦斯测量仪器是光干涉瓦斯检定器。仪器内部的光学系统如图 9-4 所示。由光源发出的光经过聚光镜之后到达平面镜，在 0 点分为两部分：一部分反射，一部分折射。第一部分光束经平面透镜穿过气室的侧室，经折光镜将其折回穿过另侧的小室后又回到平面镜，折射入平面镜后在其后表面（镀反射膜）反射，于 0′点穿出平面镜

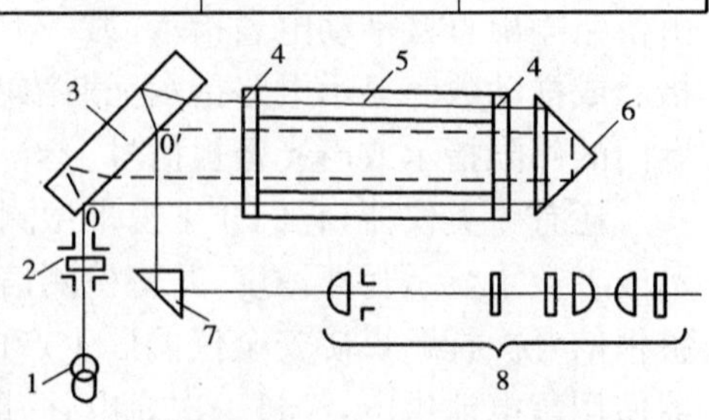


图 9-4 光干涉瓦斯检定器工作原理

1-光源；2-透镜；3-平面镜；4-平面透镜；5-气室；6-折光镜；7-反射镜；8-望远镜

向反射镜前进，经偏折后进入望远镜。第二部分光束折射入平面镜后在其后表面反射，然后穿过气室中央小室回到平面镜（如图中虚线所示），于 $O'$ 点反射后与第一部分光束会合，一并进入望远镜。两束光在物镜的焦平面上产生白光特有的干涉现象：干涉条纹中央为黑纹，两旁为彩纹。人眼通过目镜进行观测。

为了了解光干涉产生的原因，有必要复习折射率与光程的概念。

某一物质的折射率等于光在真空中传播的速度除以光在这种物质中传播的速度。

光程等于光线所通过的路程乘以光所通过的物质的折射率。

由此可知：如果两列光波通过的路程长短不同，或是通过的物质不同，或是通过的路程和物质都不同，光程都可能不同。两列光波光程长短的差别，叫做光程差。两列具有光程差的相干波（同一光源发出的光波）相遇，就会产生光的干涉现象。当两列光波的光程差等于 $(n+\frac{1}{2})\lambda$ 时，产生暗条纹；当两列光波的光程差等于 $n\lambda$ 时，产生亮条纹。因为白色光是各种单色光的混合光，白色光具有不同的波长，在一定的路程内，各色光的光程差不同。如果使用单色光为光源，干涉将形成明暗相间的条纹；如果使用白色光源，干涉所产生的条纹是彩色条纹。

当气室各小室内充进相同的气体时，两列光波所经过的光程一定。如在一支光路中改变气体的化学成分或温度、压力等，则因折射率起了变化，光程及光程差也就随之变化，所看到的干涉条纹便会移动。光通过的路程是固定的，根据条纹移动的大小可测知气体折射率的变化。如使两通路的温度、压力相同，当被测气体的化学成分已知时，则可做定量分析，测出被测气体的浓度。这就是光干涉检定器的工作原理。

为了避免隧道内二氧化碳和水蒸气对测量精度的影响，采用装有钠石灰的吸收管来吸收二氧化碳，用装有氯化钙的吸收管来吸收水蒸气。

在气室中两侧的部分称为空气室，充有新鲜空气；中间的部分称为气样室，使用时吸入被测气样。空气室与气样室不相通。

## 第三节　一氧化碳检测

一氧化碳是无色、无臭、无味的气体，对空气的相对密度为 0.97，故能均匀地散布于空气中，不用专门的仪器不易察觉。一氧化碳微溶于水，一般化学性不活泼，但浓度在 13%～75% 时能引起爆炸。一氧化碳毒性极强，当空气中 CO 浓度超过 0.4%时，在很短时间内人就会失去知觉，抢救不及时就会中毒死亡。隧道在修建中可能会遇到一氧化碳，运营后稀释汽车废气中的一氧化碳是机械通风的主要目的。因此必须重视对一氧化碳的检测，保证施工安全和驾乘人员的健康。鉴于一氧化碳的危害性，我国《公路隧道施工技术规范》(JTG F60—2009)和《公路隧道通风照明设计规范》(JTJ 026.1—1999)分别对一氧化碳浓度做了规定：

对于施工隧道：一氧化碳一般情况下不大于 30mg/m$^3$；特殊情况下，施工人员必须进入工作面时，浓度可为 100mg/m$^3$，但工作时间不得超过 30min。

对于运营隧道：采用全横向通风方式与半横向通风方式时，一氧化碳浓度按表 9-3 取值；采用纵向通风方式时，一氧化碳浓度按表 9-3 所列各值提高 50ppm 取值；交通阻滞时，阻滞段的平均一氧化碳浓度可取 300ppm，经历时间不超过 20min；人车混合通行的隧道，一氧化碳浓度按表 9-4 取值。

汽车专用隧道一氧化碳浓度 $\delta$ 表 9-3

| 隧道长度(m) | ≤1 000 | ≥3 000 |
|---|---|---|
| δ(ppm) | 250 | 200 |

注:隧道长度为 1 000～3 000m 时,可按插值法取值。

人车混用隧道一氧化碳浓度 $\delta$ 表 9-4

| 隧道长度(m) | ≤1 000 | ≥2 000 |
|---|---|---|
| δ(ppm) | 150 | 100 |

注:隧道长度为 1 000～2 000m 时,可按插值法取值。

## 一、检知管

早先用于矿井一氧化碳测定的是检知管,有比色式与比长式两种。检知管是一支直径 4～6mm、长 150mm 左右的密封玻璃管,管内装有易与一氧化碳发生反应的药品。使用时,将检知管封口打开,通过一定容积的吸气球,使一定量的被测气体通过检知管。吸入气体中的一氧化碳与药品作用,白色的药品颜色迅速变化。

比色式检知管是根据管内药品与一氧化碳作用后颜色的变化,来判断一氧化碳浓度的。仪器备有一块标准比色板,上面标有与各种颜色相对应的一氧化碳浓度。检知管吸入气体后,对比检知管与标准比色板的颜色,找出与检知管颜色最接近的标准色条,它所对应的一氧化碳浓度就是被测气样的一氧化碳浓度。

比长式仪器有一块标准浓度板,它是一支按长度标度一氧化碳浓度的尺子。当检知管吸入被测气体后,白色药品由进气端开始变成深黄色,变色的长度与一氧化碳浓度成比例,与标准浓度尺对比,即可确定被测气体中一氧化碳的浓度。

无论是比色式还是比长式检知管,每支检知管只能使用一次。

## 二、AT2 型一氧化碳测量仪

与检知管不同的另外一种类型的一氧化碳检测仪器,是利用控制电位电化学原理来检测一氧化碳浓度的。现以 AT2 型仪器为例来说明这类仪器的检测原理。

AT2 型一氧化碳测量仪是一种矿用安全火花型携带式检测仪器。

### 1. 主要技术指标

测量范围:0～50ppm、0～500ppm 两个量程;

测量精度:误差小于±5%满度值(20℃±5℃);

反应时间:反应 90%值时≤30s;

传感器寿命:1 年,保证使用半年。

### 2. 检测原理

仪器采用控制电位电化学原理,实现对空气中 CO 浓度的测定。工作原理框图如图 9-5 所示。

被测量的 CO 通过传感器聚四氟乙烯薄膜扩散到工作电极 W,W 电极受到恒电位环节的控制作用,具有一个恒定的电位,CO 在 W 电极上发生氧化反应:

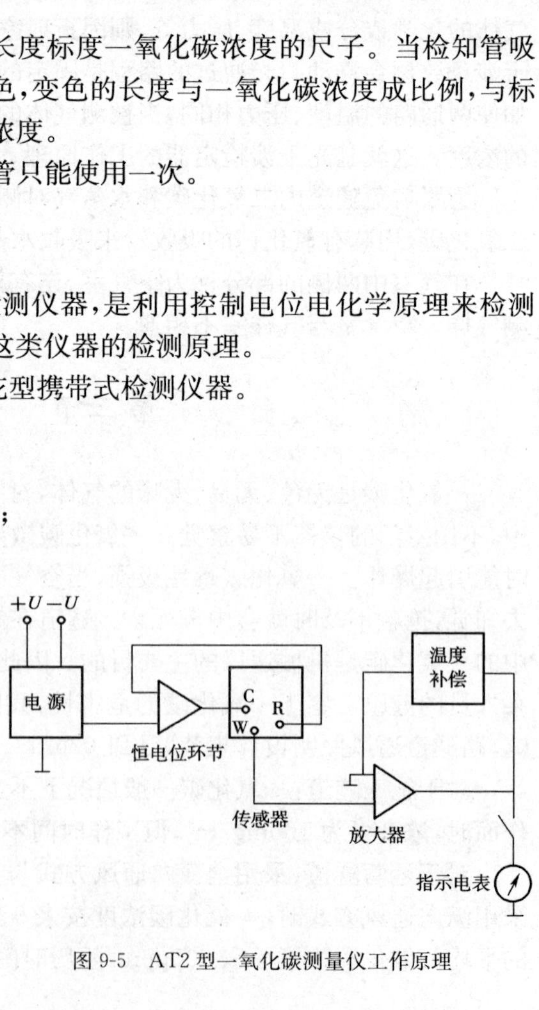

$$CO + H_2O \rightarrow CO_2 + 2H^+ + 2e^- \quad (9\text{-}4a)$$



图 9-5 AT2 型一氧化碳测量仪工作原理

同时在电极C上发生氧的还原反应：

$$\frac{1}{2}O_2+2H^+\rightarrow H_2O \tag{9-4b}$$

总化学反应式为：

$$CO+\frac{1}{2}O_2\rightarrow CO_2+2e^- \tag{9-4c}$$

图9-5中R是参考电极，给定一个恒电位。于是，在传感器工作电极W和电极C之间，就产生了微电流，其大小与一氧化碳浓度成比例。该电流经放大后由电表指示出一氧化碳的浓度值。

仪器的性能主要取决于传感器的性能。目前，为了提高传感器的性能，仍有许多工作需要继续开展，改善密封、防止漏酸就是其中的一项任务。此外，为保证仪器测量精度，使用一段时间之后，要用标准气样校正。

## 第四节　烟雾浓度检测

柴油车排放气体中，除$SO_2$等物质外，还有大量的游离碳素（煤烟）。煤烟不仅影响隧道内能见度、舒适性，而且也影响健康。

柴油车排烟量与车重、车速和路面坡度有关。根据国际道路协会常设委员会（PIARC）的污染报告，对于水平路段，排烟量与车重近似满足图9-6所示关系。图9-7给出了排烟量与车速的关系。

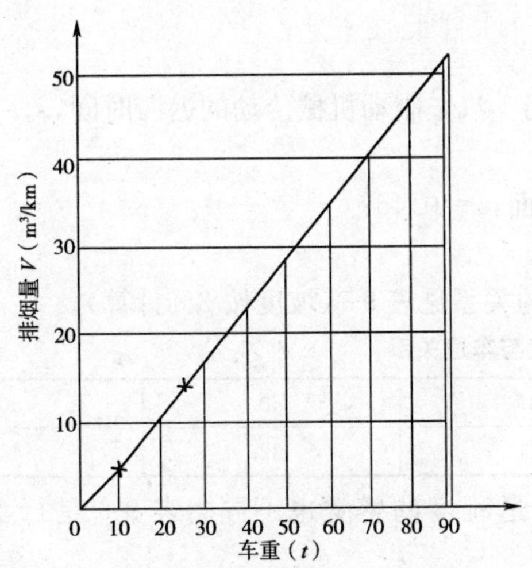


图9-6　车重与排烟量的关系

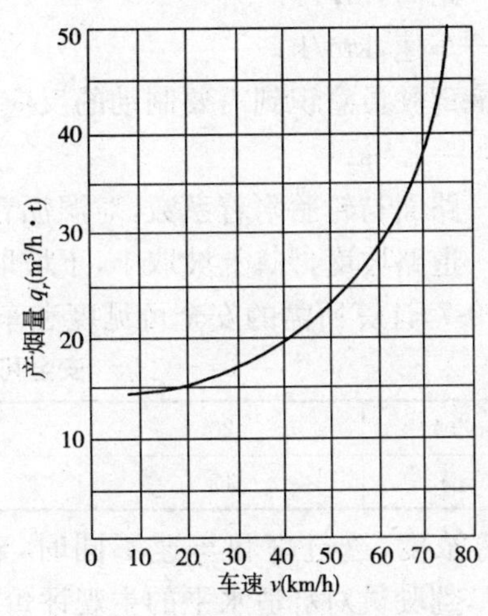


图9-7　柴油车产烟量$q_r$与车速关系

煤烟对空气的污染程度用烟雾浓度表示。

烟雾浓度可通过测定光线在烟雾中的透过率来确定。

光线在烟雾中的透过率用$\tau$表示：

$$\tau=\frac{E}{E_v} \tag{9-5}$$

式中：$E$、$E_v$——同一光源通过污染空气、洁净空气后的照度。

$\tau$与烟雾的厚度$L$(m)有关：

$$\tau = e^{-\alpha L}$$

$$\alpha = -\frac{1}{L}\ln\tau$$

式中：$\alpha$——烟雾吸光系数。

令$K=\alpha$，则

$$K = -\frac{1}{L}\ln\tau$$

$K$称为烟雾浓度。在隧道通风中，取$L=100$m，测定$\tau$后确定$K$，则

$$K = -\frac{1}{100}\ln\tau \tag{9-6}$$

式中：$\tau$——100m厚烟雾光线的透过率。

隧道内烟雾浓度增加，可见度、舒适感降低，从车安全考虑，确定的可见度叫安全可见度。

安全可见度指从驾驶员看到前方障碍物到制动汽车所行的距离。安全可见度可用下式计算：

$$x = \frac{vt}{3.6} + \frac{v^2}{254(\varphi \pm i)} \tag{9-7}$$

式中：$x$——距离，m；

$v$——车速，km/h；

$t$——驾驶员意识到需要制动的反应时间＋汽车制动机械传动的迟滞时间，s；$t=1+0.5=1.5$s；

$\varphi$——路面与轮胎附着系数，对湿沥青路面，$\varphi=0.45$；

$i$——道路坡度，%；上坡取＋，下坡取－。

按式(9-7)计算所需的安全可见度和车速的关系见表9-5(坡度按3%计算)。

**安全可见度与车速关系** 表9-5

| 车速(km/h) | 20 | 30 | 40 | 50 |
|---|---|---|---|---|
| 可见度(m) | 12 | 21 | 32 | 44 |

当烟雾浓度、透过率和车速不同时，对舒适程度的感觉也不同。表9-6是行车速度为40km/h时，驾驶员对舒适水平的主观评价。

**烟雾浓度与舒适性** 表9-6

| 烟雾浓度$K$($m^{-1}$) | $L$=100m处透过率$\tau$(%) | 舒 适 性 |
|---|---|---|
| $5\times10^{-3}$ | 60 | 空气洁净 |
| $7.5\times10^{-3}$ | 48 | 稍有烟雾 |
| $9\times10^{-3}$ | 40 | 舒适度下降 |
| $12\times10^{-3}$ | 30 | 不愉快的环境 |

透过率与隧道照明水平有关，随着路面照度的增加，透过率可乘以修正系数。其修正值如表 9-7。

**透过率与照度关系** 表 9-7

| 路面照度(lx) | 30 | 40 | 50 | 60 | 70 | 80 |
|---|---|---|---|---|---|---|
| 透过率修正值 | 1 | 0.93 | 0.87 | 0.80 | 0.73 | 0.67 |

世界上一些国家规定的隧道内烟雾浓度分别为：

法国 $5\times10^{-3}m^{-1}$

日本 $(7.5\sim9)\times10^{-3}m^{-1}$

瑞士 $9\times10^{-3}m^{-1}$

英国 $10\times10^{-3}m^{-1}$

随着我国公路交通事业的日益发展，大型的载重柴油车将会越来越多，目前柴油车所占交通量已达到整个交通量的 30%～50%，正迅速赶上发达国家的水平，所以应严格控制烟雾的浓度。根据以上资料，我国《公路隧道通风照明设计规范》(JTJ 026.1—1999)规定，隧道内烟雾允许浓度采用钠灯光源时，烟雾浓度按表 9-8 取值，采取荧光灯光源时，烟雾浓度应提高一级；当烟雾浓度达到 $0.012m^{-1}$时，应按采取交通管制等措施考虑；隧道内进行养护维修时，应按现场实际烟雾浓度不大于 $0.003\,5m^{-1}$考虑。

**烟雾浓度 *K*** 表 9-8

| 计算行车速度(km/h) | 100 | 80 | 60 | 40 |
|---|---|---|---|---|
| $K(m^{-1})$ | 0.006 5 | 0.007 0 | 0.007 5 | 0.009 0 |

烟雾浓度检测主要采用光透过率仪。以 SH-1 型光透过率仪为例，它由稳压电源、投光部、受光部和自动记录仪四大部件组成，测定光路长度 100m，光透过率量程 5%～100%，精度为满量程 5%。由所检测得到的光透过率计算烟雾浓度。

## 第五节 隧道风压检测

隧道风压是隧道通风的基本控制参量。在长大公路隧道中，通风系统往往由复杂的通风网络构成，要使风流有规律地流动，就必须调整或控制网络内各结点的风压。此外，风压还是各种通风机的一项基本性能指标，检验通风机时必须对其风压进行检测。本节介绍空气压力的基本概念和测定方法。

### 一、基本概念

1. 空气静压(静压强)

空气静压是气体分子间的压力或气体分子对与之相接触的固体或液体边界所施加的压力，空气的静压在各个方向上均相等。空间某点空气静压的大小与该点在大气中所处的位置和人工所造成的压力有关。

大气压力是地表静止空气的压力，它等于单位面积上空气柱的重量。

地球为空气所包围，空气圈的厚度高达 1 000km。靠近地球表面的空气密度大，距地球表面越远，空气密度越小，不同海拔高程处空气柱的重量是不一样的。因此，对不同地区来讲，由于海拔高程、地理位置、空气温度和湿度不同，其大气压（空气静压）也不同。各地大气压力主要随海拔高程变化而变化，其变化规律如表9-9所示。

不同海拔高度的大气压　　表9-9

| 海拔高度(m) | 0 | 100 | 200 | 300 | 500 | 1 000 | 1 500 | 2 000 |
|---|---|---|---|---|---|---|---|---|
| 大气压力(kPa) | 101.32 | 100.12 | 98.92 | 97.72 | 95.46 | 89.86 | 84.7 | 79.7 |

在真空状态下，静压为零。

根据度量空气静压大小所选择的基准不同，空气压力有绝对压力和相对压力之分。

绝对压力是以真空状态绝对零压为比较基准的静压，即以零压力为起点表示的静压，绝对静压恒为正值，记为 $p_s$。

相对压力是以当地大气压 $p_a$ 为比较基准的静压，即绝对静压与大气压力之差。如果隧道中或管道中的绝对静压高于大气压力，则为正压，反之为负压。相对静压用 $h_s$ 表示，随标准的基准 $p_a$ 变化而变化。

2. 空气动压

运动着的物体具有动能，当其运动受到阻碍的时候，就有压力作用在障碍物表面上，压力的大小取决于物体动能的大小。当风流受到阻碍时，同样有压力作用在障碍物上，这个力称为风流的动压，用 $h_v$ 表示。动压因空气运动而产生，它恒为正值并具有方向性，作用方向与风流方向一致；在与风流平行的面上，无动压作用。如果风流中某点的风速为 $v$(m/s)，单位体积空气的质量为 $\rho$(kg/cm$^2$)，则动压 $h_v$(Pa)可用下式表示：

$$h_v=\frac{1}{2}\rho v^2 \tag{9-8a}$$

或者

$$h_v=\frac{\gamma}{2g}v^2 \tag{9-8b}$$

3. 全压

风流的全压即静压与动压的代数和。

## 二、隧道空气压力测定

1. 绝对静压的测定

通常使用水银气压计和空盒气压计测定空气绝对静压。

水银气压计：如图9-8所示，它主要由一个水银盛槽与一根玻璃管组成。玻璃管上端密闭，下端插入水银盛槽中，管内上端形成绝对真空，下部充满水银。当水银盛槽中水银表面受到空气压力时，管内水银柱高度随着空气压力而变化，此管中水银面与盛槽中的水银面的高差即为所测空气的绝对静压。

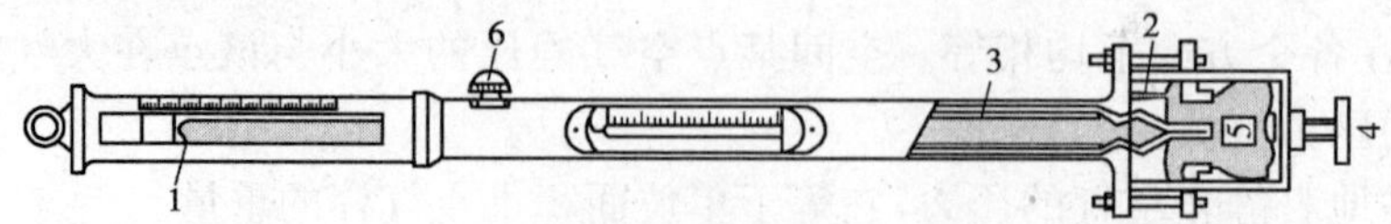


图9-8　水银气压计

1-水银柱面；2-尖端；3-水银柱；4-旋钮；5-皮囊；6-测微游标旋钮

空盒气压计:如图 9-9 所示,它主要由一个被抽成真空的皱纹状金属空盒与连接在盒上带指针的传动机构组成。

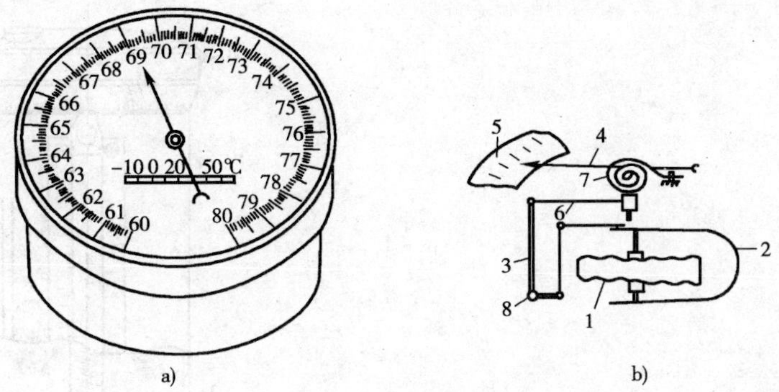


图 9-9 空盒气压计

a)外形;b)结构示意图

1-金属盒;2-弹簧;3-传递机构;4-指针;5-刻度盘;6-链条;7-弹簧丝;8-固定支点

空盒气压计又称无液气压计,其测压原理是:由于盒内抽成真空(实际上还有小量余压),当大气压作用于盒面上时,盒面被压缩,并带动传动杠杆使指针转动,根据转动的幅度可读得大气压力数值。

空盒气压计是一种携带式仪表,一般用在非固定地点概略地测定大气压力数值。使用前必须经水银气压计校定;测量时将盒面水平放置在被测地点,停留 10～20min 待指针稳定后再读数;读数时视线应该垂直于盒面。

2. 相对静压的测定

通常使用 U 形压差计、单管倾斜压差计或补偿式微压计与皮托管配合测定风流的静压、动压和全压。

U 形压差计:亦称 U 形水柱计,有垂直和倾斜两种类型,如图 9-10 所示。它们都是由一内径相同,装有蒸馏水或酒精的 U 形玻璃管与刻度尺组成。

它的测压原理是:U 形玻璃管两侧液面承受相同的压力时,液面处于同一水平面;当两侧液面承受不同的压力时,压力大的一侧液面下降,另一侧液面上升。对 U 形水柱计来说,两水面的高差即为两侧压力差。对倾斜 U 形压差计,则要考虑实际的高差。垂直 U 形压差计精度低,多用于测量较大的压差。倾斜 U 形压差计精度要高一些。

补偿式微压计:如图 9-11 所示,它由盛水容器 A 和 B 以胶管连通而成。容器 B 固定不动,B 中装有水准头。容器 A 可以上下移动。

这种仪器的测压原理是:较大的压力 $p_1$ 连到"+"接头与 B 相通,小压力 $p_2$ 连到"−"接头与 A 相通,B 中水面下降,水准头露出,同时 A 内液面上升。测定时,旋转螺杆以提高容器 A,则 B 中水面上升,直至 B 中水面回到水准头所在水平为止。即通过提高容器 A 的位置,用水柱高度来平衡(补偿)压力差造成的 B 中水面下降,使它恢复到原来的位置。此时 A 内液面上升的高度恰好是压力差 $p_1-p_2$ 造成的水柱高度 $H$。

为使 $H$ 测量准确,仪器上装有微调与水准观察装置。微调装置由刻有 200 等分的微调盘构成,将它左右转动一圈,螺杆将带动 A 上下移动 2mm,其精度能读到 0. 01mm 水柱

($mmH_2O$)。水准观察装置是根据光学原理使水准头形成倒像，当水准头的尖端和像的尖端恰好接触时，说明B中水面已经达到要求的位置。

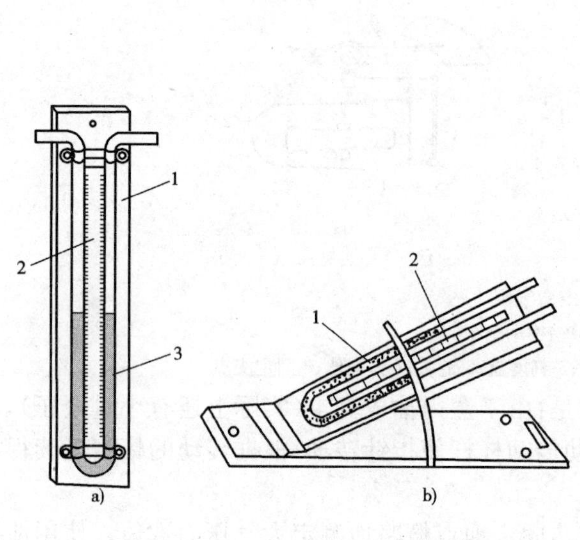


图 9-10 U形压差计

a)垂直型；b)倾斜型

1-U形玻璃管；2-刻度尺；3-蒸馏水或酒精

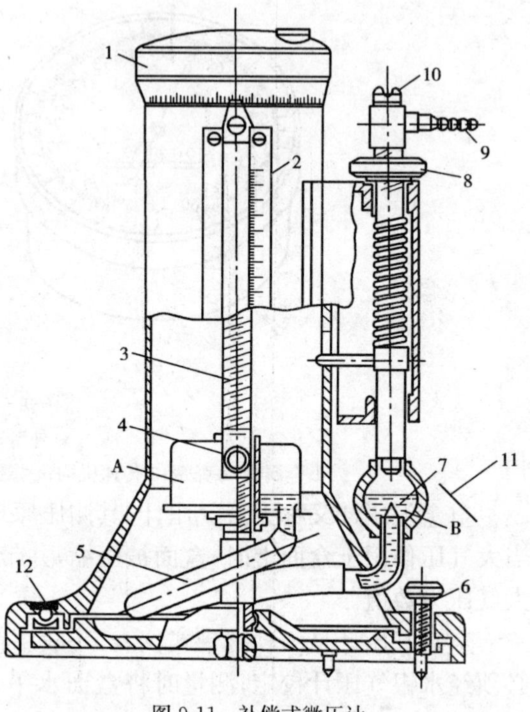


图 9-11 补偿式微压计

A、B-盛水容器；1-微调盘；2-刻度尺；3-螺杆；4-胶管接头“—”；5-连通胶管；6-底座螺钉；7-水准头；8-调节螺母；9-胶管接头“+”；10-密封螺钉；11-反光镜；12-水准泡

使用补偿式微压计时，要整平对零；使B中水准头和像的尖端恰好相接，并注意大小两个压力不能错接，最后在刻度尺和微调盘上读出所测压力差。

皮托管：它是接收和传递压力的工具，与压差计相配合使用。

如图 9-12 所示，皮托管由两根金属小圆管1和2构成，内管1和外管2同心套结成一整体，但互不相通。内管前开一小孔4与标有“+”的脚管相通，孔4正对风流，内管就能接收测点的全压。外管前端不通，在前端不远处的管壁上开有4～6个小孔，孔3与标有“—”的脚管相通，当孔4正对风流时，外管孔3与风流垂直不受动压作用，只能接收静压。

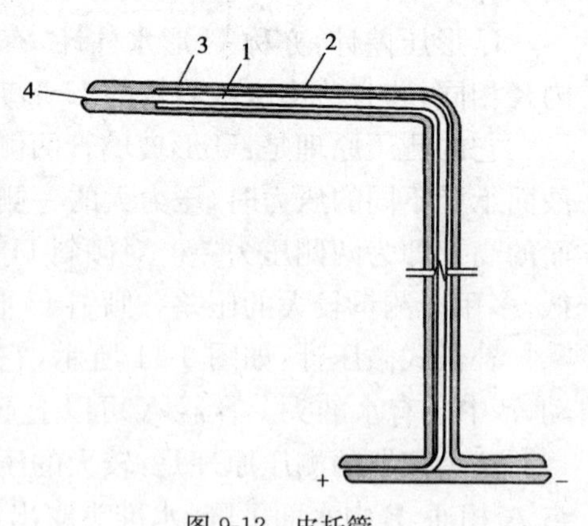


图 9-12 皮托管

1-内管；2-外管；3-侧孔；4-前孔

## 三、风流的全压、静压、动压的相互关系及其在水柱上的显示

压入式通风：如图 9-13 所示，风流的绝对压力高于大气压力，风流的相对压力为“+”。若

用 $p_s$ 表示绝对静压，$p_t$ 表示绝对全压，$h_t$ 表示相对全压，则由图 9-13 可得：

$$h_s = p_s - p_a \tag{9-9a}$$

$$h_v = p_t - p_s \tag{9-9b}$$

$$h_t = p_t - p_a = h_s + h_v \tag{9-9c}$$

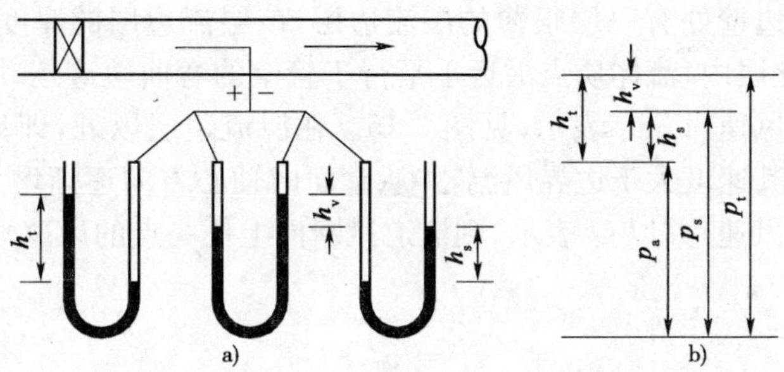


图 9-13 送风式通风压力关系示意图

a)压力在水柱计上的显现；b)压力关系示意图

抽出式通风：如图 9-14 所示，风流的绝对压力低于大气压力，风流的相对压力为“－”。水柱计读数等于相对压力的绝对值。

由图 9-14 可得：

$$h_s = p_s - p_a \text{ 或 } |h_s| = p_a - p_s \tag{9-10a}$$

$$h_v = p_t - p_s \tag{9-10b}$$

$$h_t = p_t - p_a \tag{9-10c}$$

或

$$|h_t| = p_a - p_t = |h_s| - h_v \tag{9-10d}$$

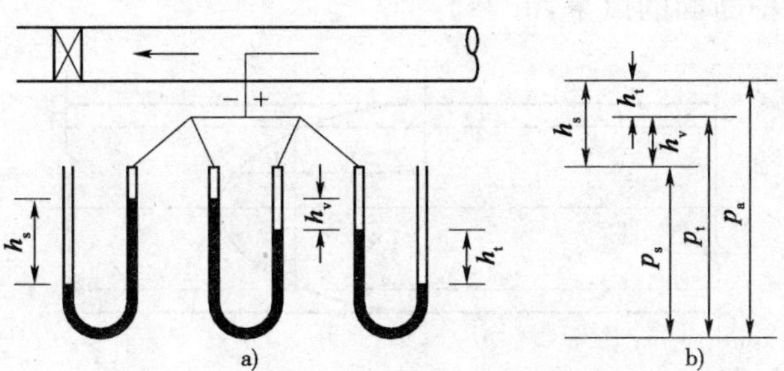


图 9-14 排风式通风压力关系示意图

a)压力在水柱计上的显现；b)压力关系示意图

## 第六节 隧道风速检测

在我国已建成的设有机械通风的公路隧道中，绝大部分都采用射流风机纵向通风。在这种通风方式下，风流速度既不能过小，也不能过大。风速过小，则不足以稀释排出隧道内的车辆废气；风速过大，则会使隧道内尘土飞扬，使行人感到不适。因此，我国《公路隧道通风照明设计规范》(JTJ 026.1—1999)规定：单向交通隧道风速不宜大于 10m/s，特殊情况可取 12m/s；双向交通隧道风速不应大于 8m/s；人车混用隧道风速不应大于 7m/s。

## 一、隧道风流的速度分布及平均风速

空气在隧道及管道中流动时，由于与流道壁面摩擦以及空气的黏性，同一横断面上各点风流的速度是不相同的。

紊流风流在靠近边壁处有一层很薄的层流边层，该层流边层的厚度很小，而且雷诺数越大，其厚度越小。在此层内，流体质点沿近乎平行于管壁的弯曲轨迹运动。层流边层内，空气流动的速度叫作边界风速，以 $v_0$ 表示，见图 9-15。在层流边层以外，即流道横断面的绝大部分，充满着紊流风流，其速度大于边界风流，并从壁面向轴心方向逐渐增大。如果将大于边界风速那部分称为紊流风速，并以 $U$ 表示，则流道横断面上任一点的风速 $v_1$ 就等于边界风速与紊流风速之和，即

$$v_1 = v_0 + U \tag{9-11}$$

则断面上平均风速为：

$$v = \frac{\int_A v_1 \cdot \mathrm{d}A}{A} \tag{9-12a}$$

或

$$v = \frac{Q}{A} \tag{9-12b}$$

式中：$v_1$——断面上一点的风速，m/s；

$\mathrm{d}A$——断面上的微元面积；

$A$——流道的横断面积，$\mathrm{m}^2$；

$Q$——通过流道横断面的风量，$\mathrm{m}^3/\mathrm{s}$。

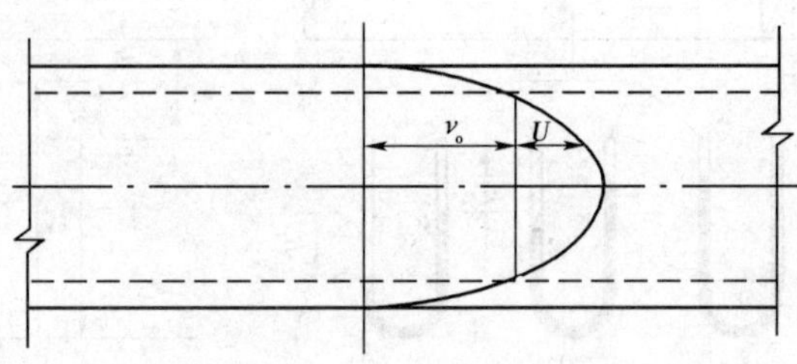


图 9-15 隧道中风流速度分布图

在圆形截面的直线管道风流中，最高风速出现在截面轴心处；但在隧道或非圆截面的管道中，流道的曲直程度、断面形状及大小均有变化，最高风速不一定出现在截面轴线上，而且流速分布也不一定具有对称性。此外，同一断面上的流速分布也可能随时间变化。因此，确定断面的平均风速时，必须先测各点的风速，然后计算其平均值。各种技术规范与规程对风速的有关规定都是对断面的平均风速而言的。

## 二、隧道风速检测

1. 用风表检测

常用的风表有杯式和翼式两种（图 9-16）。

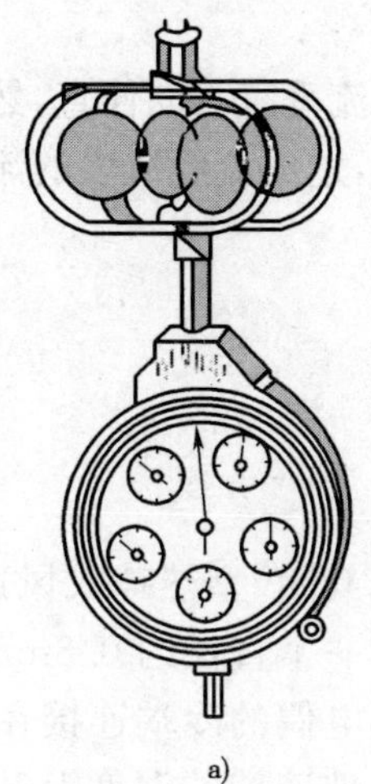


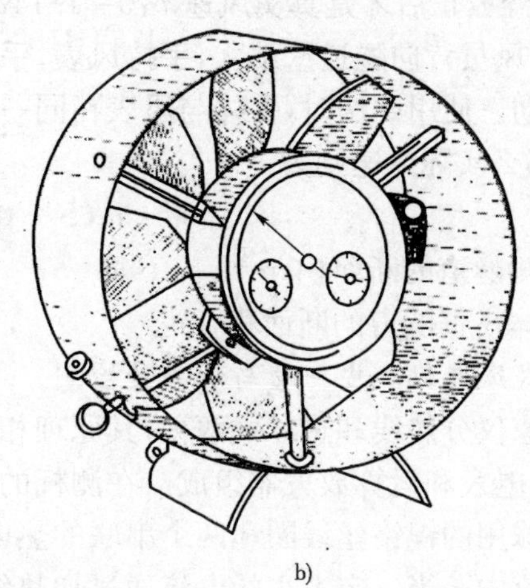


图 9-16 风表

a)杯式风表；b)翼式风表

杯式风表用在检测大于 10m/s 的高风速；翼式风表用在检测 0.5～10m/s 的中等风速，具有高灵敏度的翼式风表也可以用在检测 0.1～0.5m/s 的低风速。

杯式和翼式风表内部结构相似，由一套特殊的钟表传动机构、指针和叶轮组成。杯式的叶轮是四个杯状铝勺，翼式的叶轮则是八张铝片。此外，风表上有一个启动和停止指针转动的小杆，打开时指针随叶轮转动，关闭时叶轮虽转动但指针不动。某些风表还有回零装置，以便从零开始计量风速。

检测时，先回零，待叶轮转动稳定后打开开关，则指针随着转动，同时记录时间。经过 1～2min 后，关闭开关。测完后，根据记录的指针读数和指针转动时间，算出风表指示风速，再用如图 9-17 所示的校正曲线换算成真实风速。风表可以测一点的风速，也可以测隧道的平均风速。

用风表检测隧道断面的平均风速时，测风员应该使风表正对风流，在所测隧道断面上按一定的路线均匀移动风表。通常所采用的线路如图 9-18 所示。

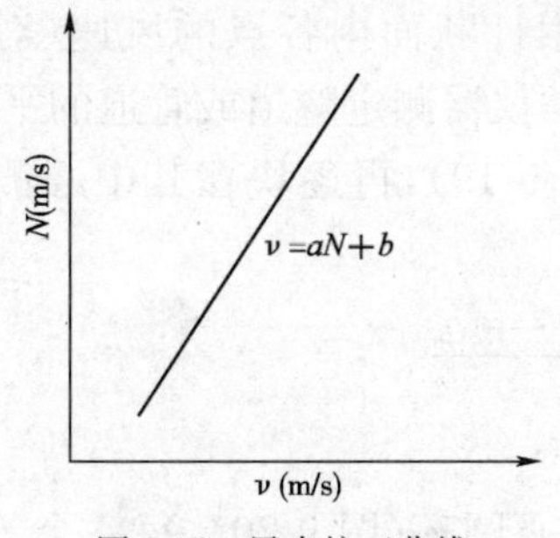


图 9-17 风表校正曲线

图 9-18 用风表检测断面平均风速的线路

根据测风员与风流方向的相对位置，分迎面和侧面两种测风方法。

迎面法：测风员面向风流站立，手持风表，手臂向正前方伸直，然后按一定的线路使风表均匀移动。由于人体位于风表的正后方，人体的正面阻力减低流经风表的流速，因此，用该法测

得的风速 $v_s$ 需经校正后才是真实风速 $v$，$v=1.14v_s$。

侧面法：测风员背向隧道壁站立，手持风表，手臂向风流垂直方向伸直，然后按一定的线路使风表均匀移动。使用此法时，人体与风表在同一断面内，造成流经风表的流速增加。如果测得风速为 $v_s$，那么实际风速则为：

$$v = v_s(S-0.4)/S \tag{9-13}$$

式中：$S$——所测隧道的断面积，$m^2$；

0.4——人体占据隧道的断面积，$m^2$。

2.用热电式风速仪和皮托管与压差计检测

热电式风速仪分热线和热球式两种，其原理相同。以 QDF 型热球式风速仪为例，该仪器由热球式探头、电表和运算放大器组成。在测杆的端部有一个直径约 0.8mm 的玻璃球，球内绕有加热玻璃球用的镍铬丝线圈和两个串联的热电偶，热电偶的冷端连接在磷铜质的支柱上直接暴露在风流中。当一定大小的电流通过加热线圈后，玻璃球的温度上升，则热电势小，反之热电势大。热电势再经运算放大器后就可以在电表上指示出来，校正后的电表读数即为风流的真实速度。

热电式风速仪操作比较简便，但现有的热电式风速仪易于损坏，灰尘和温度对它有一定的影响，有待进一步改进，以便广泛使用。

皮托管和压差计可用于通风机风筒内高风速的测定，它是通过测量测点的动压，然后按下式换算出测点风速 $v_1$：

$$v_1 = \sqrt{\frac{2gH_v}{\gamma}} = \sqrt{\frac{2H_v}{\rho}} \tag{9-14}$$

式中：$H_v$——测点的动压，Pa；

$g$——重力加速度，$9.8m/s^2$；

$\gamma$——测点周围空气重度，$N/m^3$；

$\rho$——空气密度，$kg/m^3$。

皮托管与精度为 0.1Pa 的压差计配合使用，在测定 1.5m/s 以上的风速时，其误差不超过 ±5%；当风速过低或压差计精度不够时，误差比较大。

热电式风速仪和皮托管与压差计都不能连续累计断面内各点的风速（对后者来说是动压），只能孤立地测定某点风速（动压）。因此，用这类仪器测定隧道或管道的平均风速时，应该把隧道断面划分成若干个面积大致相等的小块（图 9-19），再逐块在其中心测量各点的风速 $v_1$、$v_2$、…、$v_n$。最后取平均值得平均风速 $v$，即：

$$v = \frac{v_1 + v_2 + \cdots + v_n}{N} \tag{9-15}$$

式中：$N$——划分的等面积小块数。

圆形风筒的横断面应划分成若干个等面积的同心圆环（图 9-20），每一个等面积圆环里相应地有一个检测圆。用皮托管和压差计测定时，在互相垂直的两个直径上，可以测得每个检测圆的 4 个动压值，由这一系列的动压值就可计算出风筒全断面的平均风速。

检测圆的数量 $N$，根据被测风筒的直径确定。一般直径为 30～60cm 时 $N$ 取 3，直径为 70～100cm 时 $N$ 取 4。

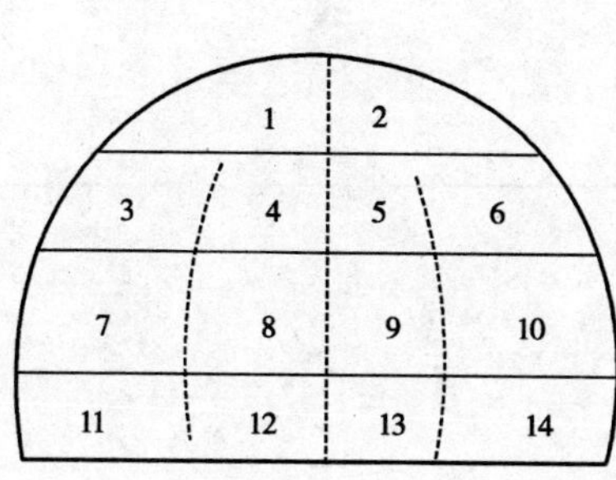

图 9-19 隧道断面划分的等面积小格

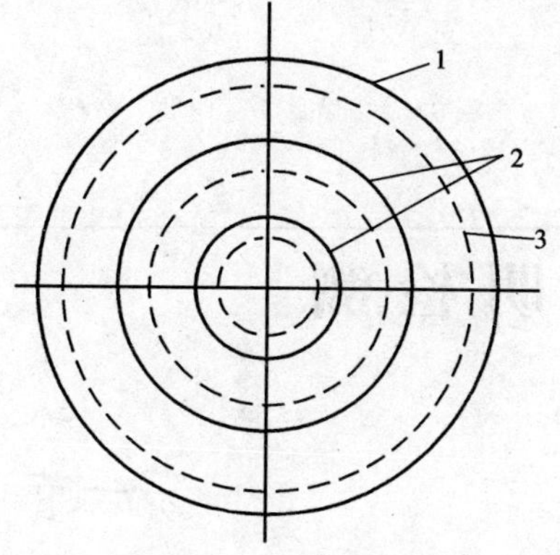

图 9-20 圆形风筒划分的等面积同心部分
1-风筒壁；2-等面积同心部分界线；3-检测圆

# 第十章

# 照明检测

## 第一节 概 述

车辆在白天接近并通过没有照明或照明不良的隧道时，驾驶员的视觉会出现黑洞效应或黑框效应，这对行车安全极为不利。如果在隧道内采用加强照明，并采用自动控制系统使洞内亮度随洞外亮度完全同步变化，则驾驶员的视觉不会出现任何“暗适应”与“明适应”问题，但此做法则会增大初期投资并使后期运营费用大到难以承受。由于人的视觉有很强的适应能力，环境亮度在1～8 000尼特(cd/m$^2$)，驾驶员的视觉都能正常工作，只是由亮到暗(暗适应)和由暗到亮(亮适应)均需要一定的时间，暗适应时间约为10s，明适应时间为1～3s，目前高等级公路上的隧道照明设施就是根据车速和驾驶员视觉的适应能力而设计的。

1. 隧道照明标准

综合考虑安全和经济两个方面，隧道白天照明被划分成接近段、入口段、过渡段、中间段、出口段五个区段。我国《公路隧道通风照明设计规范》(JTJ 026.1—1999)对各区段亮度、长度做了规定，其变化规律见图10-1。

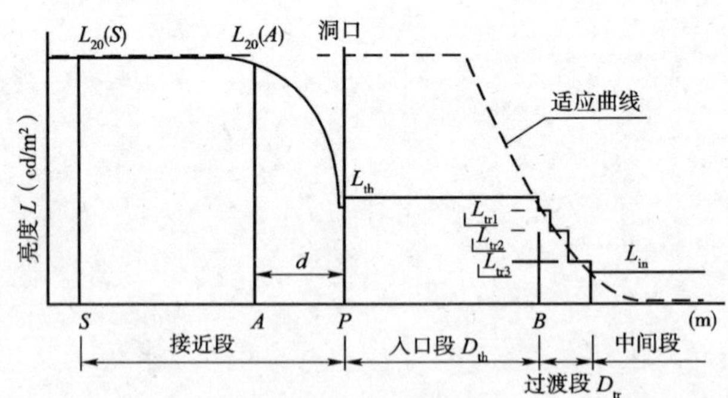


P-洞口(或棚口)；S-接近段起点；A-适应点；d-适应距离；$L_{20}(S)$-洞外亮度；$L_{20}(A)$-适应点亮度；$L_{th}$-入口段亮度；$L_{tr1}$、$L_{tr2}$、$L_{tr3}$-过渡段亮度；$L_{in}$-中间段亮度；$D_{tr1}$、$D_{tr2}$、$D_{tr3}$-过渡段1、2、3分段长度

图10-1 各照明段亮度与长度示意图

(1)入口段

亮度：

$$L_{th}=k\cdot L_{20}(S) \tag{10-1}$$

式中：$L_{th}$——入口段亮度，cd/m$^2$；

$k$——入口段亮度折减系数；具体取值见表10-1。

$L_{20}(S)$——洞外亮度，cd/m$^2$。

入口段亮度折减系数 $k$ 表 10-1

| 设计交通量(辆/h) | | $k$ | | | |
|---|---|---|---|---|---|
| | | 计算行车速度(km/h) | | | |
| 双车道单向交通 | 双车道双向交通 | 100 | 80 | 60 | 40 |
| 2400 | 1300 | 0.045 | 0.035 | 0.022 | 0.012 |
| 700 | 360 | 0.035 | 0.025 | 0.015 | 0.010 |

注:当交通量在其中间值时,可内插取值。

长度:

$$D_{th}=1.154D_s-\frac{h-1.5}{\tan 10°} \tag{10-2}$$

式中:$D_{th}$——入口段长度,m;

$D_s$——照明停车视距,m;

$h$——洞口净空高度。

(2)过渡段

过渡段由 $TR_1$、$TR_2$、$TR_3$ 三个照明段组成,与之对应的亮度和长度见表 10-2、表 10-3。

过渡段亮度 表 10-2

| 照明段 | $TR_1$ | $TR_2$ | $TR_3$ |
|---|---|---|---|
| 亮度 | $0.3L_{th}$ | $0.1L_{th}$ | $0.035L_{th}$ |

过渡段长度 $D_{tr}$ 表 10-3

| 计算行车速度(km/h) | $D_{tr1}$(m) | $D_{tr2}$(m) | $D_{tr3}$(m) |
|---|---|---|---|
| 100 | 106 | 111 | 167 |
| 80 | 72 | 89 | 133 |
| 60 | 44 | 67 | 100 |
| 40 | 26 | 44 | 67 |

(3)中间段

中间段亮度 $L_{in}$ 取值见表 10-4。

中间段亮度 $L_{in}$ 表 10-4

| 计算行车速度(km/h) | $L_{in}$(cd/m$^2$) | |
|---|---|---|
| | 双车道单向交通 $N>2\,400$ 辆/h<br>双车道双向交通 $N>1\,300$ 辆/h | 双车道单向交通 $N\leqslant 700$ 辆/h<br>双车道双向交通 $N\leqslant 360$ 辆/h |
| 100 | 9.0 | 4 |
| 80 | 4.5 | 2 |
| 60 | 2.5 | 1.5 |
| 40 | 1.5 | 1.5 |

当双车道单向交通 700 辆/h$<N\leqslant$2 400 辆/h,双向交通 360 辆/h$<N\leqslant$1 300 辆/h,且通过隧道的行车时间超过 135s 时,可按表 10-4 的 80%取值。

人车混合通行的隧道中,中间段亮度不得低于 2.5cd/m$^2$。

(4)出口段

在单向交通隧道中,应设置出口段照明,出口段长度宜取 60m,亮度宜取中间段亮度的 5

倍;在双向交通隧道中,可不设出口段照明。

2.基本概念

照明工程中的基本概念较多,为了阐述方便,这里对常用的几个概念作以简介,如读者需要深入了解,请参考有关资料。

(1)光谱光效率

光谱光效率是人眼在可见光光谱范围内视觉灵敏度的一种度量。在明视觉(照度较高)条件下,人眼对 555nm 光波的视觉灵敏度最高;在暗视觉(照度较低)条件下,人眼对 507nm 光波的视觉灵敏度最高。偏离峰值,无论是短波长,还是长波长,人眼的灵敏度都要下降,离峰值越远,人眼的视觉灵敏度越低。图 10-2 给出了人眼的光谱光效率曲线。

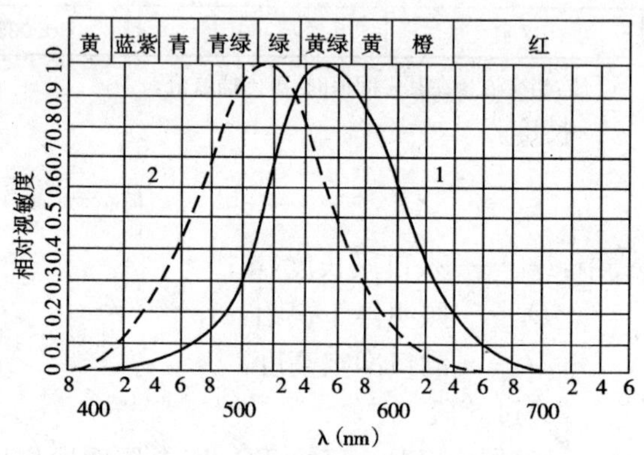

图 10-2 光谱光效率曲线

(2)光通量

光通量是光源发光能力的一种度量,是指光源在单位时间内发出的能被人眼感知的光辐射能的大小。光通量常用符号 $\Phi$ 表示,单位为流明(lm)。例如,一只 220V、40W 白炽灯发出的光通量为 350lm;一只 220V、40W 的荧光灯发出的光通量为 2 100lm。

(3)光强

光强用于反映光源光通量在空间各个方向上的分布特性,它用光通量的空间角密度来度量。光强常用符号 $I$ 表示,可由下式计算:

$$I=\frac{\mathrm{d}\varphi}{\mathrm{d}\omega} \tag{10-3}$$

式中:$\mathrm{d}\omega$——由(点)光源向外张的微小空间角(锥面所围的空间),若以半径为 $r$ 的球面截取锥面,而被锥面截取的微小球面面积为 $\mathrm{d}A$,则 $\mathrm{d}\omega=\mathrm{d}A/r^2$;

$\mathrm{d}\varphi$——微小空间角 $\mathrm{d}\omega$ 内的光通量。

光强单位是坎德拉(cd),1cd=1lm/sr,坎德拉是国际单位制的基本单位之一。

光强常用于说明光源和灯具发出的光通量在空间各方向上的分布密度。例如,一只 220V、40W 白炽灯发出 350lm 光通量,它的平均光强为 350/4π=28cd;若在该灯泡上装一盏白色搪瓷平盘灯罩,则灯的正下方的光强能提高到 70~80cd。虽然两种情况下,光源发出的光通量没变,但后者使光通量在空间分布更集中。

(4)照度

照度是用来表示被照面上光的强弱的,以被照场所光通量的面积密度来表示。取微小面积 $\mathrm{d}A$,入射的光通量为 $\mathrm{d}\varphi$,则照度 $E$ 为:

$$E=\frac{\mathrm{d}\varphi}{\mathrm{d}A} \tag{10-4}$$

对于任意大小的表面积 $A$,若入射光通量为 $\varphi$,则在表面积 $A$ 上的平均照度 $E$ 为:

$$E=\frac{\varphi}{A} \tag{10-5}$$

照度的单位为勒克斯(lx),1lx 即在 $1m^2$ 的面积上均匀分布 1lm 光通量的照度值,或者是一个光强为 1cd 均匀发光的点光源,以它为中心,在半径为 1m 的球表面上,各点所形成的照度值。

1lx 的照度是比较小的,在此照度下仅能大致辨认周围物体,要进行区别细小零件的工作则是不可能的。为了对照度有些实际概念,现举几个例子:晴朗的满月夜地面照度约为0.2lx,白天采光良好的室内照度为 100～500lx,晴天室外太阳散射光(非直射)下的地面照度约为1 000lx,中午太阳光照射下的地面照度可达 100 000lx。

(5)亮度

亮度用于反映光源发光面在不同方向上的光学特性。在一个“面”光源上取一个单元面积 $\Delta A$,从与表面法线成 $\theta$ 角的方向去观察,在这个方向上的光强 $I_\theta$ 与人眼所“见到”的光源面积 $\Delta A'$ 及亮度 $L_\theta$ 间的关系为:

$$L_\theta = \frac{I_\theta}{\Delta A'} = \frac{I_\theta}{\Delta A \cdot \cos\theta} \tag{10-6}$$

如果 $\Delta A$ 是一个理想的漫射发光体或理想漫反射表面的二次发光体,它的光强将按余弦分布。将 $I_\theta = I_0 \cdot \cos\theta$ 代入式(10-6)得:

$$L_\theta = \frac{I_0 \cdot \cos\theta}{\Delta A \cdot \cos\theta} = \frac{I_0}{\Delta A} \tag{10-7}$$

即理想漫射发光体或理想漫反射表面二次发光体的亮度与方向无关。亮度的单位为坎德拉每平方米($cd/m^2$)。表 10-5 列出了各种光源的亮度。

**各种光源的亮度**　　表 10-5

| 光　源 | 亮度($cd/m^2$) | 光　源 | 亮度($cd/m^2$) |
|---|---|---|---|
| 太　阳 | $1.6\times10^9$ 以上 | 蜡　烛 | $(0.5\sim1.0)\times10^4$ |
| 碳极弧光灯 | $(1.8\sim12)\times10^8$ | 蓝　天 | $0.8\times10^4$ |
| 钨 丝 灯 | $(2.0\sim20)\times10^6$ | 电视屏幕 | $(1.7\sim3.5)\times10^4$ |
| 荧光灯 | $(0.5\sim1.5)\times10^4$ | | |

在隧道照明中,路面亮度是最重要的技术指标,并且经常把路面的光反射视为理想漫反射。在这种假设下,亮度 $L$ 与照度 $E$、反射系数 $\rho$ 间存在以下简单的关系:

$$L = \frac{\rho E}{\pi} \tag{10-8}$$

3.照明检测分类

隧道照明检测可分为试验室检测和现场检测。试验室检测主要对单个灯具的特性或质量进行检测,为照明设计提供依据,或为工程选用合格产品;现场检测则主要对灯群照明下的路面照度、亮度和眩光参数进行检测,用以评价隧道照明工程的设计效果与施工质量。

## 第二节　光检测器

光检测器将光能转换成可作显示的信号,并且具有与人眼相对光谱光效率 $V(\lambda)$ 曲线相同的光谱灵敏度。电测法使用的检测器主要是光电器件,如光电管、光电池、光电倍增管等,其中又以光电池用得较普遍,故本节主要叙述光电池。

利用阻挡层的光电效应原理制成的光电池，在光度测量方面具有重要的意义。这种光电池能比较容易地制成各种形状，使用时不需要辅助光源，直接与微安表连接起来便可使用，比较轻便且便于携带，灵敏度和光谱特性比较理想。

图 10-3 是硒光电池的构造图。钢板作为光电池的底板并作为光电池的正极，钢板上涂盖一层不透光的纯半导体硒层，硒层表面镀上一层极薄的半透明金层，金层边缘上加一金属环作为光电池的负极。金与硒的接触界面形成一阻挡层，光线透过时金属膜在阻挡层产生光电效应。光电流流过电流计，光电流与入射光通量成正比。

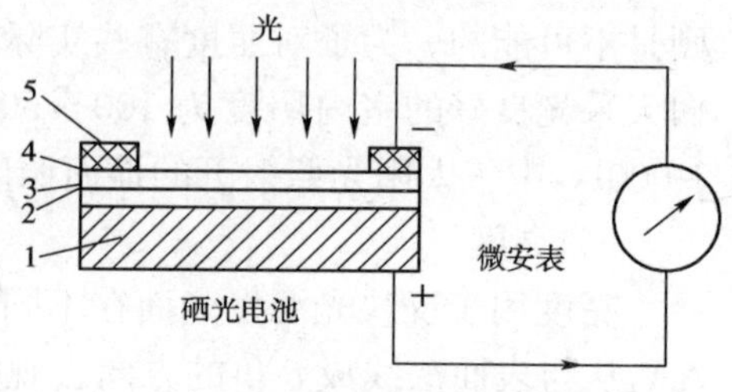

图 10-3 硒光电池的结构示意
1-金属底板；2-硒层；3-分界面；4-金属薄膜；5-集电环

硒光电池的灵敏度可达 600μA/lm。其相对光谱灵敏度曲线与人眼的相对光谱光效率曲线比较接近，当选择了合适的校正滤光片后，硒光电池的相对光谱灵敏度曲线与人眼的相对光谱光效率 $V(\lambda)$ 曲线更为接近，如图 10-4 所示。

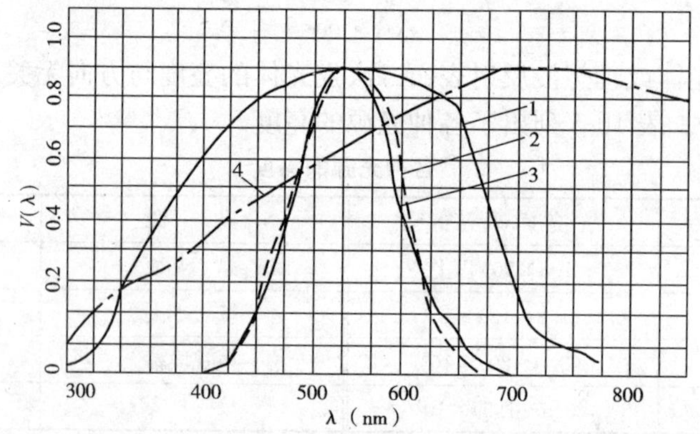

图 10-4 相对光谱灵敏度曲线
1-未经校正的硒光电池的光谱灵敏度曲线；2-人眼标准光谱灵敏度曲线；3-经校正后的硒光电池光谱灵敏度曲线；4-未经校正的硅光电池的光谱灵敏度曲线

硒光电池的照度——光电流特性与外电阻（负载电阻）对内电阻之比值有关，比值越小直线性越好，比值越大直线性越差，如图 10-5 所示。

硒光电池在较大照度下也会产生疲劳，在使用中最好避免长时间曝光。光电池开始曝光时，最初的一段时间内光电池是变化的，一般要经过 10～20min 才能稳定。所以在要求较准确的测量中，光电池应预先曝光一段时间后再正式测量。硒光电池的疲劳特性如图 10-6 所示。

硒光电池的温度特性曲线如图 10-7 所示。由图可知，外部回路的阻抗越小，温度变化的影响越小。

硒光电池的光脉动响应特性曲线见图 10-8 所示（不如光电管灵敏）。电光源大部分是 50Hz 交流供电，发出的光是脉动的，硒光电池受到的是脉动光线的照射。由于光电池内部容量随光的脉动频率增加而下降，此时测出的电流与入射光的平均值不成准确的比例关系，测试时应注意。因频率的影响，光电池对定时发射的断续光的测量受到限制。

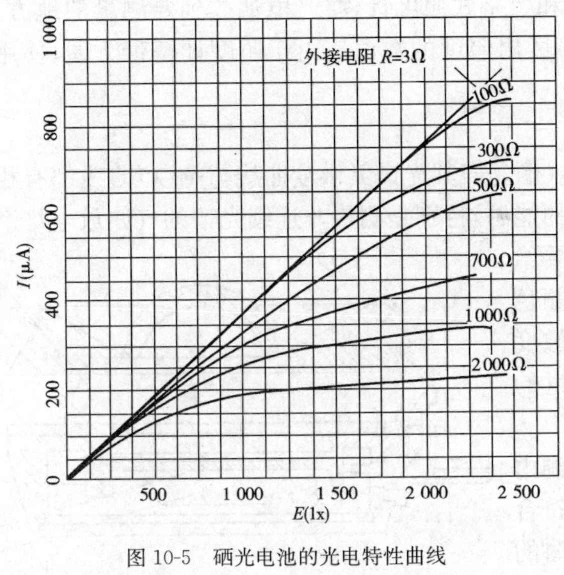


图 10-5 硒光电池的光电特性曲线

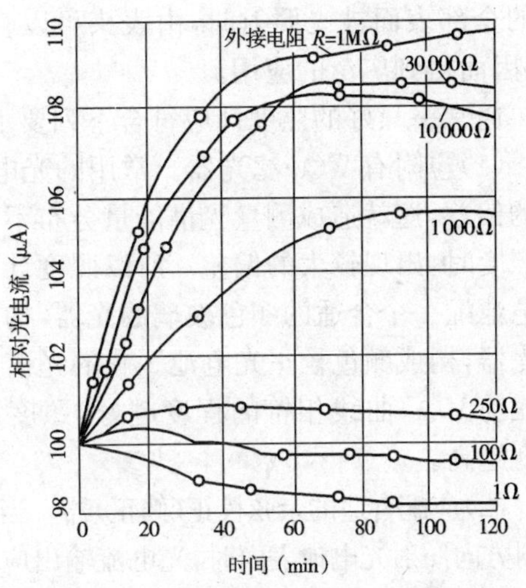


图 10-6 硒光电池的疲劳特性(1 000lx,20℃)

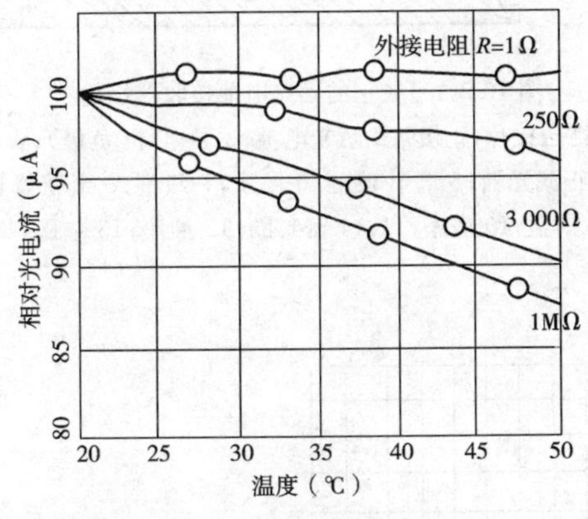


图 10-7 硒光电池的温度特性(1 000lx)

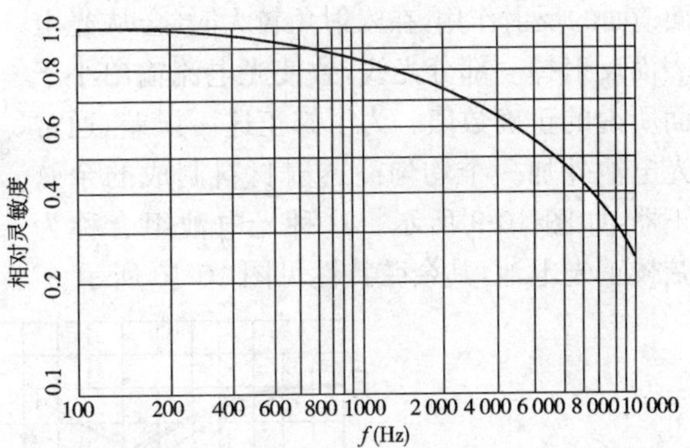


图 10-8 硒光电池的光脉动响应特性

硒光电池突出的优点是光谱响应峰值为 555nm,与人眼的 $V(\lambda)$ 峰值相重合(图 10-4),其校正滤光器容易制造,可做得与人眼十分接近。硒光电池的缺点是寿命较短、易疲劳,不能直接受强光照射,受潮后其灵敏度大大下降。

除了硒光电池以外,近年来常用的还有单晶硅制成的光电池。硅光电池光谱灵敏度曲线与 $V(\lambda)$ 曲线也不一致(图 10-4),且输出电流随温度变化较硒光电池大。但硅光电池有很多优点:疲劳效应极小,寿命长(属于永久性元件),线性范围宽,只要将其相对光谱灵敏度曲线校正到相似于人眼的相对光谱光效率曲线,硅光电池就是很有前途的元件。由于硅光电池适合在电子放大线路中使用,近年来已用它做成内装放大器的数字式照度计。

## 第三节 光度检测

### 一、照度检测

照度检测一般采用将光检测器和电流表连接起来,并且表头以勒克斯(lx)为单位进行分度构成的照度计。如JD系列指针式照度计和数字式照度计，将光电池放到要测量的地方，当它的全部表面被光照射时，由表头可以直接读出照度的数值。由于照度计携带方便、使用简单，因而得到广泛的应用。

通常一只好的照度计应符合下列要求：

(1)应附有$V(\lambda)$滤光器。常用的光电池(硒、硅)其光谱灵敏度曲线与$V(\lambda)$曲线都有相当大的偏差，这就造成测量光谱能量分布不同的能源，特别是测量非连续光谱的气体放电灯产生的照度时，出现较大的偏差。所以照度计都要给光电池配一个合适的颜色玻璃滤光器，构成颜色滤光器，构成颜色校正光电池。它的光谱灵敏度曲线与$V(\lambda)$曲线相符的程度越好，照度测量的精度越高。

(2)应配合适的余弦校正(修正)器。当光源由倾斜方向照射光电池表面时，光电流输出应当符合余弦法则，即这时的照度应等于光线垂直入射时的法线照度与入射角余弦的乘积。但是，由于光电池表面镜面的反射作用，在入射角较大时，会从光电池表面反射掉一部分光线，致使光电流输出小于上面所说的正确数值。为了修正这一误差，通常在光电池外加一个均匀漫透射材料制成的余弦校正器，如图10-9所示。这种光电池组合称为余弦校正光电池，其余弦特性见图10-10所示。

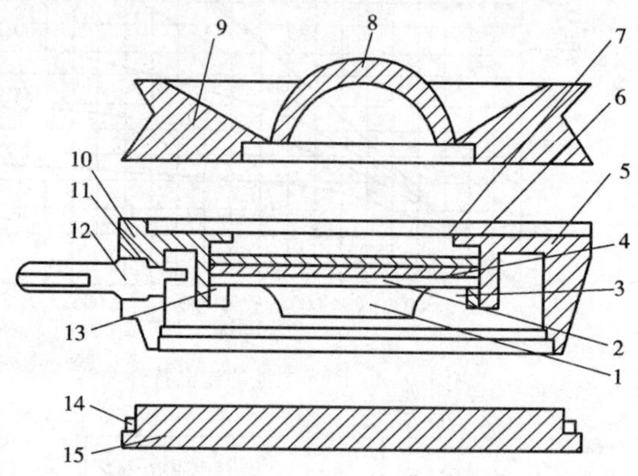


图10-9 有校正的硒光电池接收器结构

1-弹性压接片(正极)；2-硒光电池；3-导电环(负极)；4-光谱修正滤光器；5-磨砂玻璃；6-橡皮；7-凹槽；8-余弦修正器；9-前盖；10-底座；11、14-密封圈；12-插座；13-垫圈；15-后盖

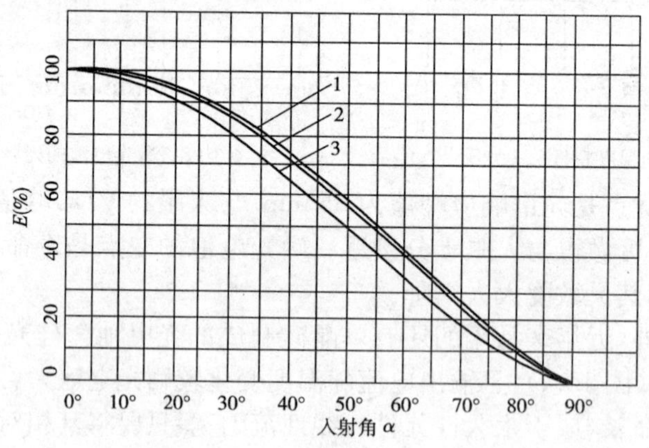


图10-10 光电池的余弦曲线特性

1-理想的余弦特性曲线；2-光电池修正后的特性曲线；3-光电池未加余弦修正器时的特性曲线

(3)应选择线性度好的光电池。在测量范围内，照度计的读数要与投射到光电池的受光面上的光通量成正比。也就是说，光电流与光电池受光面的照度应呈线性关系。硒光电池的线性度主要取决于外电路的电阻和受光量，外电路的电阻越小，照度越低，线性度越好。

用作低照度测量时，应选择低内阻的硒光电池，它有较高的灵敏度；用作高照度测量时，应选择高内阻的硒光电池，它的灵敏度低而线性响应较好，受强光强射时不易损坏。

(4)硒光电池受强光(1 000lx 以上)照射时会逐渐损坏,为了测量较大的光强度,硒光电池前应带有几块已知减光倍率的中性减光片。

照度计在使用保管过程中,由于光电池受环境影响,其特性会有所改变,必须定期对照度计进行标定,以保证测量的精度。

照度计的标定可在光具座上进行,如图10-11所示。利用标准光强(烛光)灯,在满足"点光源"(标准灯距光电池的距离是光源尺寸的10倍以上)的条件下,逐步改变硒光电池与标准灯的距离 $d$,记下各个距离时的电流计读数,由距离平方反比律 $E=I/d^2$ 计算光照度,可得到相当于不同光照度的电流计读数。将电流计读数与光照度的关系作图,就是照度计的标定曲线,由此可对照度计进行分度。标定曲线不仅与硒光电池有关,而且与电流计有关,换用硒光电池或电流计时,必须重新标定。

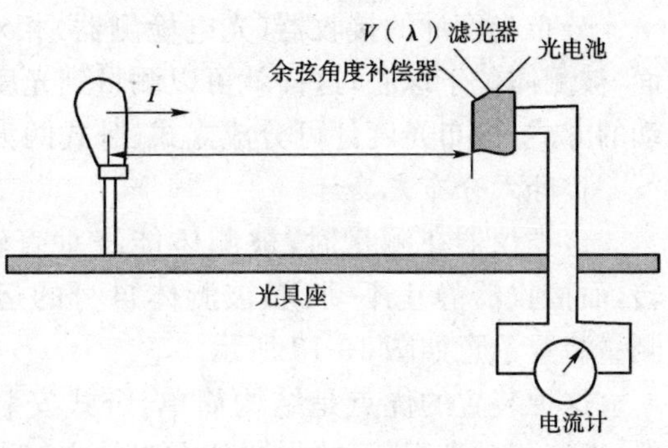


图 10-11 标定照度计的装置

## 二、光强检测

测量光强主要应用直尺光度计(光轨),见图10-12。它由以下几部分组成:能在光具座 $A$ 上移动的光头 $B$、已知光强度的标准光源 $S$、旋转待测光源 $C$ 的活动台架和防止杂散光的黑色挡屏 $D$ 等。用光度镜头,对标准光源的已知光强进行比较。光度镜头可由光电池构成。使用光电池光度镜头时,使灯与光电池保持一定的距离,先对标准灯测得一个光电流值 $i_s$,然后以被测灯代替标准灯测得另一个光电流值 $i_t$。假设标准灯的已知光强为 $I_s$,则被测光强 $I_t$ 为:

$$I_t = \frac{i_t}{i_s} I_s \tag{10-9}$$

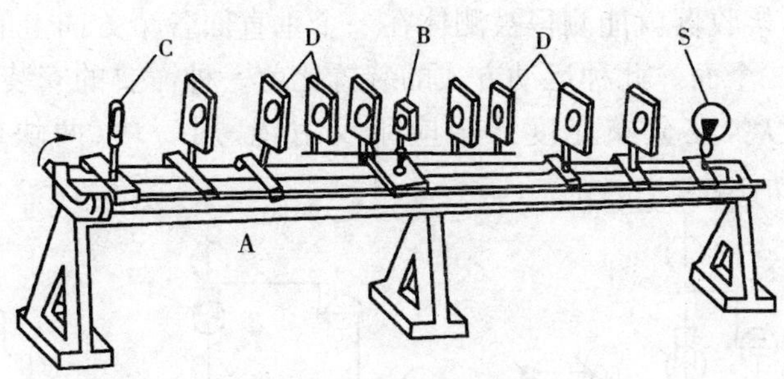


图 10-12 测量光强度的装置

或者,分别改变被测灯和标准灯与光电池的距离 $L_t$、$L_s$,使其得到相等的光电流。此时,被测灯的光强可由下式求出:

$$I_t = \left(\frac{L_t}{L_s}\right)^2 I_s \tag{10-10}$$

在实际测量照明器的光强时,为了使式(10-9)准确成立,距离 $L$ 取得必须大[当为光源最大尺寸的5倍以上时,使用式(10-10)引起的误差小于1%]。

## 三、光强分布(配光特性)测量

在实际工作中常常需要测量照明器或光源在空间各个方向上的光强分布。通常采用分布光度计进行测量。

分布光度计的接收器(光电检测器)相对于被测体(光源或照明器)运动的轨迹是一个球面,被测体位于球心,这样就可以测量到光度量的空间分布。根据接收器和被测体之间相对运动的方式,分布光度计可分成立式、卧式两大类。

1. 卧式分布光度计

这类仪器在测量时,被测体能绕垂直轴和水平轴作 360°旋转,而接收器静止不动,靠被测体自身的运动得球面测量轨迹。测量装置示意如图 10-13 所示。

这种装置的优点是结构简单,卧式安装,对空装空间的要求低,直接测量光程长(接收器放在光轨上,测量光程由光轨长度决定)。

这种装置的缺点是要求被测体能任意转动,这对于有些工作位置要求的光源测量就有困难了。

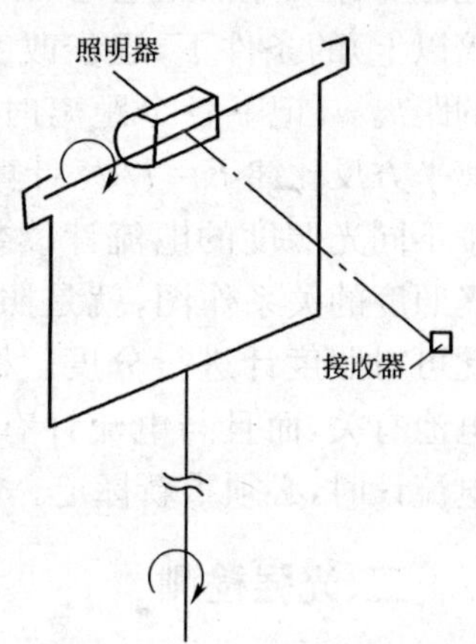

图 10-13 卧式分布光度计示意图

2. 立式分布光度计

这类仪器在测量时,被测体只需绕垂直轴旋转即可,而接收器相对于被测体绕水平轴作垂直面上的圆周运动,从而得到球面测量轨迹。测量装置示意如图 10-14 所示。

图 10-14a)表示的情况是:测量时被测体静止不动,接收器绕被测体在铅直面内转动,测完一圈之后,被测体自转一个角度,再测第二圈(第二个面),这样直至测完整个空间的光强分布。

图 10-14c)表示的情况是:测量时接收器和被测体同时绕某一轴线转动,转动时,被测体本身同时有一转动,此转动轴线始终保持垂直(或水平);接收器面始终对着被测体。因此,它们绕公共轴转动一周时,接收器就能测得被测体在一个垂直面各个方向上的光强,然后被测体转动一定角度后再测第二个面。此种运动方式的装置比前一种需要的安装空间高度小。

为了增加测量距离,在分布光度计中应用反射镜,用一块、两块或三块都可以,如图 10-14b)和图 10-14d)所示。

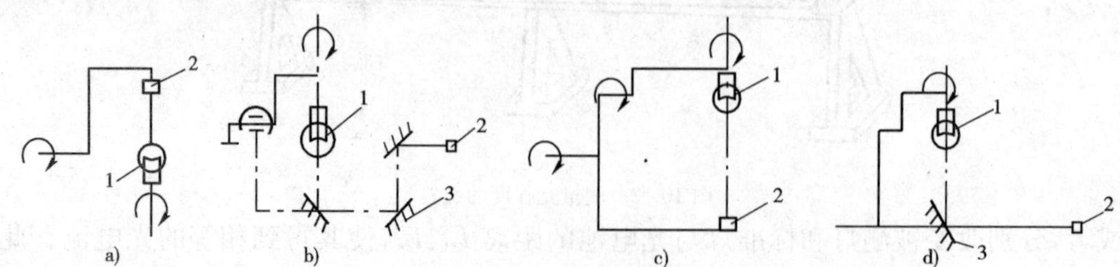

图 10-14 立式分布光度计示意

1-被测光源;2-接受器;3-反射器

分布光度计除用来测量光强在空间的分布曲线外,还可以测量照明器或光源的总光通量。

分布光度计的转动系数及数据处理系统可以全部自动控制,目前最先进的分布光度计已由微型计算机控制。

## 四、光通量检测

测量光源的光通量通常用球形积分光度计。球形积分光度计是一个内部涂以漫反射白色涂料的中空球形容器，在容器上开一小孔，用光检测器（如光电池）测量从小孔射出的光通量便可测得光源的光通量。容器一般做成两半，可以打开，以便把光源拿到容器内测量。球的直径可达 1～5m。球形积分光度计结构如图 10-15 所示。

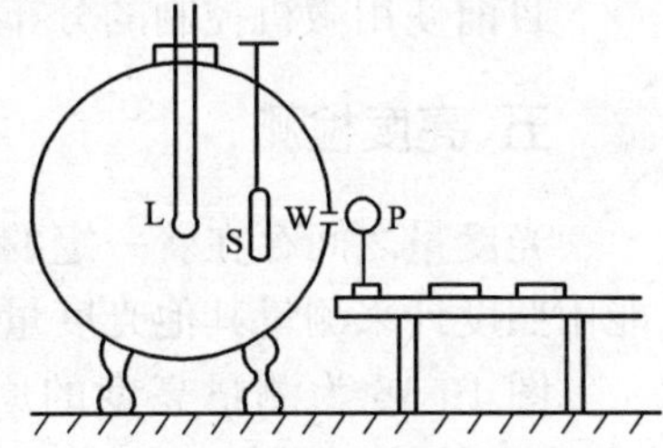

图 10-15　球形积分光度计结构图

L-光源；S-遮光板；W-测光窗；P-光电池

用球形积分光度计测量光源光通量的原理是，球内壁上反射光能量形成的附加照度与光源的光通量成正比，测量球内壁的附加照度值就可得出被测光源所发出的光通量。

将被测光源放在球内。设从光源发射的光通量为 $\Phi_1$，$\Phi_1$ 投射到球内壁上，球内壁为均匀反射表面，其反射比为 $\rho$，入射光通量为 $\Phi_1$ 将有一部分 $\rho\Phi_1$ 从球壁反射出来。这部分光通量 $\rho^1\Phi_1$ 将再度投射到球内壁上，并有光通量 $\rho^2\Phi_1$ 从球内壁反射出来，这部分光通量又投射到球内壁上产生第三次反射光通量 $\rho^3\Phi_1$。这种多次反射过程将进行不止。因光源不断发射光通量，故经过多次反射叠加后，球内壁上实际所接收的光通量 $\Phi$ 为：

$$\Phi = \Phi_1 + \rho\Phi_1 + \rho^2\Phi_1 + \rho^3\Phi_1 + \cdots + \rho^n\Phi_1 \tag{10-11}$$

因 $\rho<1$，所以，式(10-11)又可写成：

$$\Phi = \frac{\Phi_1}{1-\rho} = \Phi_1 + \frac{\rho\Phi_1}{1-\rho} \tag{10-12}$$

式(10-12)中的第一项为光源发出的光通量；第二项是经球内壁多次反射而落到球壁上的附加光通量 $\Phi_0$，可以认为它是均匀分布的，因此球壁上的附加照度 $E_0$ 为：

$$E_0 = \frac{\Phi_0}{A} = \frac{\rho\Phi_1}{A(1-\rho)} = C\Phi_1 \tag{10-13}$$

式中：$A$——球内壁的面积，$A=4\pi R^2$；

$C$——系数，当球的特性一定时，$C$ 是常数。

从式(10-13)可知，只要测量球壁上的附加照度 $E_0$ 就可求得被测光源的光通量 $\Phi_1$：

$$\Phi_1 = E_0/C \tag{10-14}$$

为了测量 $E_0$，可在球壁上开一小孔，在此小孔上，安装光电池；在球内设一挡板挡住光源的直射光通量，使之不能照射到小孔上，这样小孔上的照度就是附加照度 $E_0$。

球形积分光度计的常数 $C$ 可用标准光源来确定。对于标准光源，其光通量 $\Phi_s$ 是已知的，把它放在球内并测量附加照度 $E_0$，即可由下式求常数 $C$：

$$C = E_0/\Phi_s \tag{10-15}$$

用球形积分光度计测量光通量实际上是比较被测灯和标准灯的光通量，测量中无需知道积分球的反射比。但是这却要求当光源光谱功率分布不同时，对各种波长都有相同的反射比，即球内表面应是非选择性反射，一般要用专门的涂料（例如 $MgO$、$ZnO$、$BaSO_4$ 等）。

球形积分光度计一般还附有向光源供电的稳压电源及一些电学测量仪表；当测量荧光灯

和气体放电光源时，还需有标准光源接入电路。

为保证一定的测量精度，通常要求灯的最大尺寸不超过球体直径的1/6～1/10。

测量光通量的另一种方法是用“分布光度计”测量待测灯在空间各个方向的光强分布。由于光源任意方向的光强和该方向立体角的乘积即为立体角内的光通量，测出各个角度的光强值，得出各个立体角内的光通量，其和即为光源的总光通量。

目前使用微机控制的分布光度计，其测量、计算可全部自动化。

## 五、亮度检测

光度量之间存在着一定的关系，运用这种关系能使某些光度量的测量变得较为容易，并且能用照度计来测量其他光度量。

图10-16为测量亮度的原理图。为了测量表面S的亮度，在它的前面距离$d$处设置一个光屏Q。光屏上有一透境（透射比为$\tau$），它的面积为$A$。在光屏的右方设置照度计作检测器M，M与透镜直的距离为$l$，M与透镜的法线垂直。在$l$的尺寸比$A$大得多的情况下，照度计检测器上的照度为：

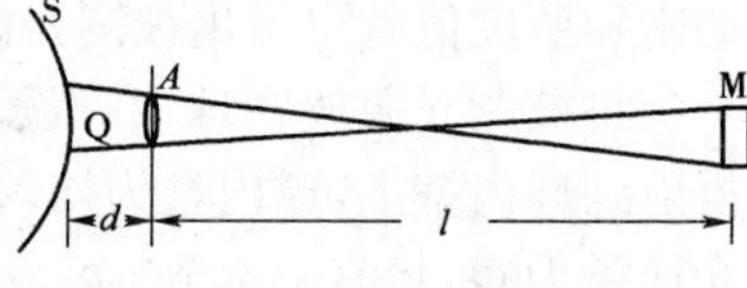


图10-16 亮度测量原理

$$E=\frac{1}{l^2}=\frac{\tau LA}{l^2} \tag{10-16a}$$

即

$$L=\frac{El^2}{\tau A} \tag{10-16b}$$

根据这一原理制成亮度计。亮度计的刻度已由厂家标定。

典型透镜式亮度计如图10-17所示。被测光源经过物镜后，在带孔的反射镜上成像，其中一部分光经过反射镜上的小孔到达光电接收器上，另一部分光经过反射镜反射到取景器上，在取景器的目镜后可以用人眼观察被测目标的位置以及被测光源的成像情况。如成像不清楚，可以调节物镜的位置。光电接收器前一般加$V(\lambda)$滤光器以配合人眼的光谱光效率。如果放一些特定的滤色片，还可用来测定光源的颜色。

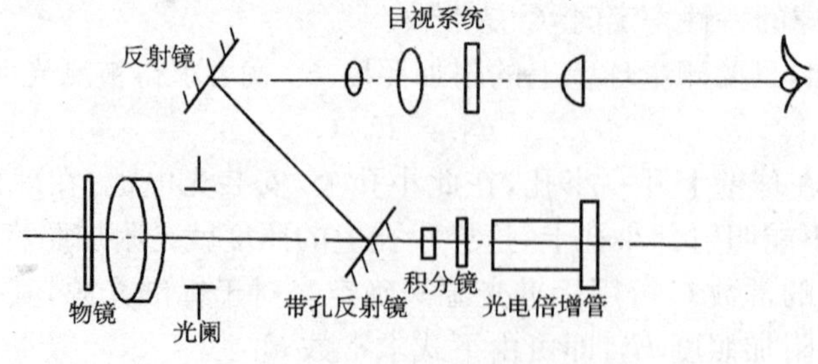


图10-17 透镜式亮度计简图

亮度计的视场角$\theta$决定于带孔反射镜上小孔的直径，通常在0.1°～2°；测量不同尺寸和不同亮度的目标物时用不同的视场角。

亮度计可事先用标准亮度板进行检验，在不同标准亮度下对亮度计的读数进行分度。标准亮度板可用标准光强灯照射在白色理想漫射屏上获得。

## 第四节　照明器光强分布量测

本节以测量一台室内照明器的配光特性为例，介绍照明器光强分布（配光曲线）的测量方法。

### 一、测量装置及要求

室内照明器使用时光轴垂直向下，采用立式分布光度计，使用 $C-\gamma$ 坐标系统。

为保证光强测量的精度（要求测量值与实际值的差异不大于±5%），有如下要求。

1. 光电池

工作要稳定（包括它的工作线路），暴露在高照度下不会发生疲劳，对不同量程都有线性响应；光电池的光谱灵敏度要符合 CIF 光谱光效率曲线；由于光电池得到的读数是其本身受光面的平均照度，要求光电池的面积对照明器的张角不大于 0.25°。

2. 分布光度计

分布光度计能刚性架着照明器，并能提供照明器在两个方向转动，保证能测任意角度上的光强；角度误差随光束扩散角的不同而不同，若光束扩散角用 $\alpha$ 表示，角度误差用 $\delta$ 表示，则应符合下列要求：

$2° < \alpha < 4°$　　　$-0.1° \leqslant \delta \leqslant 0.1°$

$4° < \alpha < 8°$　　　$-0.2° \leqslant \delta \leqslant 0.2°$

$\alpha > 8°$　　　$-0.4° \leqslant \delta \leqslant 0.4°$

3. 测试距离

测试距离需要足够长，以保证照度的平方反比定律完全成立。一般不小于 3m 或不小于照明器发光口面上最大线度的 5 倍。

4. 照明器光度中心的确定

照明器光度中心的确定对测试距离有影响，确定方法如下：

(1)对嵌入式照明器（格栅和全部直接光的照明器），测量距离应从照明器出光口（顶棚平面）算起。

(2)对侧面发光的照明器（如直接—间接型照明器吸顶安装），测量距离应从发光体的任何中心算起，且在测光时应设置一块模拟顶棚的挡板，以符合照明器使用条件。

(3)对悬挂式照明器

①光源的光中心在反射器内，且没有折射器，测量距离应从照明器出光口面算起。

②光源的光中心不在反射器内，且没有折射器，测量距离应从光源中心算起。

③如有折射器，则测量距离应从折射器几何中心算起。

5. 环境温度

不同光源测试时，对环境温度要求不同。管状荧光灯要求 25°C±2°C；HID 灯要求 25°C±5°C；白炽灯没有明确规定。空气流动与空调都会对测量有影响；当差别超过 2%时，需要修正。

6. 电源电压

避免电源电压对测量结果的影响，可采用稳压电源装置。稳定精度：白炽灯≤±0.2%；气体放电灯≤±0.5%；各谐波的均方根值不超过基波波形的3%；频率稳定精度为±0.5%；输出阻抗为低阻抗。

7. 光源

测试前光源必须经过老练，以保证测试过程中发出的光通量恒定不变或只有极微小的变化。钨丝灯和管状荧光灯老练100h，其他灯老练200h（老练方式是点燃4h，关闭15min作为一周期）。

8. 照明器在光度计上稳定

在不小于15min的间隔里，连续测定3次光强；若它们之间的变化小于1%，可以认为灯在光度计上已趋稳定，可以进行光度测量。

## 二、测量原理

根据照度的平方反比定律可知：

$$E(\gamma)=I(\gamma)/L^2 \tag{10-17a}$$

$$I(\gamma)=E(\gamma)\cdot L^2 \tag{10-17b}$$

式中：$E(\gamma)$——被测光源或照明器在$\gamma$方向上的测试照度值；

$I(\gamma)$——光源或照明器在$\gamma$方向上的光强值；

$L$——测试距离。

若把光强在空间分布的球体分解成一个个球带，则光源光通量$\Phi_s$为：

$$\Phi_s=\sum_1^n\Phi\omega=\sum_1^n I_s(\gamma)\cdot d\omega \tag{10-18}$$

将式(10-17)代入式(10-18)，简化后可得：

$$\Phi_s=\sum_1^n E_s(\gamma)\cdot 2\pi\cdot(\cos\gamma_1-\cos\gamma_2)l^2$$

$$=L^2\sum_1^n E_s(\gamma)\cdot C(\gamma) \tag{10-19}$$

式中：$\gamma_1$、$\gamma_2$——球带的起始角度与终止角度（图10-18）；

$C(\gamma)$——球带系数，$C(\gamma)=2\pi(\cos\gamma_1-\cos\gamma_2)$；

$E_s(\gamma)$——光源在$\gamma$方向上的测试照度值。

通常配光曲线是按光源光通量为1 000lm给出的，故引进折算系数$K$：

$$K=\frac{1\,000L^2}{\Phi_s}=\frac{1\,000}{\sum_1^n E_s(\gamma)\cdot C(\gamma)} \tag{10-20}$$

则照明器的光强分布表达式可写成：

$$I_L(\gamma)=E_L(\gamma)\cdot K \tag{10-21}$$

式中：$I_L(\gamma)$——照明器在$\gamma$方向上的光强值；

$E_L(\gamma)$——照明器在$\gamma$方向上的测试照度值；

$K$——折算系数。

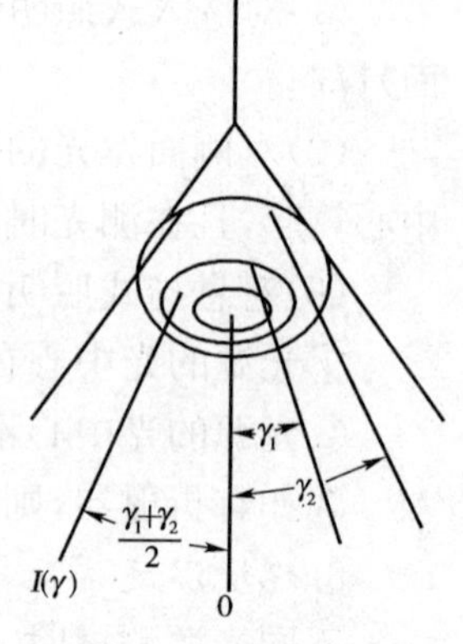

图10-18 球带与光通计算

综合式(10-20)和式(10-21)可知:在测试时,只要接收器(光电池)围绕光源转一圈测得光源在各个方向的照度值 $E_s(\gamma)$,然后用同样的方法测得照明器在各个方向的照度值 $E_l(\gamma)$,即可求得照明器的光强分布(一个 $C$ 平面上的)。这种方法称为相对测量法。

对于任一测光平面 $C$ 上的光强分布,参照式(10-21)可写出下式:

$$I(C,\gamma)=E_L(C,\gamma)\cdot K \tag{10-22}$$

## 三、测量方法

1. 光源光通的测量

(1)光源在光度计上安装时,使其呈水平(垂直)位置,避免产生冷端,也要避免光源的性能带来的影响。

(2)采用以10°为间隔的球带光通测量时,测量10°的中间点值,即测点 $\gamma$ 角为5°、15°、25°……将此值乘以球带系数,就代表该球带内的光通量,这样把18个累加就得到相应的光源光通量。式(10-20)表示的折算系数 $K$ 也可求得。

(3)在测量过程中要经常校验灯是否处在稳定状态。方法是比较每次在过光源轴线中心垂直线方向(铅垂线)上的读数,此读数变化不应超过2%。

2. 照明器光强的测量

(1)光强测量一般在相互间隔为30°的12个半平面(过灯轴线子午面)上进行,也有在间隔15°或22.5°等几种方法下进行的。其中一个半平面必须通过照明器的对称轴线,在每个半平面上可采用10°球带的中点角度法进行测量。

(2)对于具有旋转对称分布的照明器,可以将所有读数(指同一球带上)平均后代表该球带上的光强;对于光分布具有两个对称平面的照明器(如直管形荧光灯具),可取各对称平面上相应方向上的值求平均后代表照明器在该平面上的光强。

(3)照明器在测量过程中也要校验灯是否处在稳定状态;方法是每次测量照明器垂直方向上的光强变化不应超过2%。

## 四、光强分布曲线(配光曲线)及其数值

(1)这是以cd/1 000lm为单位的极坐标照明器配光曲线。

(2)旋转对称的配光,采用过铅垂线一个平面中的光强表示(该值往往是几个过子午面上的平均值)。

(3)对非对称配光,往往用两个或两个以上的配光曲线表示,并要标出配光曲线所表征的平面。例如直管形荧光灯具往往取平行于灯管与垂直于灯管两个子午面上的配光曲线。

(4)在给出配光曲线的同时,用表列出5°、15°、25°、…、165°、175°等角度上的照明器光强值。

# 第五节 现场照度和亮度检测

## 一、照度检测

隧道路面的照度检测是隧道照明检测的基本内容之一。一是许多隧道的照明设计参数是直接以照度给出的,二是隧道照明中最为重要的亮度可通过简单公式由照度换算。根据照明

区段的不同，隧道照度检测可分为洞口段照度检测和中间段照度检测。

1. 洞口段照度检测

(1)纵向照度曲线测试

纵向照度曲线反映洞口段沿隧道中线照度的变化规律。第一个测点可设在距洞口 10m 处，之后向内每米设一测点，测点深入中间段 10m。用便携式照度仪测试各点照度，并以隧道路面中线为横轴、以照度为纵轴绘制隧道纵向照度变化曲线。

(2)横向照度曲线测试

横向照度曲线反映照度在隧道路面横向的变化规律。洞口照明段分为入口段和过渡段，过渡段由 $TR_1$、$TR_2$、$TR_3$ 三个照明段组成。测试横向照度时，可在各区段各设一条测线，该线可位于各区段的中部。在各测线上，测点由中央向两边对称布置，间距 0.5m。用便携式照度仪测取各点照度，并以各测线为横轴、以照度为纵轴绘制隧道横向照度变化曲线。横向照度越均匀越好。

2. 中间段路面平均照度检测

中间段路面的平均照度是隧道照明设计的重要指标，它与整个隧道的照明效果和后期运营费用密切相关。视隧道长度的不同，测区的总长度可占隧道总长度的 5%～10%；各测区长度以 20m 为宜，也可根据灯具间距适应调整，如图 10-19 所示。在各测区内划分网格，使各单元长为 2m、宽约 1m；给各单元编号，并测取各单元形心点的照度 $E_i$。若某测区的单元数为 $n$，则该测区的平均照度 $E$ 为：

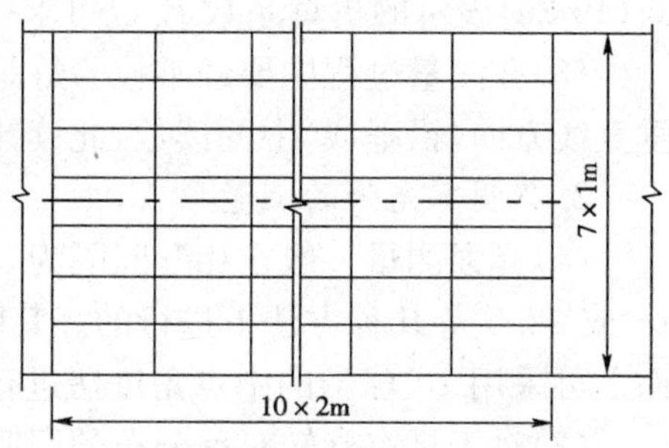


图 10-19 中间段平均照度测点位置

$$E=\frac{1}{n}\sum_{1}^{n}E_i \tag{10-23}$$

对所有的测区重复以上工作，便可得到各测区的平均照度，最后对各测区的照度再平均，即得全隧道基本段的平均照度。比较实测平均照度与规范要求照度或设计照度，便可知道该隧道的中间段照度是否满足规范要求或设计要求。

## 二、亮度检测

严格地讲，路面某点的亮度与观察它的方向有关；但工程上为了简便，将路面的光反射看成理想漫反射，这样，作为二次光源的路面亮度便与方向无关。在实用中用公式 $L=E/C$ 进行亮度与照度的换算；对混凝土路面 $C=13$，对沥青路面 $C=22$。由于照度仪使用简单，所以检测亮度时，常是用照度仪先测照度，然后用换算公式计算亮度。

1. 路面平均亮度($L_{av}$)

驾驶员观察障碍物的背景，在隧道中主要是路面，只有当路面亮度达到一定值以后，驾驶员才能获得立体感，在此基础上，亮度对比越大越容易察觉障碍物。路面(背景)亮度越高，眼睛的对比灵敏度越好。

路面平均亮度在设计或规范中都有明确的规定。其检测方法可参考中间段路面平均照度检测方法，并根据下式确定：

$$L_{av}=E_{av}/C \tag{10-24}$$

2.路面亮度均匀度

保证亮度均匀度是为了给驾驶员提供良好的能见度和视觉上的舒适性。如果亮度高,则均匀度要求可以不很严格。干燥路面和湿路面有很大变化,均匀度也相应有很大变化。严格的均匀度要求,一般限于干燥路面和路面平均亮度较低的情况。

(1)总均匀度($U_0$)

照明装置保证良好的路面平均亮度后,路面上一些局部区域还可能出现最小亮度 $L_{min}$。通常较差的亮度对比都发生在路面较暗的区域,往往影响到对障碍物的辨认。为了使路面上所有区域都有足够的亮度和对比度,提供令人满意的能见度,需要规定路面最小亮度和平均亮度比值的范围。

$$U_0=\frac{L_{min}}{L_{av}} \tag{10-25}$$

式中:$L_{av}$——计算区域内路面平均亮度;

$L_{min}$——计算区域内路面最低亮度。

(2)纵向均匀度($U_1$)

为了提供视觉舒适性,要求沿路面中线有一定的纵向均匀度。纵向均匀度是沿中线局部亮度的最小值和最大值之比。

$$U_1=\frac{L'_{min}}{L_{max}} \tag{10-26}$$

路面(墙面)上连续忽明忽暗对驾驶员干扰很大,称为"光斑效应"。当隧道较长时,驾驶员眼睛会很疲劳,影响发现障碍物。

## 第六节 隧道眩光检测

进一步评价隧道的照明质量,需要检测隧道照明的各项眩光参数。隧道照明的眩光可以分为两类:失能眩光和不舒适眩光。前者表示照明设施造成的能见度损失,用被试对象亮度对比的阈值增量(TI)表示。失能眩光是生理上的过程,是表示由生理眩光导致辨认能力降低的一种度量。后者表示在眩光感觉中的动态驾驶条件下,对隧道照明设施的评价。该眩光降低驾驶员驾驶的舒适程度,用眩光控制等级($G$)表示。不舒适眩光是心理上的过程。

1.失能眩光

这种眩光导致的识别能力下降,是由于光在眼睛里发生散射过程造成的。来自眩光光源的光在视网膜方向上的散射会引起光幕(等效光幕)作用,在视网膜方向上的散射程度越大,光幕作用越大。在眩光条件下的总视感,必须把光幕亮度叠加在无眩光时景物成像亮度之上。等效光幕亮度($L_v$)可按以下经验公式计算:

$$L_v=K\left(\frac{E_{眼1}}{\theta_1^2}+\frac{E_{眼2}}{\theta_2^2}+\cdots\right)=K\sum_1^n\frac{E_{眼i}}{\theta_i^2} \tag{10-27}$$

式中:$E_{眼i}$——第 $i$ 个眩光光源在眼睛(与视线相垂直的平面上)产生的照度;

$\theta_i$——视线与第 $i$ 个眩光光源入射到眼睛的光线之间形成的夹角；

$K$——年龄因素(平均值为 10)。

通常在隧道照明中，对 $1\sim5\text{cd/m}^2$ 之间的平均亮度，阈增量 TI 可由光幕亮度的数值和平均路面亮度值结合对比灵敏度确定：

$$\mathrm{TI}=\frac{65L_{v}}{L_{av}^{0.8}}\times100\% \tag{10-28}$$

2. 不舒适眩光

眩光造成的不舒适感，是用眩光控制等级($G$)表示所感到的不舒适程度的主观评价。这种主观评价取决于各种照明器和其他照明装置的特性，可以用下列经验关系式描述：

$$G=f(I_{80},I_{88},F,\Delta C,L_{av},h',P) \tag{10-29}$$

式中：$I_{80}$、$I_{88}$——照明器在同路轴平行的平面内，与垂直轴形成 80°、88°方向上的光强值，cd；

$F$——照明器在同路轴平行的平面内，投影在 76°角方向上的发光面积，$\text{m}^2$；

$\Delta C$——光的颜色修正系数，对于低压钠灯，$\Delta C=0.4$；

$L_{av}$——平均路面亮度，$\text{cd/m}^2$；

$h'$——水平视线距灯的高度，m；$h'$=灯的安装高度$-1.5$m；

$P$——每 1km 安装的照明器个数。

经验计算公式为：

$$\begin{aligned}G=&13.84-3.31\lg I_{80}+1.3\left(\lg\frac{I_{80}}{I_{88}}\right)^{\frac{1}{2}}-0.081\lg\frac{I_{80}}{I_{88}}+1.29\lg F+\\&\Delta C+0.97\lg L_{av}+4.41\lg h'+1.46\lg P\end{aligned} \tag{10-30}$$

公式中各参数的调整范围是：

$50\leqslant I_{80}\leqslant7\,000$(cd)，$1\leqslant I_{88}\leqslant50$(cd)，$0.007\leqslant F\leqslant0.4(\text{m}^2)$，$0.3\leqslant L_{av}\leqslant7(\text{cd/m}^2)$，$5\leqslant h'\leqslant20$(m)，$20\leqslant P\leqslant100$，灯的排数为 1 或 2。

眩光等级 $G$ 与主观上对不舒适感觉评价的相应关系为：

$G=1$：无法忍受

$G=2$：干扰

$G=5$：允许的极限

$G=7$：满意

$G=9$：无影响

光强可由照明器配光曲线查出，或经室内试验测取。

# 附录A

## 激光断面仪检测隧道断面方法

1. 仪器

隧道激光断面仪主要由三大部分组成:检测主机、掌上电脑、数据处理软件。

主要技术参数:

(1)检测半径:1～45m。

(2)检测点数:自动检测,一般为35个点/断面。

(3)测距精度:优于±1mm。

(4)测角精度:优于0.01°。

(5)方位角范围:30°～330°(仪器测头垂直向下为0°),连续测量60°～300°。

(6)手动测头转动方位角范围:0°～350°。

(7)定位测量方式:具有垂直向下激光定心标志、测距功能。

2. 检测方法

采用隧道激光断面仪对隧道断面检测前,先采用经纬仪或全站仪按一定间距(根据检测任务要求,一般情况下初期支护为10m,二次衬砌为20m)放出隧道中线点和该点的地面高程,同时在隧道边墙上放出对应横断面点。

使用隧道激光断面仪对隧道断面检测步骤:

(1)将隧道激光断面仪置于所需检测断面的隧道中线点上,安装并调整好仪器,使仪器对中。

(2)在仪器安装好并对中归零后,测取仪器高度并记录(仪器高为相对地面的高度)。

(3)在掌上电脑的软件主界面中选择“测量断面”。

(4)再选“新测”,输入所测量断面的桩号并设置好所量测断面的起始和终止测量角度及所需量测的点数等参数。

(5)最后选“测量”,隧道激光断面仪软件控制测头自动完成断面的测量并将角度及斜距等参数保存在文件中,在现场可以看到所测的断面轮廓线。

提示栏中显示检测完的信息时即可退出,数据自动保存在掌上电脑中,然后进行下一个断面检测。检测断面数据带回室内进行处理,以减少在隧道内的时间,减少对施工影响。

3. 检测数据处理

现场检测完成后,回到室内将掌上电脑的测量数据传输到计算机上,采用该仪器提供的台式机后处理软件对数据进行处理。

首先打开编辑好的标准断面曲线,将测量的断面曲线导入到标准断面中。

其次编辑导入的曲线,量测时仪器是在隧道中线上,所以 $x$ 坐标值为零,$z$ 值为仪器高(此处是相对路面设计高程),利用隧道现场量测时的地面高程 $H_1$、隧道该点的路面设计高程 $H_2$ 和在现场所量测到的仪器高计算出 $Z_1$ 值:$Z=Z_1-(H_2-H_1)$,并输入此值,然后输入量测的一些相关信息(如测量时间、测量单位和测量人等),即完成当前断面的编辑。

最后根据图表中的标准曲线和实测曲线,判断隧道断面是否侵入衬砌限界,在哪些部位存在侵界。同时在图的下方给出该断面的相关信息,包括侵界最大值、侵界面积等。根据该图表能很清晰地对该横断面进行了解判断。

# 附录B

## 地质雷达检测隧道支护（衬砌）质量方法

1. 地质雷达法适用范围

地质雷达法适用于探测隧道支护(衬砌)厚度，背后的回填密实度，内部钢架、钢筋等分布的情况。

2. 地质雷达主机的技术指标

(1)系统增益不低于 150dB。

(2)信噪比不低于 60dB。

(3)模/数转换不低于 16 位。

(4)采样间隔一般不大于 0.2ns。

(5)信号叠加次数可选择或自动叠加。

(6)数据的触发和采集模式为距离/时间/手动。

(7)具有点测与连续测量功能。

(8)具有手动或自动位置标记功能。

(9)具有现场数据处理功能。

3. 地质雷达天线的选择

(1)应选择有屏蔽功能的天线。

(2)垂直分辨率应高于 2cm。

(3)最大探测深度应大于 2m(应选用 500MHz 的天线)。

4. 现场检测

(1)隧道施工检测时，测线布置应以纵向布置为主，横向布置为辅。两车道隧道测线应分别在隧道的拱顶、左右拱腰、左右边墙共布置 5 条测线，三车道隧道应在隧道的拱腰部位增加两条测线，遇到衬砌有缺陷的地方应加密测线。

(2)交工验收检测时，测线布置应以纵向布置为主，横向布置为辅。两车道隧道测线应分别在隧道的拱顶、左右拱腰共布置 3 条测线，三车道隧道应在隧道的拱腰部位增加两条测线，遇到衬砌有缺陷的地方应加密布置测线。

(3)每 5～10m 测线应有一个里程标记。

5. 介质参数的界定

(1)检测前应对衬砌混凝土的介电常数或电磁波速做现场标定，且每座隧道应不少于 1 处，每处实测不少于 3 次，取平均值为该隧道的介电常数或电磁波速。对于特长隧道，应增加标定点数。

(2)标定方法

①钻孔实测。

②在已知厚度部位或材料与隧道相同的其他预埋件上测量。

③在洞口或洞内避车洞处使用双天线直达波法测量。

(3)求取参数时应具备的条件

①标定目标体的厚度一般不小于15cm,且厚度已知。

②标定记录中界面反射信号应清晰、准确。

(4)标定结果的应按下式计算

$$\varepsilon_r=\left(\frac{0.3t}{2d}\right)^2 \tag{B-1}$$

$$v=\frac{2d}{t}\times10^9 \tag{B-2}$$

式中:$\varepsilon_r$——相对介电常数;

$v$——电磁波速,m/s;

$t$——双程旅行时间,ns;

$d$——标定目标物体的厚度,m。

6.仪器操作要求

(1)测量人员必须事先经过培训,了解仪器性能及工作原理,并且具备一定的图像识别经验后,才可以进行仪器操作。

(2)测量前应正确连接雷达系统,确保处于正常连接状态,并在检测前进行试运行,确保主机、天线及输入输出设备运行正常。

(3)测量前应在衬砌表面准确标记隧道里程桩号。

(4)测量(采集雷达图像)时,应确保天线与衬砌表面密贴(空气耦合天线除外)。

(5)测量(采集雷达图像)时天线移动速度应平稳、均匀,其值宜为3~5km/h。

(6)测量记录应包括测线位置、编号、天线移动方向、标记间隔以及天线类型等。

(7)当需要分段测量时,相邻测量段接头重合长度不应小于1m。

(8)应随时记录可能对测量产生电磁影响的物体(如渗水、电缆、铁架及预埋管件等)及其位置。

(9)测量过程中应严格遵守相关的安全操作规定。

7.数据处理

(1)数据处理前应检查原始数据是否完整,信号是否清晰,里程记录是否正确。

(2)应使用正式认证的软件或经过鉴定合格的软件进行数据处理与解释。

(3)数据处理过程中应选择正确的滤波方式,从而根据数据图像对隧道衬砌质量作出正确的分析与解释。

8.数据解释

(1)雷达数据解释时,应根据现场记录,分析可能存在干扰的预埋管件等刚性构件的位置,准确地去区分衬砌内部缺陷异常与预埋管件异常。

(2)雷达数据解释完后,必须现场打孔验证。

9.衬砌背部回填密实度的主要判释特征

(1)密实:反射信号弱,图像均一且反射界面不明显。

(2)不密实:反射信号强,图像变化杂乱。

(3)空洞:反射信号强,图像呈弧形且反射界面明显。

10.衬砌内部钢架、钢筋、预埋管件的分布主要判释特征

(1)钢架、预埋管件:反射信号强,图像呈分散的月牙状。

(2)钢筋:反射信号强,图像呈连续的小双曲线形。

## 地质雷达法检测隧道支护(衬砌)质量时雷达天线的选择

地质雷达技术是一种先进的无损检测技术,其特点是快速、无损、连续检测,并以实时成像方式显示地下结构剖面,探测结果一目了然,分析、判读直观方便。其探测精度高、样点密、工作效率高,因而在隧道工程质量检测中得到推广应用。

(1)地质雷达天线所发射的电磁波具有频率越低,分辨率越低,探测的深度越深;频率越高,分辨率越高,探测的深度越浅的特性。因此在隧道衬砌检测时能否适当地选择地质雷达天线的中心频率直接影响检测结果的准确性。

(2)在对衬砌的质量进行检测时,由于外界各种因素的干扰影响(比如隧道衬砌的含水率、实际操作过程中雷达天线和衬砌的紧贴程度等),从而使实际检测中雷达天线探测的有效深度大大降低。以800兆和500兆屏蔽雷达天线为例,通过实践一般认为在衬砌混凝土中,800兆的天线一般的有效深度为60cm以内,而500兆的有效深度为100cm以内(超过以上深度,雷达图像分辨率太低,不能作出正确的判释)。

(3)隧道喷射混凝土的设计厚度一般为8～26cm,理论上讲采用800兆和500兆的天线都可以,但是由于800兆的天线本身的探测深度有限,想要通过所采集的雷达图像清楚地判释出围岩内部的缺陷还是比较困难,另外,目前隧道开挖施工中,超挖现象十分普遍,超挖过大时施工单位常采用片石回填,甚至用石棉瓦填塞,由于填塞物有一定的厚度,这时采用800兆的天线,就难以发现隐藏在深处的空洞。如果隧道出现过塌方,在对塌方段施工质量检测时,采用800兆天线,显然满足不了工程要求。故建议对初期支护施工质量的检测宜选用500兆天线

(4)隧道二次衬砌混凝土设计厚度一般为35～55cm,在二次衬砌施工中一般都是采用泵送模筑混凝土工艺,致使二次衬砌混凝土与初期支护混凝土之间结合比较紧密,在实际的检测中如选用800兆天线所采集的雷达图像所反映出来的介质反射面不明显,加之二次衬砌中钢筋、预埋件等物体的干扰,因此要通过雷达图像正确地判释和分辨出二次衬砌与初期支护之间的分层,还是比较困难的,从而无法正确地判释出二次衬砌的厚度。800兆的天线本身的探测深度有限,更是无法对二次衬砌背部的初期支护情况作出判断,故在实际检测中建议宜选用500兆天线。

(5)当需要对钢筋的分布、数量做准确检测时,500兆天线虽然可以看到钢筋,但由于其分辨率不够高,无法清晰反映钢筋的数量及分布,此时宜选用800兆天线。800兆天线可以清晰地以双曲线形式反映出钢筋的位置及分布,数据采集时道间距要选择1cm或2cm。故建议对钢筋检测时选用800兆屏蔽天线。

# 附录C

## 全站仪非接触隧道变形量测方法

全站仪非接触隧道变形量测包括隧道周边收敛和拱部沉降两项内容。

1. 仪器

全站仪应选择适合隧道变形观测且具有膜片反射功能的仪器。要求测量精度测角为 2″以内，测距精度为±(2mm＋2×$10^{-6}$)以内；由于隧道内粉尘比较严重，能见度低，因此反光膜片建议采用 50mm×50mm 或 70mm×70mm 规格的膜片；选择聚光效果好的强光手电作为照明工具。

2. 测点布置

应结合隧道不同的开挖方法布置测点。台阶法施工时，原则上每个台阶布置 1 条水平收敛测线，在拱顶和拱(墙)脚分别布置沉降测点；CD 法、CRD 法、双侧壁导坑法施工时，原则上在每个开挖部分分别布置测点。收敛测点与沉降测点可共用。布置形式如附图 1 所示。

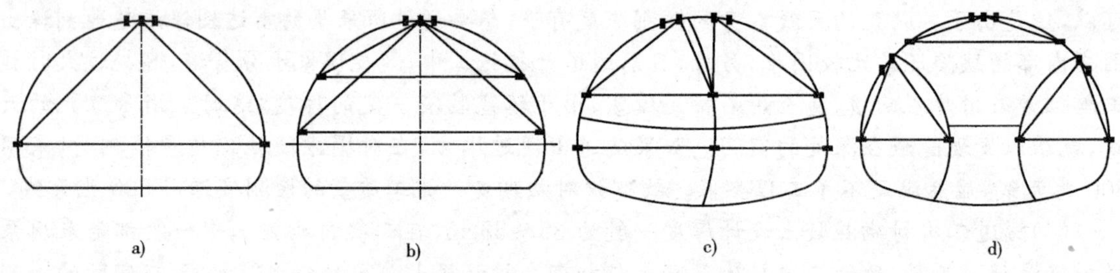


附图 1　隧道变形量测测点布置示例

a)拱顶测点和 1 条水平收敛测线；b)台阶法拱顶测点和 2 条水平收敛测线；c)CD 或 CRD 法拱顶测点和测线示例；d)双侧壁导坑法拱顶测点和测线示例

3. 基准点布置

建立全站仪自由设站坐标系的基准点(后视点)要稳固不动，基准点应布置在已施作的二次衬砌边墙上。基准点的高度距地面 1m 左右，以不影响通视为宜。

4. 测站布置

采用自由设站时不需要对中，由于固定测站比不固定测站的观测精度高，因此测站位置应大致固定。测站的位置不能距测点断面太近，否则仪器光轴与膜片入射角过大而影响回复反射的性能；也不能太远，否则不能满足所用膜片尺寸的最大测程。建议测站与测点断面距离应大于 25m，这时光轴与膜片的入射角可控制在 30°以内；采用 70mm×70mm 膜片时测程应控制在 30～50m，采用 50mm×50mm 膜片时应控制在 20～30m。

5. 观测频率

量测的频率应根据测点距掌子面的距离及位移速率分别按附表 1 和附表 2 确定，出现异常情况或不良地质时，应增大量测频率。

**按距掌子面距离确定的量测频率**　　附表 1

| 量测断面距掌子面距离(m) | 量 测 频 率 | 量测断面距掌子面距离(m) | 量 测 频 率 |
|---|---|---|---|
| (0～1)$B$ | 2 次/$d$ | (2～5)$B$ | 1 次/(2～3)$d$ |
| (1～2)$B$ | 1 次/$d$ | >5$B$ | 1 次/7$d$ |

注：$B$ 为隧道开挖宽度。

**按位移速度确定的量测频率**　　附表 2

| 位移速度(mm/d) | 量 测 频 率 | 位移速度(mm/d) | 量 测 频 率 |
|---|---|---|---|
| ≥5 | 2 次/$d$ | 0.2～0.5 | 1 次/3$d$ |
| 1～5 | 1 次/$d$ | <0.2 | 1 次/7$d$ |
| 0.5～1 | 1 次/(2～3)$d$ | | |

6. 测量步骤

6.1　沉降量测

(1)选择适宜的位置架设仪器，仪器架设好后进行调平。

(2)开机进入对边测量模式，并选择对边测量($A$-$B$，$A$-$C$)方式：测量 $A$-$B$，$A$-$C$，$A$-$D$…如附图 2 所示。

(3)照准基准点，按[观测]。此时显示仪器到基准点的水平距离 $H_D$。

(4)照准测点，按[观测]。此时，仪器自动显示基准点到测点的水平距离($d_{HD}$)、高差($d_{VD}$)、倾斜距离($d_{SD}$)、方位角(方向)。

(5)重复第(4)步观测下一测点。

6.2　相对收敛量测

(1)收敛量测使用的也是对边测量模式。

(2)进入对边测量模式，并选择对边测量($A$-$B$，$A$-$C$)方式。

(3)照准测点($B$)，按[观测]。此时显示仪器到测点($B$)的水平距离 $H_D$。

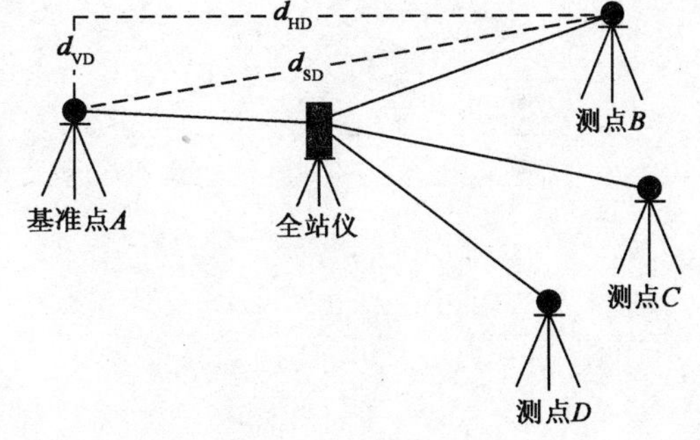


附图 2　对边测量示意图

(4)照准测点($C$)，按[观测]。此时，仪器自动显示测点($B$)到测点($C$)的水平距离($d_{HD}$)、高差($d_{VD}$)、倾斜距离($d_{SD}$)、方位角(方向)。

(5)退出再重新进入边测量模式量测测点($B$)与测点($D$)的距离。

(6)现场量测时，除了量测水平方向的收敛位移外，应尽可能量测斜测线的位移，以便于结合拱部沉降值，校核量测数据。

7. 注意事项

(1)测点必须布置在同一断面。

(2)基准点和观测点的保护，要保持反光贴膜干净，必要时先包裹起来，需要测量时再取下。

(3)防止施工过程中对测点造成的损坏,保持数据的完整性。

(4)相对收敛的变形观测不需要对准基准点。

(5)在喷射混凝土施工作业完成后,及时读取初值。

8. 监控量测数据分析处理

(1)监控量测数据的分析处理应包括数据校核、数据整理及数据分析。

(2)每次观测后应立即对观测数据进行校核,如有异常应及时补测。

(3)每次观测后应及时对观测数据进行整理,包括观测数据计算、填表制图、误差处理等。

附表3～附表5分别为隧道变形量测现场原始记录表、隧道拱部沉降监测数据处理表、隧道相对收敛监测数据处理表。

附表 3

# 隧道变形量测现场原始记录表

断面类型：　　　　　　　　　　　　里程：　　　　　　　　　　　　测量仪器：

| 日期 | 后视～转点相对高差（m） | 转点～测点相对高差（m） | | | | | | | 相对距离（m） | | 距开挖面距离（m） | 备　注 |
|---|---|---|---|---|---|---|---|---|---|---|---|---|
| | | 拱顶 | 拱顶偏左 | 拱顶偏右 | 上台阶<br>左拱脚 | 上台阶<br>右拱脚 | 左边墙 | 右边墙 | 上台阶 | 最大开挖线 | | |
| | | | | | | | | | | | | |
| | | | | | | | | | | | | |
| | | | | | | | | | | | | |
| | | | | | | | | | | | | |
| | | | | | | | | | | | | |
| | | | | | | | | | | | | |
| | | | | | | | | | | | | |
| | | | | | | | | | | | | |
| | | | | | | | | | | | | |
| | | | | | | | | | | | | |
| | | | | | | | | | | | | |
| | | | | | | | | | | | | |

仪器操作：　　　　　　　　　　　　记录：　　　　　　　　　　　　复核：

隧道拱部沉降监测数据处理表

附表 4

断面类型：　　　　里程：

| 日期 | 距掌子面距离（m） | 位置 | | | 备注（施工工序、围岩情况、现场情况等） |
|---|---|---|---|---|---|
| | | 高差（mm） | 下沉值（mm） | 速率 | |
| | | | | | |
| | | | | | |
| | | | | | |
| | | | | | |
| | | | | | |
| | | | | | |
| | | | | | |
| | | | | | |
| | | | | | |
| | | | | | |
| | | | | | |
| | | | | | |
| | | | | | |
| | | | | | |
| | | | | | |
| | | | | | |
| | | | | | |
| | | | | | |
| | | | | | |
| | | | | | |

计算：　　　　复核：

**隧道相对收敛监测数据处理表**　　附表 5

断面类型：　　里程：

| 日期 | 距掌子面距离（m） | 位　置 | | | 备注（施工工序、围岩情况、现场情况等） |
|---|---|---|---|---|---|
| | | 斜距（mm） | 相对收敛（mm） | 速率 | |
| | | | | | |
| | | | | | |
| | | | | | |
| | | | | | |
| | | | | | |
| | | | | | |
| | | | | | |
| | | | | | |
| | | | | | |
| | | | | | |
| | | | | | |
| | | | | | |
| | | | | | |
| | | | | | |
| | | | | | |
| | | | | | |
| | | | | | |
| | | | | | |
| | | | | | |
| | | | | | |

计算：　　复核：

# 附录D

## 地质雷达隧道超前地质预报探测方法

1. 地质雷达法适用范围

地质雷达法适用于探测隧道掌子面前方的溶洞、裂隙、破碎带及岩性、产状的改变。并初步判断溶洞、裂隙内是否含水。

2. 地质雷达主机的技术指标

(1)系统增益不低于150dB。

(2)信噪比不低于60dB。

(3)模/数转换不低于16位。

(4)采样间隔一般不大于2ns。

(5)信号叠加次数可选择128次或256次。

(6)数据的触发和采集模式为手动。

(7)具有点测与连续测量功能。

(8)具有手动或自动位置标记功能。

(9)具有现场数据处理功能。

3. 地质雷达天线的选择

(1)应选择屏蔽或非屏蔽的中低频率的天线。

(2)垂直分辨率应高于50cm。

(3)最大探测深度应大于20m(宜选用中心频率为100MHz或50MHz的天线)。

4. 现场检测

(1)用雷达做隧道超前预报时,当放炮清渣完成后,应检查掌子面及顶部是否有松动的石块,如有要及时排除,确保人员和设备的安全。

(2)超前预报探测时,测线布置应在掌子面处距地面1.5m位置从左向右水平布置一条剖面,探测时要将天线竖立,将天线底部紧贴掌子面。

(3)探测完毕后要测量实际剖面长度(第一个测量点处的天线中心点到最后一个测量点处天线中心点的距离)。

5. 介质参数的界定

(1)只有对探测介质的介电常数或电磁波速度做准确标定,探地雷达才能准确确定掌子面前方异常点的距离。第一次探测时可以按照附表1的参考值进行设定,并在随后的掘进中予以标定。

**几种典型介质的介电常数及电磁波速度** 附表1

| 介　质 | 电导率(S/m) | 相对介电常数 | 速度(m/μs) |
|---|---|---|---|
| 干花岗岩 | $10^{-8}$～$10^{-6}$ | 5 | 134 |
| 湿花岗岩 | 0.001～0.01 | 7 | 113 |

续上表

| 介　质 | 电导率(S/m) | 相对介电常数 | 速度(m/μs) |
|---|---|---|---|
| 干灰岩 | $10^{-8}$～$10^{-6}$ | 7 | 113 |
| 湿灰岩 | 0.01～0.1 | 8 | 106 |
| 干砂岩 | $10^{-6}$～$10^{-5}$ | 2～5 | 212～134 |
| 湿砂岩 | $10^{-4}$～0.01 | 5～10 | 134～95 |
| 干页岩 | 0.001～0.01 | 4～9 | 150～100 |
| 饱和页岩 | 0.001～0.1 | 9～16 | 100～75 |
| 黏性干土 | 0.01～0.1 | 4～10 | 150～95 |
| 黏性湿土 | 0.001～1 | 10～30 | 95～54 |

(2)标定方法

①在探测的雷达剖面上读出异常反射物(溶洞、裂隙等)的电磁波走时 $t$。

②当掘进到异常反射物的位置时,记录下掘进深度。

③用(4)所列公式计算出电磁波的速度,并将其用到以后的超前预报中。

(3)求取参数时应具备的条件

①标定目标体的厚度一般不小于 3m。

②标定记录中界面反射信号应清晰、准确。

(4)标定结果的应按下式计算

$$\varepsilon_r = \left(\frac{0.3t}{2d}\right)^2 \tag{D-1}$$

$$v = \frac{2d}{t} \times 10^9 \tag{D-2}$$

式中:$\varepsilon_r$——相对介电常数;

$v$——电磁波速,m/s;

$t$——双程旅行时间,ns;

$d$——标定目标物体的厚度,m。

6.仪器操作要求

(1)测量人员必须事先经过培训,了解仪器性能及工作原理,并且具备一定的图像识别经验后才可以对仪器进行操作。

(2)测量前应正确连接雷达系统,确保其均处于正常连接状态,并在检测前进行试运行,确保主机、天线及输入输出设备运行正常。

(3)测量(采集雷达图像)时,应尽量让天线与掌子面表面密贴。

(4)测量(采集雷达图像)时,天线移动距离应尽量准确,一般一次移动 10cm(道间距为 10cm)。

(5)测量(采集雷达图像)时,要采用点测方式,叠加次数建议选择 128 次;当一点的信号采集完成后,天线移动到下一个测量点,当天线放好后,进行下一点的采集。

(6)测量记录应包括测线位置、编号、天线移动方向、道间距以及天线类型等。

(7)应随时记录可能对测量产生电磁影响的物体(如渗水、电缆、脚手架、台车等)及其位置。

(8)测量过程中应严格遵守相关的安全操作规定。

7.数据处理

(1)数据处理前应检查原始数据是否完整,信号是否清晰,里程记录是否正确;原则上一个剖面的采集道数要多于30道。

(2)数据处理与解释的软件应使用正式认证的软件或经过鉴定合格的软件;软件一定要有波形显示方式。最后出探测结果报告时尽量用波形图,这样可以更好地反映细节。

(3)数据处理过程中应选择正确的滤波方式,从而根据数据图像对掌子面前方作出正确的分析与解释。必须采用的滤波方式有去直流漂移、增益、带通滤波;可选的滤波方式有水平滤波、数据平均(平滑)等。

8.数据解释

(1)雷达数据解释时,应根据现场记录(特别是地质记录及工程物探报告)进行分析解释。

(2)雷达数据解释完后,如果怀疑前方有含水溶洞或裂隙、有较严重的破碎带等,要及时通知施工单位用超前钻进行验证。

9.雷达图像的主要判释特征

(1)溶洞:如果溶洞较小(小于掌子面的宽度),图像反映为类似双曲线;如果溶洞尺寸很大(大于掌子面宽度),图像中就会有较强反射面。

(2)破碎带:反射信号强,图像变化杂乱。

(3)裂隙:反射信号强,有明显的反射界面。

(4)含水(夹泥)的溶洞或裂隙:图像上有明显的双曲线或反射界面,但在双曲线或反射界面后部,图像突然很干净,几乎没有任何反射信号,此时很可能会含水。

## 地质雷达法隧道超前预报时雷达天线的选择

地质雷达技术是一种先进的无损检测技术,其特点是快速、无损、连续检测,并以实时成像方式显示地下结构剖面,探测结果一目了然,分析、判读直观方便。其探测精度高、样点密、工作效率高,因而广泛应用于考古、工程地质勘察、隧道工程质量检测等众多行业和领域。

(1)地质雷达天线所发射的电磁波具有频率越低,分辨率越低,探测的深度越深;频率越高,分辨率越高,探测的深度越浅的特性。因此在隧道超前预报时能否适当的选择地质雷达天线的中心频率直接影响检测结果的准确性。

(2)在对隧道做超前预报时,根据探测深度要求和掌子面的施工空间,建议选择100兆屏蔽天线或100兆、50兆非屏蔽天线。高于100兆的天线探测距离过浅,实际应用时探测频率太高,影响现场施工;低于50兆的天线尺寸太大,不利于现场操作。通过实践一般认为在正常围岩中,100兆天线可以解释20~30m,50兆天线可以解释30~40m。

(3)使用100兆屏蔽天线时,因天线较重,现场采集不太方便,但隧道内的台车、脚手架等的干扰信号较少,图像解释较简单;用100兆或50兆非屏蔽天线时,天线较轻,现场移动方便,但隧道内的台车、脚手架等会反映到雷达图像中,图像解释时要注意区分。总之,两种天线各有利弊,探测单位根据自身的设备状况选用即可。

# 参考文献


[1] 交通运输部基本建设质量监督总站，交通专业人员资格评价中心. 公路水运工程试验检测人员过渡考试大纲. 2010年版. 北京：人民交通出版社，2010.

[2] 中华人民共和国行业标准. JTG F80/1—2004 公路工程质量检验评定标准 第一册 土建工程. 北京：人民交通出版社，2004.

[3] 中华人民共和国行业标准. JTG F60—2009 公路隧道施工技术规范. 北京：人民交通出版社，2009.

[4] 中华人民共和国行业标准. JTG/T F60—2009 公路隧道施工技术细则. 北京：人民交通出版社，2009.

[5] 中华人民共和国行业标准. JTG D70—2004 公路隧道设计规范. 北京：人民交通出版社，2004.

[6] 中华人民共和国行业标准. JTJ 026.1—1999 公路隧道通风照明设计规范. 北京：人民交通出版社，2000.

[7] 交通部令2004年第3号. 公路工程竣（交）工验收办法. 2004.

[8] 交公路发[2010]65号. 公路工程竣（交）工验收办法实施细则. 2010.

[9] 中华人民共和国行业标准. TB 10223—2004 铁路隧道衬砌质量无损检测规程. 北京：中国铁道出版社，2004.

[10] 中华人民共和国行业标准. JGJ/T 23—2011 回弹法检测混凝土抗压强度技术规程. 北京：中国建筑工业出版社，2011.

[11] 中华人民共和国行业标准. TB 10120—2002 铁路瓦斯隧道技术规范. 北京：中国铁道出版社，2002.

[12] 中华人民共和国行业标准. 铁路隧道超前地质预报技术指南（铁建设[2008]105号）. 北京：中国铁道出版社，2008.

[13] 中华人民共和国行业标准. TB 10121—2007 铁路隧道监控量测技术规程. 北京：中国铁道出版社，2007.

[14] 蒋树屏. 公路隧道建设技术的发展//2009年全国公路隧道学术会议. 兰州，2009.

[15] 长安大学. 公路隧道施工围岩稳定性及支护效果监控量测技术的研究. 西安，2009.